KATJA KULLMANN | Echtleben

Zum Buch

Vor zehn Jahren hat Katja Kullmann uns die Generation Ally erklärt. Inzwischen hat sich die Welt mehrmals überschlagen. Im Zeitalter der befristeten Jobs, der prekären Selbstständigkeit und der endlosen Praktika ist eine gute Bildung kein Garant mehr für Aufstiegschancen und ein geregeltes Einkommen. Die Generation, die eigentlich alles anders machen wollte als ihre Vorgänger, muss zähneknirschend eingestehen, dass der Traum von der Selbstverwirklichung der Sorge um das liebe Geld zum Opfer gefallen ist. Hat man heutzutage überhaupt eine andere Wahl, als seine Ideale zu verraten, wenn man seinen sozialen Status halten will?

Klug und unerschrocken, scharfsichtig und humorvoll zeichnet Katja Kullmann den emotionalen Klimawandel bei den Über-Dreißigjährigen nach und trifft damit ein aktuelles und weit verbreitetes Lebensgefühl.

»Ein wichtiges Buch, das man immer amüsiert liest, obwohl es eigentlich eine traurige Geschichte erzählt.«
Frankfurter Allgemeine Sonntagszeitung

»Eindringlich, bewegend.«
dpa

Zur Autorin

Katja Kullmann, geboren 1970 in Hessen, ist die Autorin von *Generation Ally*, das sie von der Soziologie-Studentin zur Bestsellerautorin machte und mit dem Deutschen Bücherpreis 2003 für das beste Sachbuch ausgezeichnet wurde. Nach Erfahrungen als Freelancerin, Hartz-IV-Empfängerin und in der Chefetage einer Hamburger Frauenzeitschrift arbeitet sie heute als freie Journalistin und Buchautorin. Mehr Infos unter www.katjakullmann.de

KATJA KULLMANN

Echtleben

Warum es heute so kompliziert ist,
eine Haltung zu haben

Diana Verlag

Verlagsgruppe Random House FSC-DEU-0100
Das für dieses Buch verwendete FSC®-zertifizierte Papier *Holmen Book Cream*
liefert Holmen Paper, Hallstavik, Schweden.

Vollständige deutsche Taschenbuchausgabe 01/2013
Copyright © Eichborn AG, Frankfurt am Main, Juni 2011
Copyright © dieser Ausgabe 2013 by Diana Verlag, München,
in der Verlagsgruppe Random House GmbH
Lektorat | Thorsten Schulte
Ausstattung / Typografie | Susanne Reeh
Umschlaggestaltung | © t. mutzenbach design, München,
unter Verwendung des Originalcovermotivs
Originalcovergestaltung | studio grau, Berlin
Herstellung | Helga Schörnig
Satz | Greiner & Reichel, Köln
Druck und Bindung | GGP Media GmbH, Pößneck
Alle Rechte vorbehalten
Printed in Germany 2012

978-3-453-38013-4

www.diana-verlag.de

INHALT

VORWORT — 7

AUF EINE KIPPE MIT DEM KAPITALISMUS
»Wir sind doch alle Achtundsechziger.« — 18

GOLDENE PONYS IM NEBEL
»Und was denkst du so?« — 25

ANLEGER SIND IMMER DIE ANDEREN
»Geld ist ein Arschloch.« — 39

SISYPHOS IM DOWNHILL-MODUS
»Kann man sich eigentlich zu Tode flexibilisieren? — 50

DER TRAUM VON DER SCHÖNEREN ARBEIT
»Nichts ist anstrengender, als ganz man selbst zu sein.« — 64

AIRBAG-ELTERN UND AURA-FOTOGRAFIE
»Der alte Herr Sattler gibt gern.« — 83

STADT, LAND, FRUST
»Deutschland hat die dichtesten Fenster der Welt.« **101**

SHOPPING-DEMOKRATIE
»Bei *Hertie* haben sie jetzt großes Latinum.« **123**

KEIN BIER FÜR DIE BOURGEOISIE!
»Jetzt am Mikrofon: der linksliberale, feministische,
sozialstaatsfixierte Multikulti-Wischiwaschi-Mainstream.« **143**

WIR NEHMEN DIE AMTSGESCHÄFTE AUF
»Sie müssen sich wirklich nicht schämen.« **154**

BUCHSTABIEREN SIE »AUTHENTIZITÄT«
»Ich weiß, es ist spießig, aber ...« **168**

IRGENDEIN RECALL IST IMMER
»Geile Preise, geile Leute.« **194**

ERFOLGSMENSCH
»Willkommen in der Drehtür zum Glück.« **209**

PROTO-YUPPPIE HINTER GLAS
»Eine muss den Job ja machen.« **231**

DER BESTE MONTAG MEINES LEBENS
»Glückwunsch, du bist *safe*.« **246**

DANK **251**

MATERIALIEN **252**

Ich bin eine von den Leuten, die ständig Fotos machen. Meine Digitalkamera hat einmal 89,90 Euro gekostet, hat ein schwarzes Gehäuse, ein paar Funktionen, die ich nicht verstehe, und einen Pixel-Grad, den ich immer wieder vergesse, denn er ist mir völlig gleichgültig. Es ist ein lächerlicher Apparat, aber er genügt mir. Hauptsache, er funktioniert. Egal wohin ich mich bewege, ob ich meine Kamera in eine Tasche meines Allwetter-Parkas stopfe oder in meine zierliche *Vintage-Bag* mit den nachtblauen Pailletten, in meine aktentaschenähnliche Aktentasche oder in meinen baumwollenen Einkaufsbeutel mit der Aufschrift *Berufsschullehrer gegen Atomkraft*: Sie ist immer dabei.

Einige Kratzer und Dellen hat sie über die Jahre davongetragen, weil sie mir unterwegs ein paar Mal aus der Hand gerutscht und auf den Asphalt irgendeiner Großstadt geknallt ist. Wann immer ich glaube, einen Fetzen Wirklichkeit vor Augen zu haben, der mir etwas *sagt*, drücke ich ab – damit ich die Unübersichtlichkeit der Dinge wieder einmal *sehen* kann. Oft fotografiere ich mich selbst oder bitte Freunde, den Auslöser zu betätigen. Zwei meiner Lieblingsaufnahmen sind auf diese Art entstanden, in Berlin, in ein und derselben Nacht: Ich lehne mich an einen elfenbeinfarbenen *Ja-*

guar, der irgendwo in Mitte zufällig unter einer Straßenlaterne geparkt ist, fast wirkt es so, als gehörte mir der prächtige Wagen und als stiege ich gleich ein. Das zweite Foto ist eine Stunde später aufgenommen worden, in der gekachelten Vorhalle eines *Edeka*-Markts. Ich stehe vor einem Mitternachts-Imbiss, halte eine türkische Pizza für um die Einsfünfzig in den Händen und beiße, mit übertrieben gezückten Augenbrauen, hinein.

W ir machen es alle so. Liebevoll, akribisch, manchmal narzisstisch, in jedem Fall detailversessen archivieren wir die Welt, wie sie sich uns darstellt (oder wie wir sie uns vorstellen – oder wie wir uns *uns* in ihr vorstellen), drehen wackelige Videos im *YouTube*-Format, betätigen uns als Dokumentare unseres eigenen Lebens und packen die Bilder in ein *Facebook*-Album oder einen Blog. Wir versuchen, uns selbst und den anderen von der Wirklichkeit zu erzählen. Damit wir sie so vielleicht irgendwie zu fassen kriegen.

Gelegentlich entsteht ein Foto, das wie Kunst aussieht. Man kann abgerissene Plakatwände, verwehte Plastiktüten, Burger-Reste im Rinnstein und Sonderangebotsschilder – *Alles muss raus!* – ganz leicht so fotografieren, dass sie perfekte Motive für einen modernen Bildband ergäben, der in begrenzter Auflage in einer *Art Edition* erscheinen könnte, mit einem klein gedruckten, schwer verständlichen Einführungs-Essay auf Englisch. *Traumhafte Trümmer* wäre ein Titel, der uns neugierig macht. Wir stellen uns vor ein *Bulgari*-Schaufenster und ziehen Grimassen. Wir knipsen die Warenauslage eines Ein-Euro-Shops und verstärken die Farben mit der *High-Contrast*-Funktion. Wir setzen uns auf verwitterte Kunststoff-Elefanten in heruntergekommenen Freizeitparks, klettern stillgelegte Rolltreppen hinauf und hinab, spazieren an Backsteingebäuden mit zerschlagenen Fensterscheiben entlang und schneiden mit. Manche hängen sich Geweihe an die Wand oder stellen sich ausgestopfte Tierkadaver ins Regal und nehmen sie bei unterschiedlichem Tageslicht auf. Wir halten die Pressspan-Einrichtungen sanierungsreifer Autobahnraststätten fest und fotografieren brach liegende Industrieanlagen im Sonnenuntergang. Wir sind fasziniert von Ruinen aller Art. Schwarz-weiß ist unsere Lieblingsfarbe. Oder wir wählen die grobkörnige Retro-Ästhetik der *Hipstamatic*-Funktion. *Sentimental* ist der Name, den wir unserem hochbegabten Kind gern gäben, gleich ob es schon geboren ist oder nie zur Welt kommen wird, weil die Zeit irgendwie nie die richtige dafür ist. Wir werden alle älter und leben in einem nicht enden wollenden Jim-Jarmusch-Film.

E ines der berühmtesten Bilder der Gegenwart ist gleich in Dutzenden Varianten aufgenommen worden, in London, Madrid, Kopenhagen, Paris, Wien, Zürich, Krakau, Antwerpen, Köln, Leipzig und Berlin. Es zeigt ein hell erleuchtetes Schaufensterladen-Büro, spätnachts: Man sieht zwei bis drei halbwegs jung wirkende Menschen hinter Glas, wie sie dünn und erschöpft vor ihren chronisch aufgeweckten Computern sitzen.

Das Bild erzählt von gutem Willen, gepaart mit Ratlosigkeit.

Von Formschönheit bei gleichzeitiger Verzweiflung.

Von Müdigkeit, die sich den Schlaf nicht gönnt.

Es ist eines der eindrücklichsten Zeugnisse von »neu-erwachsenem« Leben. Um ebenjenes Leben geht es in diesem Buch.

A ls »neu-erwachsenes Leben« sind hier all jene biografischen Entwürfe begriffen, die einmal anders gedacht waren als das, was die Vorgänger gelebt haben. »Neue Erwachsene« sind diejenigen, die vor zehn, fünfzehn, zwanzig Jahren angetreten sind, endlich ein paar Dinge neu zu gestalten und ein weltoffenes, selbstbestimmtes, freundliches, emanzipiertes Leben zu führen – eine Existenz, die weitgehend frei ist von Hierarchien und in der Geld, Geschlecht und Geburtsurkunden, wenn überhaupt, nur eine Nebenrolle spielen.

Jene Leute dürften heute, grob gerechnet, zwischen 30 und 45 Jahre alt sein. Lang befreit vom wirtschaftswunderdeutschen Spießer-Muff, entwachsen auch der Theorie-Wut der Achtundsechziger und der Honecker-Agonie, nahmen sie die Einladung zum spielerisch-ambitionierten Umgang mit den »vielfältigen Möglichkeiten« der späten neunziger und frühen nuller Jahre begeistert an. Sie stellten einst die erste große Praktikantenschwemme und die Vorhut des forcierten Quereinsteigertums. Die *Selbstverwirklichung* war für sie ein ehrfürchtig bis lustvoll, ernsthaft bis verwegen verfolgtes Ideal. Manche tauften ihre Abenteuerlust von Anfang an etwas übermütig »Unternehmergeist«.

Inzwischen sind die Verheißungen des »vielfältigen Lebens« für viele allerdings in ein barsches Funktionierenmüssen gemündet, und den meisten entfährt nur mehr ein böses Keckern, wenn sie das Wort *Selbstverwirklichung* irgendwo hören oder lesen. Manche haben die ersten Not-Runden beim Amt gedreht, als »Aufstocker« oder Interims-Hartzer, mit Doktortitel, Fachabitur oder respektabler Ausbildung im Rücken. Ihre Ideen und Ideale gibt es längst im Sonderangebot zu kaufen, als T-Shirt-Aufdruck und Magazin-*Booklet*, als Ratgeber-DVD und in Seifenform. Oft sind sie es selbst, die ihr Innerstes durch eine Marktforschung jagen, verbraucherfreundlich aufbereiten und in den immerwährenden Warenkreislauf einspeisen, in irgendeiner Nische der sogenannten *Kreativwirtschaft*, und im Grunde hassen sie sich dafür. Den eigenen Praktikanten bezahlen sie nichts mehr, mal wollen, öfter können sie nicht. Was einst als Lebenskunst gedacht war, ist zur *Über*lebenskunst verkommen. Die eigene Biografie: ein knallhartes Geschäft. Der eigene Standort: anhaltend unbestimmt. Die Mitte des Lebens: von einem *Break-even* weit entfernt. Gut ein Jahrzehnt der verschärften Flexibilisierung liegt hinter den neuen Erwachsenen, zehn, fünfzehn Jahre unberechenbares Leben – ein Heranreifen, das auf ungeahnte, oft ungewollte und schier unentrinnbare Art vom Faktor »Arbeit« bestimmt ist. Angestellte, die ahnen, dass ihr Job nächsten Monat weg sein könnte oder die selbst Kündigungen aussprechen müssen, *Ausgegliederte*, die verzweifelt wieder Anschluss suchen, Minijobber wie Umschüler, insbesondere die Selbstständigen haben verstanden: Nicht der Beruf ist das Leben, sondern das Leben ist jetzt der Beruf. Irgendwie war das früher aber einmal ganz anders gedacht.

Konstante Selbsterfindung, -optimierung und -überarbeitung ist kein freiwilliges Vergnügen für Wagemutige mehr, sondern jetzt Staatsbürger(innen)pflicht – und das Attribut *kreativ* bedeutet oft nichts anderes als »marktgängig« und »verwertbar«. Zehntausende einst hoffnungsvoll gestartete *Freelancer* sind über die nuller Jahre zu traurigen Tagelöhnern geworden. Ob freie Grafiker, Sprachlehrer, PR-Assistenten, Miet-Pflegekräfte, Veranstaltungstechniker, Programmierer, Fotografen oder Leih-Lohnbuchhalter: Sie unterbieten sich gegenseitig bei den Honoraren und im Verschenken ihrer Ideen, Rechte und Patente. Und diejenigen, die weiterhin festangestellt arbeiten, sehen sich oft gezwungen, den sogenannten Kostendruck an Gleichaltrige weiterzugeben. Während sie vielleicht um ihren eigenen Job bangen, müssen sie Honorarkürzungen, Umstrukturierungsmaßnahmen, Kostenpoker verwalten – und werden nicht selten für die Illoyalität gegenüber den freien Zuarbeitern belohnt. Viele sind mehrfach von der einen auf die andere Seite gewechselt und wieder zurück. Befristet, verliehen, überraschend mal wieder gebucht: Der Alltag vollzieht sich konstant auf Zuruf und wird, in seiner oft unfreiwilligen Beliebigkeit, für viele zäh und zäher.

Oft wissen die Eltern der neuen Erwachsen, die heute Sechzig- oder Siebzigjährigen, nicht, was sie von der Lebensrealität der Nachfahren halten sollen. Viele bieten, wenn sie es können, materielle Unterstützung an, andere sehen ihre Söhne und Töchter grau und grauer werden, nicht nur auf dem Kopf, auch im Gesicht, und sagen: »Kind, du musst doch einmal zur Ruhe kommen, irgendwann. Wenigstens ein bisschen.«

So wie der Soziologe und Essayist Siegfried Kracauer (1889–1966) vor rund achtzig Jahren *Die Angestellten* als neue soziale Gruppe markiert und untersucht hat, so ist es heute an der Zeit, deren Nachfolger im Auge zu behalten – die *Post*-Angestellten – diejenigen, die sich einst bereitwillig auf die Perspektive eingelassen haben, keine »sichere Stelle auf Lebenszeit« mehr zu haben – und denen es nun mitunter vorkommt, als hätten sie sich über den Tisch ziehen lassen. Mal geht es rein, dann wieder raus, mal hoch, mal runter, und von »Freiwilligkeit« sprechen dabei nur noch die zufällig Erfolgreichen. Mitunter müssen unfreiwillige Hasardeure sich von selbst ernannten »Neuen Bürgerlichen« und anderen Hass-Predigern dann auch mit über Vierzig noch den Vorwurf der »Entscheidungsunwilligkeit« und der »Warteschleifenexistenz« anhören, ganz so, als seien sie ungezogene, späte Jugendliche, die *einfach nicht wissen, was sie wollen.*

Noch immer erscheinen ihnen die scharfkantigen neuen Verhältnisse nicht wie ihr *Echtleben*, noch immer wissen sie nicht, mit welcher Haltung sie den Ungerechtigkeiten, Ungereimtheiten und Unverschämtheiten der Gegenwart begegnen sollen. Massenstreik? Montagsdemo? Molotow? Mieterinitiative? Magengeschwür? Eine weitere *Facebook*-Gruppe gründen?

Das hohe Niveau, von dem aus viele neue Erwachsene ins Prekariat trudeln oder schon getrudelt sind, irritiert sie noch immer. Sich selbst als Verlierer zu betrachten, passt nicht in ihr Selbstbild. Längst haben die *kreativen*, oft akademisch ausgebildeten und weltgewandten Prekären viel mehr gemein mit den auf Stunde bezahlten Supermarktregaleinräumern, den per Zeitarbeit verliehenen Security-Bären und den Sieben-Tage-die-Woche-Wurstbudenverkäufern, über die sie mitfühlende Reportagen schreiben, aufrüttelnde Sozialstudien erstellen oder deprimierende *Reality*-Dokus drehen, als mit den Agenturchefs, Etatbewilligern oder Ressortleitern, von denen sie sich Aufträge erhoffen und ein bisschen Honorar. Doch ist das adäquate Foto für diesen Erkenntnisschritt noch nicht geschossen – es ist noch kein wasserfester Name dafür gefunden.

»Mittlerweile haben wir ein Millionenheer von Enthusiasten, (...) die nicht wissen, welcher gesellschaftlichen Gruppe sie angehören, für die es keine parteipolitischen Programme gibt. Diese Gruppe wächst an, und man hofft, dass sie selbst nicht erkennt, wie groß sie ist. Dass sie sich selbst weiter ausbeutet unter dem Schirm von Events, Kongressen, Partys und so weiter«, sagt Chris Dercon, der frühere Direktor des *Hauses der Kunst* in München und heutige Chef der Londoner *Tate Gallery of Modern Art.* »Heer der freien Dienstleister« nennt er die wachsende Gruppe Enttäuschter, Erschöpfter, Versprengter.

Von der Utopie einer pluralisierten, durchmischten, *offenen Gesellschaft* (Karl Popper) ist unterdessen nicht viel übrig geblieben. *Statusangst* (Alain de Botton) verdirbt die Laune, schürt das Misstrauen. Dutzende Spezial-Milieus sind über die nuller Jahre entstanden, die sich geflissentlich gegeneinander abgrenzen. Gleichaltrige geifern über andere Gleichaltrige, garstiger als einst auf dem Schulhof. Immer neue Vokabeln werden erfunden, um die unterschiedlichen, filigran gehäkelten Mikrowelten zu benennen: *Bionade*-Bourgeoisie, digitale Bohème, Vegetarier-Elite, intellektuelles Proletariat, Macchiato-Spießer, Pseudo-Hipster, neue Kunstsammler, Proto-Yuppies, Autonome 2.0, Neo-Kons – und der Hartz-IV-Empfänger lümmelt stets im Singular im Hintergrund herum, als anonymer Trinker, der überall ganz gut besichtigt werden kann, auf RTL und im *Stern*, an Bushaltestellen und in *Kik*-Kleidermärkten. Wobei: Der Hartz-IV-Empfänger ist man nun mitunter ja selbst.

Die horizontale Weltsicht – »Nichts ist unmöglich, jeder, wie er will« – weicht einer vertikalen Perspektive. Zwangsläufig treten unter neoliberalen Vorzeichen die Faktoren »Reichtum« und »Armut« wieder deutlicher hervor – und in immer kürzeren Abständen auch die Frage, ob man sich selbst gerade dem oberen oder dem unteren Ende der Gesellschaft nähert – oder ob man sich tatsächlich noch dazwischen befindet, wo auch immer das sein mag. Für was oder gegen wen könnte man sein – für oder gegen sich selbst? Und was wäre dann mit den anderen? Oder ist man längst der oder die andere? War man es einmal?

Soll man eine Senkung des Spitzensteuersatzes und eine Erhöhung des Elterngelds gutheißen (solange man einen Job hat, wäre es schlüssig) – oder für die Streichung aller Subventionen und die Einführung eines bedingungslosen Grundeinkommens eintreten (wenn gerade mal wieder das Gehartze droht, läge es nah)? Wie viele Kompromisse kann man eingehen, um den eigenen Status zu halten – ab wann muss man »Nein, danke« sagen – und: Was passiert dann? Kann man sich die allenthalben beschworene *Authentizität* überhaupt leisten?

Wie viele andere bin auch ich in den vergangenen zehn Jahren mal von der einen in die ganz, ganz andere Ecke geschleudert, dann wieder zurück, nach oben, unten und seitwärts. Oft gab es Momente, in denen ich nicht mehr wusste, wer ich – im sozialen Sinne – eigentlich bin. Die Begriffe »links« und »rechts«, »Reichtum« und »Armut«, »freiheitlich« und »konservativ« sind mir unterwegs öfters entglitten, und immer, wenn ich sie wieder in die Finger bekam, haben sie etwas anders bedeutet als vorher.

Doch habe ich unterwegs nicht nur vieles verloren, darunter zahlreiche vermeintliche Gewissheiten – sondern vielleicht auch etwas gefunden. Es ist etwas Zartes, Diskretes, und inzwischen glaube ich doch, dass ich es mit vielen Gleichaltrigen teile: einen durchaus egozentrischen *Eigensinn* – der dennoch einmal sehr viel mehr wollte, und auch heute noch will, als bloßes *Ego-Trouble-Shooting*.

Einen einzigartigen Erfahrungsschatz haben die neuen Erwachsenen über ihre jetzt rund zwanzig Jahre während Volljährigkeit gesammelt. Sie sind die Pioniere und Laborkaninchen einer aggressiven neuen »Freiheit«, die den Namen sehr oft nicht verdient. Für *etwas* müssen diese Erfahrungen gut sein.

Weder »Werte«-Appelle noch Psychotricks zur Schmerzlinderung bietet dieses Buch. Kein *Coaching*-Effekt soll von ihm ausgehen und kein künstliches »Wir« soll kreiert werden, wo vielleicht gerade keines ist. Das Buch weiß es nicht besser. Es erzählt eine weitere Geschichte aus der Gegenwart – als Beigabe zum Bewusstseinspool, zum *großen Gespräch*, wie auch immer man das nennen mag.

Willkommen im *Echtleben*.

Katja Kullmann, Hamburg, im Frühjahr 2011

Ich will nicht verallgemeinern,
ich spreche von mir und vielleicht
noch hundert Leuten, die ich kannte
(es gab aber viel mehr).

Pedro Almodóvar im Vorwort zu seinem
Realitäts-Roman *Patty Diphusa*, 1991

AUF EINE KIPPE
MIT DEM KAPITALISMUS

»Wir sind doch alle
Achtundsechziger.«

Es war eine klirrend kalte Winternacht am Ausgang der sogenannten nuller Jahre. Tiefschwarz hatte der Himmel sich zuge-
zogen, kein Mondstrahl erreichte die Erde. Stattdessen klickerten
Eiskörner herab. Ich fror bis auf die Knochen. Vielleicht war es auch
umgekehrt, vielleicht ging die Kälte von meinem Mark aus und
kroch mir von innen nach außen. Wo auch immer das Zittern seinen
Ursprung hatte, ganz ohne Zweifel sah ich gut dabei aus, in meinem
eng anliegenden schwarzen Etuikleid mit den bourgeoisen weißen
Pünktchen, darüber mein taillierter Nadelstreifenblazer mit dem
granatapfelroten Innenfutter, unten die sexistisch hohen Absätze
meiner Sonntagspumps aus glattem, schwarzem Ziegenbabyleder.
Es war der am geschäftstüchtigsten daherkommende Frauen-Look,
den meine Garderobe hergab. Allerdings waren die Kleidungsstü-
cke zu leicht, zu flatterhaft und dünn, um damit im Freien herumzu-
stehen, bei solch einem Wetter. Meine Unterlippe spannte von den
Wunden, die ich über die vergangenen Wochen hineingebissen
hatte. Alle fünfzehn bis zwanzig Minuten kontrollierte ich, ob der
Lippenstift aus dem mittleren Preissegment noch hielt, wozu ich einen Taschenklappspiegel zur Hand nahm, der zwei Euro in einem
Charlottenburger Chinashop gekostet hatte. Und ich sah: Weder

klebte die Farbe an meinen Zähnen, noch lagen die wunden Stellen bloß. Ich konnte mich auf den *Longlast*-Effekt verlassen. Das war selbstverständlich mehr, als ich von den meisten anderen Dingen des Lebens sagen konnte.

So verbrachte ich auch jene zugigen Stunden wie die meisten Tage und Nächte der Saison: mit einem diskreten Schmerz (nicht nur auf den Lippen), dem Zittern, einem Rattern (oben, in meinem *Twenty-four-seven*-Gehirn) und einem ungeduldigen Blick, der mal hier-, mal dorthin flog. Ich tat, was ich am besten konnte, ich wahrte Fassung und Form. Instinktiv folgte ich dem, was die strenge Frau Tschuchaslow mir beigebracht hatte, meine Ballettlehrerin von 1974 bis 1981, damals die einzige echte Russin in unserer hessischen Kleinstadt: Bauch rein, Brust raus, Schultern gerade, Spannung in Schenkel und Arme legen, das Kinn recken, die Nase hoch tragen, aber nicht so hoch, dass es Nackenschmerzen gibt, bloß hoch genug, um der Welt mit angemessener Herablassung zu begegnen. Stolz vorzeigen, egal, wie erbärmlich es läuft, ganz gleich, ob deine Füße in den Spitzentrippelschühchen bluten, ob dir schwindelig wird, ein Wolfshund sich gerade in deine linke Wade verbeißt oder deine Elementarteilchen kurz vor der Explosion stehen vor lauter Hass. Was immer geschieht: *Haltung bewahren.* Nur so kommst du durch.

Deutschland hieß der Ort, genauer gesagt: Stuttgart. Ich stand vor dem Eingang eines Vier-Sterne-Hotels. Ein Fernsehsender hatte zu einer Talkrunde zum Thema »1968 und die Folgen« geladen, die Aufzeichnung war gelaufen, und zum Dank an die Gäste hatte der Sender alle zum späten Dinner gebeten. Alle, das waren zum Beispiel der Sexualaufklärer der Nation, Oswalt Kolle (†), und Krista Sager von den Grünen. Auch Ex-Industrieboss Hans-Olaf Henkel war dabei. Und eben ich, die nervöse Gesellschaftswissenschaftlerin aus einem halbwegs jüngeren Jahrgang. Die Einladung hatte mich überrascht, und sofort hatte ich zugesagt, es gab nichts dabei zu gewinnen, aber noch weniger zu verlieren. Eine Stunde lang war dann vor- und zurückgeplaudert worden, und am Ende war wieder einmal bewiesen: Die 68er waren Schuld. Mit ihrem vollbehaarten Gruppensex hatten sie die bürgerlichen Traditionen in Grund und Boden kopuliert, jetzt hatten wir den Salat: Keiner kannte sich mehr aus. *Irony* war auch *over*. Wir brauchten neue Werte. Wäre ich zu Hause beim Zappen hineingeraten, hätte ich sogleich weggeschaltet und mir lieber eine RTL-II-Reportage über vergnügungswahnsinnige Erdgasmilliardäre angesehen.

Der schlimmste Talkgast war ich selbst gewesen. Es war klar, warum man mich eingeladen hatte, ich sollte etwas über »meine Generation« sagen. »Meine Generation«, das waren die Töchter und Söhne der Revolution. Nun schlingerten sie auf die statistische Mitte ihres Lebens zu, und ich sollte berichten, was sie dabei so dachten und fühlten, wie die Stimmung so war bei den *Ego-Taktikern* und *Ich-Lingen*, den *Pragmatikern* und *Weicheiern*, den *First Movern* und *Job-Nomaden*, bei den *traurigen Strebern*, den in die Jahre gekommenen *Konsumkids*, der grau werdenden *Heiapopeia-Jugend*, der durchflexibilisierten *Gestaltungsmacht von nebenan*. Vor der Sendung hatte ich gedacht, ich könnte das. Einfach ein paar bewährte Tricks aus dem Arsenal der Aufmerksamkeitsökonomie abfackeln: von Sinnsuche und Sehnsucht sprechen, eine neue Ernsthaftigkeit beschwören und vor allem ganz oft »Wir« sagen. Ein Klacks. Erst als ich mit *Antishine*-Zeugs abgepudert auf dem Talksofa saß und die Kameras längst liefen, fiel mir auf: Ich kannte all jene Leute gar nicht. Die mehr oder minder Gleichaltrigen. Ich hatte keine Ahnung, was die dachten, fühlten oder wollten. Ich wusste ja nicht einmal, wer ich selbst gerade war. Aufgefallen ist es, glaube ich, niemandem.

Nun stand ich also, gut eine Stunde danach, im Graupel vor dem Hotel-Restaurant, statt drinnen einen dieser herrlich wärmenden baden-württembergischen Obstbrände zu kosten. Es war mein freier Wille, und ich war nicht allein.

Das Schicksal hatte mir beim Dinner Hans-Olaf Henkel als Tischnachbarn zugespielt, und schnell hatten wir festgestellt, was ihn, die Führungskraft, und mich, die Vertreterin des Bodenpersonals, verbindet: eine ausgeprägte Nikotinsucht. »Kommen Sie mal mit raus, vor die Tür?«, hatte zwischen *Amuse-Gueule* und Vorspeise der smarte Lobbyist gefragt und seine Zähne gezeigt. »Wir können unsere Unterhaltung doch bei einer Zigarette fortführen?« Schlimm unter Entzug leidend, hatte ich »Ja, sehr gern« geantwortet. Wir entschuldigten uns für einen Augenblick von der Nichtraucherrunde. Mit Schwung, vermutlich heißt es »galant«, hielt Henkel mir die Tür auf, und als er sah, dass ich schauderte, bot er mir sofort sein Jackett an. Dankend lehnte ich ab und fragte nach Feuer, worauf er eine beeindruckende Flamme aus dem Handgelenk schüttelte.

Er ging auf die 70 zu, ich auf die 40, taufrisch waren wir also beide nicht mehr. Doch noch immer hielt Henkel sich wacker auf den Laufstegen der Erregungsindustrie. Als Verfasser euphorischer Schriften wie *Die Ethik des Erfolgs* und *Die Macht der Freiheit* wurde er häufig ins Fernsehen geladen, um Worte der Aufmunterung und des Zupackens zu streuen. Ein Routinier des »Kopf hoch!«-Totalitarismus. Ich hingegen war kurz davor, nur noch im Bett zu liegen und zu schlafen. Die SPD, die ich einst im Wahlkampf unterstützt hatte, war vorläufig in die Bedeutungslosigkeit abgetaucht, während ich mich zur Staatskundin gemorpht hatte. Es war die gerechte Strafe für meinen unbedachten Flirt mit der Politik: Seit einigen Wochen ritt ich tatsächlich auf Hartz IV, dem Hilfsgeld, das Gerhard Schröder einst eingeführt hatte. Niemandem hatte ich von dieser Einkommensquelle erzählt. Sie passte zu keinem der um die Hundert Entwürfe, die ich seit meinem sechzehnten Lebensjahr von meiner Person gezeichnet hatte. Vermutlich war ich verzweifelt, verwendete aber viel Energie darauf, es mir selbst möglichst wenig anzumerken.

Der Klassenfeind und ich, wir verstanden uns ziemlich gut, wie wir da gemeinschaftlich unsere Gesundheit sabotierten, in gegenseitigem Einvernehmen. Zügellos, egoistisch, ohne jede Rücksicht, ohne jeden Gedanken an die Solidarität und die Sozialsysteme, genossen wir unser privatisiertes Lebensrisiko. Gut über achtzig Millionen unschuldige, arglose, mehrheitlich leistungsbereite Einwohner der tapferen Bundesrepublik Deutschland würden eines Tages als Beitragszahler und mies entlohntes Pflegepersonal für unsere Herzrhythmusstörungen und Raucherlungen aufkommen müssen. Es kümmerte uns einen ausgehusteten Schleimklumpen. Wir zahlten schließlich Tabaksteuer. Herzlosen, kalten Hedonisten-Rauch lachten wir in die sowieso schon zufrierende Atmosphäre.

Wenig später wurden drinnen Jakobsmuscheln, Edelrind und Exotikfisch serviert, finanziert von GEZ-Gebühren, auf öffentlich-rechtliche Cassa. Die Speisen waren auf altmodische Art »modern« dekoriert und schmeckten hervorragend. Das Fleisch: ganz vorzüglich zart, von vornehmem Altrosa. Der Wein: herrlich golden und nass. Der Alte und ich, wir bekleckerten die Damastservietten auf unseren Schößen mit Trüffeljus, jeder die eigene Serviette auf dem jeweils eigenen Schoß, und führten unsere Konversation fort. Inzwischen ging es um das Für und Wider des Modells »Elite-Universitäten«. Henkel vertrat das Für, ich das Wider. Die Premiumgetränke hatten mich etwas aufgelockert, und ich erzählte von meiner Herkunft, dass ich die erste und bislang einzige im Familienkreis sei, die je studiert habe. Und dass ich dies ganz wesentlich dem barrierefreien, öffentlichen Uni-System der alten Republik zu verdanken habe. Dass ich dankbar sei, wem auch immer, meine Jugend in einer Zeit verbracht zu haben, in der der familiäre Stallgeruch keine allzu große Bedeutung zu haben schien, in einer Ära, in der ich als Nichtakademikerkind aus dem einfachen Kaufleutemilieu zur Vollakademikerin werden konnte, ohne jegliche Schwellenangst, ohne Verwandtschaft zu irgendeiner Stiftung, zu keiner Loge, keiner Palastetage, keinem Geheimorden, ohne jede Elitenehrfurcht, ohne irgendein Casting, ohne die geringste Spur von Vitamin B in meinem Blut. Ich lobte, und es überraschte mich selbst, mit welcher Verve ich das tat, ich pries meine Heimat: die mittlere Mittelgebirgs-Mittelschicht.

Henkel wiederholte, obwohl es an dieser Stelle gar nicht passte, was er zuvor so ähnlich schon in die Kameras gesagt hatte: Auf seine Art sei er ja auch ein Achtundsechziger, da würde er oft verkannt. Wilde Tage habe er einst auf der Hamburger Reeperbahn erlebt, es gebe da noch Bilder mit Astrid Kirchherr, der damaligen *Stern*-Fotografin und *Beatles*-Freundin. »Wir waren uns einmal sehr nah, haben dann aber leider den Kontakt verloren«, sagte Henkel. »Schade«, antwortete ich, obwohl ich genauso gut »Lügner!« hätte rufen können oder »Selbst wenn!« Womöglich hätte er sich dann von mir weggedreht. Doch das wollte ich nicht. Ich wollte mich unbedingt weiter mit Hans-Olaf Henkel unterhalten. Ich wollte Krista Sager gegenübersitzen und Oswalt Kolle zuzwinkern. Ich wollte ein öffentlich-rechtlich geladener Fernsehgast sein an diesem Abend, ich wollte mich beruhigen und außerdem das Dessert nicht gefährden, ein federleichtes Mousse-Ensemble von sieben verschiedenen Importfrüchten.

Bald standen wir erneut draußen, er sog gieriger an seinem Zigarillo als ich an meiner Zigarette, dafür rauchte ich gleich zwei hintereinander. Beide fanden wir es unverschämt kalt, beide sprachen wir uns für die sofortige Wiedereinführung klimakillender Heizpilze aus und stimmten außerdem darin überein, dass es einem Wirt selbst überlassen sein sollte, ob er eine Raucher- oder eine

Nichtraucherkneipe führte, immerhin lebten wir in einem freien Land und in einem liberalen Zeitalter. Schließlich erklärte mein mir zugelaufener Kapitalanlegerfreund, was an der Freiheit so sexy sei und warum Leistung sich wieder lohnen müsse. Er riss ein paar Kapitalisten-Kalauer: Wir alle trügen Verantwortung, jeder zuerst für sich selbst. Warum auch nicht? Wenn jeder für sich selber sorgte, ginge es doch allen gut! Die Kalauer trafen mich aus verständlichen Gründen an einem wunden Punkt. Es war der Moment, in dem ich aus dem Gespräch ausstieg, wenigstens innerlich. Wie gesagt: Ich wahrte die Form. Henkel redete weiter, und ich rechnete im Stillen noch einmal nach, ob ich es mit den für den Januar verbliebenen 210 Euro tatsächlich bis in den Februar schaffen könnte. Mit der rechten Pumps-Spitze kratzte ich im Kies herum, zeichnete das Illuminaten-Auge der Dollarnote nach oder etwas in der Art. Von Weitem, von oben, von wo aus auch immer sah ich uns da stehen, im Halbdunkel einer schwäbischen Winternacht, vor einem blank polierten *First-Class*-Portal. So wie wir schmauchten, rauchten sonst nur noch Totalverlierer. Der *Oldschool*-Kapitalist und ich, das ironische Proletariat neuen Stils, wir lungerten da herum wie zwei echte Problemfälle, wie ein abgeschriebenes Schwarzfahrerpaar an einer demolierten Bushaltestelle.

GOLDENE PONYS
IM NEBEL

»Und was denkst du so?«

Vermutlich gilt es für alle Epochen: dass sie wahnsinnig sind und anstrengend, verwirrend und empörend, jede auf ihre Art. Gegenwärtig spricht man von der »postindustriellen Ära«, vom »Informationszeitalter« oder vom »späten Spätkapitalismus«. Manche feiern noch immer »das Ende der Ideologien«, einige heißen anhaltend feurig »die neue Kreativwirtschaft« willkommen. Wieder andere sehen Anzeichen für »die Rückkehr der Geschichte«. Es gibt welche, die sehnen eine neue »Revolution« herbei, und manche, die garantiert immer irgendwo einen neurotischen »Aufschwung« finden. Besonders fantasievolle Menschen sparen angestrengt aufs Auswandern. Aber wohin?

Kalendarisch sind die nuller Jahre vorbei. Faktisch dauern sie an. Es sind Tage der voreiligen Entschlüsse, Stunden des trotzigen Stümperns, Minuten erhellt von flüchtigem *Bling-Bling*. Jede Woche eine neue Kette von Vorläufigkeiten, jeder Monat eine weitere Mischkalkulation. Arbeit, Lügen, Laptops, Liebe und sogar Geld: Alles, wirklich alles gibt es woanders stets noch billiger. Und vielleicht wird man eines Tages über die ersten zehn, zwanzig Jahre des dritten Jahrtausends sagen: Die Ära hatte etwas von einem hysterisch gemusterten Messehallenteppich. Alle fanden ihn geschmacklos, niemand hatte ihn sich so ausgesucht. Doch führte vorläufig kein Weg daran vorbei. Der Teppich lud die Menschen auf, elektrisierte ihr Haar und teilte Stromstöße aus, jedenfalls an diejenigen, die sich in *Fake*-Lederschuhen zu Schleuderpreisen bewegten, weil sie sich vollisolierte Echtledersohlen aus Original-Italien nicht leisten konnten, und das waren die meisten. Wollte man von Halle A nach Halle B gelangen, musste man da drüber.

Wenn man etwa zum Standputzen abkommandiert war, für einen Bruttostundenlohn von 5,20 Euro, einen Wassereimer auf Rädern vor sich herschiebend und in einen Kunstfaserkittel gekleidet, in eine Dienstleisteruniform der unteren Ränge, in die links oben, ungefähr in Höhe des menschlichen Herzens, das Logo der zuständigen Leiharbeitsfirma eingestickt ist.

Oder wenn man freiberuflich auf *Sneakers*-Sohlen durch die Messegänge schlich, mit einer geräumigen *Unisex*-Umhängetasche über dem Brustkorb, um hie und da ein brandneues *Fantastic-Magic*-Produkt zu stehlen oder die eigene Visitenkarte wie zufällig liegenzulassen.

Selbst wenn man zu den Wenigen zählte, die doch noch einen Fünf-vor-Zwölf-Deal zu unterzeichnen hatten, um eine für Minuten tröstende *Win-Win*-Situation herzustellen.

Und auch wenn man komplett vergessen hatte, was man eigentlich verloren hatte auf dieser oder jener Leistungsschau, bei der *Cebit*, der *ITB*, der *Fachpack* oder der *Art Cologne*, bei der *Euroblech*, den *Mineralientagen München*, der *Venus*, der *CallCenterWorld*, beim internationalen Baumaschinenkongress *Bauma*, bei *Hand & Nails*, den *Deutschen Gründer- und Unternehmertagen* oder bei *Du und Deine Welt*; ja, wenn man bloß irritiert den Ausgang suchte: So oder so war der Boden eine Katastrophe. Und er lag stets schon da, wohin auch immer man im Augenblick treten wollte.

Alle warteten auf eine Antwort. Unklar war allein, wie die Frage lautete und wem sie zu stellen war.

Eine der Verwirrten bin ich. Mein 40. Geburtstag liegt hinter mir, und ich muss sagen: Fortgeschrittenes Erwachsensein hatte ich mir anders vorgestellt. Eindeutiger, kräftiger. Fest verdübelte Einbauschränke und akkurat beschnittene Gartenhecken waren meine Sache nie. Aber eine gewisse innere Sicherheit, die hatte ich durchaus erwartet. Klare Standpunkte zu vertreten, eine verlässliche Unbestechlichkeit zu pflegen und nicht ständig missverstanden zu werden: All dies zählte einmal zu meiner Idee von den besten Jahren, früher, als ich um die 20 war, ein selbstbewusstes Indie-Pop-Mädchen mit Geschmack und kritischer Gesinnung. Erwachsenheit verband ich erstens mit dem Prinzip Jungbleiben sowie zweitens mit den Faktoren Würde und Weitsicht.

Tatsächlich stolpere ich nun aufgescheucht und kurzatmig durch die Blüte meines Lebens, komme mir häufig albern dabei vor und kenne kaum jemanden, dem es wesentlich anders ergeht. Öfters frage ich mich: Gehe ich noch aufrecht? Oder schleime ich mich durch meine Zickzack-Existenz wie eine grenzdebile Nacktschnecke auf Speed? Immer auf der Suche nach *Chancen*, von einer schläfrigen Streberinnenhaftigkeit getrieben, lauwarm »kreativ-biografisch«?

Geboren bin ich in einer Zeit, in der die Ideale und Utopien ins Kraut schossen. Sie haben mit Bäumen gesprochen, damals, und Sprengsätze gezündet. Sie haben sich tatsächlich angelegt mit den »Verhältnissen«, haben die Freiheit in die Hand genommen, irgendwie. Viele nagelneue Ideen haben sie in die Welt gesetzt, von denen einige bis heute überlebt haben. Mitunter haben sie die Dinge auch an die Wand gefahren. Alles haben sie sehr ernst genommen, auch das Privatleben. Sie haben es zum Politikum erklärt. Dennoch scheinen sie sich einigermaßen amüsiert zu haben. Uns Mädchen haben sie beigebracht, dass wir genauso viel können und dürfen wie die Jungs, und den Jungs, dass sie nicht mehr bis ins Gastritis-Stadium *funktionieren* müssen.

Nun, da ich überreif bin für eigene Kinder, finde ich mich in einer ziemlich fantasievollen Jasager-Umgebung wieder. Die meisten tun jetzt doch wieder alles dafür, zu *funktionieren*. Doch sieht man es ihnen auf den ersten Blick nicht an. Leute meines Alters und Schlags wissen ganz genau, wie man Folgsamkeit als *Hipstertum* tarnt. Wie man »originell« aussehen kann, während man an der eigenen Fadheit doch beinahe erstickt. Wie man anhaltend »jung« wirkt, obwohl einem schon lange nichts Überraschendes mehr durch den Sinn gegangen ist. Auch heute führen wir Freiheit im Mund, beinahe wie damals, *Sixtyeight*; wenn das Licht aber gedämpft ist und die Atmosphäre intim, erzählen wir uns überwiegend von Unfreiwilligkeiten. Oft sage ich selber in verschiedenen Situationen »Ja«, obwohl ich ein »Nein« fühle und denke. Nicht immer kann ich mir das »Nein« leisten – glaube ich. Manchmal schmiege ich mich ans »Vielleicht«, den kleinen Bruder des »Ja«. Wenn ich »Ja« sage, obwohl ich »Nein« meine, schiebe ich es auf meine erhöhte Existenzangst. Und ich versuche, mich mit dem Gedanken zu beruhigen: »Alles halb so wild.« Oder: »Das versendet sich.« Oder: »Ich bin ja nicht *persönlich verantwortlich* für die Verhältnisse, ich muss schließlich auch sehen, wo ich bleibe.« Wie so viele andere bin ich auf dem Weg, exakt zu der Art Erwachsener zu werden, die ich nie sein wollte.

Pragmatismus ist das Zauberwort. Viele benutzen es wie ein Bußgebet. »Man muss die Dinge *pragmatisch* sehen«, sagen sie, wenn es eng wird, also ständig, rund um die Uhr, immer wieder. »Schwierige Umstände erfordern *pragmatische* Lösungen.« Wenn die Formel *Pragmatismus* fällt, blickt man sich von Erwachsenem zu Erwachsenem in die Augen und weiß: Es ist eine Lüge. Der *Pragmatismus* ist eine ideelle Bankrotterklärung. Konsens besteht darin, nicht auf diesem Faktum herumzureiten. Das Leben, die Politik, die Liebe, die Arbeit programmatisch *pragmatisch* anzugehen bedeutet: Man hat keinen blassen Schimmer, worum es *eigentlich* geht. Man hat auch das Suchen und Sich-Kümmern aufgegeben. Man überspielt eine verheerende Inhaltsleere mit hektischem Flügelschlagen, von Quartal zu Quartal, und dekoriert das Vakuum mit gelegentlichen *Erfolgsmeldungen* und Urlaubsfotos. Das Durchkommen ist Zweck und Ziel. Man sollte es möglichst unversehrt und gut aussehend hinkriegen. *Nischen finden.* Oft arbeiten die Gehirne *ganz normaler* Leute, zum Beispiel meines, wie eine Marketingagentur. »Uncool ist das neue Cool«: Manchmal möchte auch ich glauben, ein solcher Slogan bilde schon eine *Haltung* ab. Es wäre so viel leichter, wenn es so wäre. Jeder Zweite in meinem Alter wünscht sich Helmut Schmidt als Großvater, den alten, kantigen, störrischen Mann. Wenn er nicht gestorben wäre, würden manche auch Franz-Josef Strauß adoptieren. Im Hass auf die Politiker-Gattung »Westerwelle« spiegelt sich der Hass auf die eigene Glitschigkeit. Nie hatte ich zum Beispiel damit gerechnet, dass Geld einmal eine solche Rolle spielen würde, in meinereiner Leben. Oft habe ich den Eindruck, die anderen sind genauso verblüfft.

Zwangskurzsichtig gestaltet sich der Lauf der Dinge, und seit Kurzem (also viel zu spät) trage auch ich eine dieser schwarz gerahmten *Nerd*-Brillen mit den etwas zu groß geratenen Gläsern (es gab keine anderen mehr). Man sagt übrigens nicht mehr *Nerd*, sondern *Geek*. Einige Mühe gebe ich mir, mich als Mensch der neuen Zeit zu bewegen, und bin froh, wenn es momentweise gelingt, wenn da zum Beispiel eine nachweisliche Kommunikation ist in meinem Leben. Ein *Facebook*-Konto, ein paar Hundert Blog-Besucher in der Woche und einige Suchmaschineneinträge: Wenn ich mich selbst *googele*, geht es mir für ein paar Minuten besser. Dann weiß ich: *Ich bin.* Auch sonst ist mein Leben dünn und ständig in

Gefahr aufzufliegen. Ich atme auf, wenn meine Finanzierung für die kommenden drei bis sechs Monate steht, wenn man mich daraufhin weder für einen Yuppie, noch für einen Junkie hält, wenn man dem Obst in meiner Küche nicht ansieht, dass es sich um unverantwortliche Massenfrüchte aus Monstergewächshäusern handelt, und wenn ich nach einer Wahl nicht gefragt werde, wo ich mein Kreuzchen gesetzt habe, denn ich müsste weit ausholen, um es zu erklären. Noch umständlicher würde es, wenn ich begründen müsste, warum ich überhaupt wählen gehe, worin mein sonstiger Beitrag zum Gemeinwohl besteht und wie es kommt, dass ich den Kapitalismus mittlerweile durchaus verachte, obwohl ich weiterhin mein Geld in ihm verdiene und ausgebe. Zwar habe auch ich schon von brennenden Banken und heulenden Superreichen geträumt, doch klammere ich mich ansonsten an alle Versatzstücke von Bürgerlichkeit, die mir zur Verfügung stehen – Bildung und Benehmen, Codes und Charme, Distinktion und Distanz –, ungefähr so wie ein *Beach Bunny* vielleicht seine Plastikbrüste streichelt, wenn es nach Selbstvergewisserung hungert, es hat ja nichts anderes als seine dick aufgeblasenen Show-Elemente.

Eine exzellente Schauspielerin bin ich über die Jahre geworden, man kann mich für fast alles *casten*. Freitags preisgekrönten Riesling trinken bei einem *Get Together* potenter »Medienmacher«, dabei immer wieder Lipgloss nachlegen, um von meinen schludrigen Fingernägeln abzulenken, mit denen ich aber prima Papierflugzeuglein aus Visitenkarten knispeln kann, dabei *aufgeweckt* über die Wachstumschancen des Internetjournalismus plaudern, um vielleicht einen Schreibauftrag zu ergattern, oder, was immerhin schon fast halb so gut ist wie ein Job, einen neuen *Kontakt*. Samstags eine von Hausbesetzern kredenzte Folienkartoffel zum Solipreis von 4,80 Euro von einem Flohmarkt-Lagerfeuerrost klauben, mir schmerzlich, aber *authentisch* die Zunge daran verbrennen, an einem Flöhe-Stand einen Packen moldawischer Keller-Schallplatten mit Überraschungsmusik aus den sechziger Jahren kaufen, mich unwidersprochen mit »Tussi« anreden lassen, weil ich's nicht kleiner habe als in Form eines Zwanzigeuroscheins, dabei insgesamt *Street Credibility* üben und sehr klar wahrnehmen, dass man mir hier niemals ganz trauen wird. Schließlich sonntagnachmittags vor einem Museumsportal einen schönen, großen, gelockten Mann küssen, einen ungeheuer belesenen, kunstinteressierten Menschen mit Philosophietitel und Osteuropaerfahrung, von dem ich sehr gern sehr viel halten würde und der *augenzwinkernd* erzählt, dass er *augenzwinkernd* mehrere *Teenie-Porn-Services* im Internet abonniert hat, zu popkulturellen Forschungszwecken, worauf ich dergestalt reagiere, dass ich ihm und mir eindringlich versichere, dass das mit sogenannter Lie-hie-be nun wirklich nichts zu tun habe und dass ich das schon verstünde: die Doppelbödigkeit heutzutage, die Ironie nach der Ironie, die Bilderflut, gegen die man sich nicht wehren kann. All diese Charaden sind technisch überhaupt kein Problem für jemanden wie mich. Ungefähr 57 verschiedene Kostüme (plus Accessoires!) hält mein Kleiderschrank parat, für alle nur erdenklichen Gelegenheiten und *sozialen Situationen*.

S elbstverständlich habe ich Freunde. Weder bin ich depressiv noch gefährlich. Ich bin mit anderen Erwachsenen zusammen, von denen viele vieles viel richtiger machen als ich. Sie lassen sich trainieren, als wären sie knubbelige, goldene Ponys, aus denen eines Tages doch noch etwas werden könnte. Sie buchen alle möglichen Dienstleistungen, Augenbrauenzupfing, Rhetorikkurse, *Chinese lessons*, Typberatung, Hostessenbesuche, Horoskopanalysen, *Hot-Stone*-Massagen. Sie strengen sich wirklich mächtig an. Ständig bestrafen sie sich für irgendetwas. Erst haben sie die Körperbehaarung zum Feind erklärt (»*Brasilian Waxing*, jetzt auch für Männer ein Muss!«), dann die *Windows*-PCs (»*Welcome to the Apple Commu-*

nity!«), schließlich den Latte-Macchiato-Trinker (»Pseudo-Hipster-Schickimicki-Poser-Loser«), seit Kurzem ist die Bratwurst dran (»Vegetarismus ist nur die Vorstufe zu Veganismus ist nur die Vorstufe zum Weltfrieden ist nur ein anderes Wort für Erlösung«). Wenn sie richtig unglücklich sind und dringend einen Namen brauchen für alles, lassen sie sich ein »Syndrom« anhängen und geben sich Mühe, dir auch gleich eins einzureden. Überall *Balancing*-Fragen, Öko-*at-home*-Probleme und neue Anstandsregeln. Und wenn du nicht einverstanden bist mit diesem oder jenem, lächeln sie milde und sagen dir, du seist »modernisierungsfeindlich«, und dass du vielleicht mal ein *Coaching* buchen solltest, um dich »locker« zu machen, um dir »helfen« zu lassen, um wieder einmal eine »Orientierung« zu finden. Wohnen sie in Berlin, empfehlen sie *Ritalin*. In jedem Fall meinen sie es gut, sagen sie – »du brauchst keine Angst zu haben« –, und spät nachts, wenn du gerade dabei bist, dich in den Schlaf zu zwingen, ganz kurz bevor es dir gerade wieder einmal gelingt, simsen sie dir die Nummer ihres Therapeuten oder Yogalehrers mit einem flatulenten Brummton auf dein völlig überholtes Handy.

Das ist meine Welt.

Ich finde sie kindisch, und sie findet mich kindisch.

Das Allerkindischste ist: Qua Ausbildung habe ich das Zeug zur Gewinnerin. Ein Glückspilz bin ich, ein nicht untalentiertes Mehrzweckschräubchen. Jemand, der vieles checkt und nichts weiß, ein beweglicher Durchschnitts-Psycho, der an seiner eigenen Fadenscheinigkeit leidet. Dennoch gebe ich mich meist optimistisch. Ich wüsste vorläufig nicht, was ich *sonst* tun sollte. Zuversicht ist Pflicht, alles andere ist sozialer Selbstmord. Ich will aber noch nicht sterben. So lächle ich mich durch die Jahreszeiten.

M eine vielseitigen Gold-Pony-Freunde. Wie gern ich sie habe. Gut um die Hundert Kumpels, Bekannte, Kollegen gibt es, strahlende Aufsteiger und tragische Strauchler, kein einziger Filmstar ist darunter, allerdings ein Fahrlehrer, zwei Tierschützer und eine Modedesignerin, zudem einige junge Eltern sowie drei, vier Dauer- oder Teilzeit-Hartzer. Schulabbrecher und Doktorinnen sind dabei, zwei echte und zwei Minigolfer, des Weiteren drei, vier Menschen, die sich Künstler nennen, und natürlich der obligatorische Taxifahrer. Immerhin ungefähr zwei Dutzend Leute kenne ich, die einen richtigen, echten, festen *White-Collar*-Job haben, zwei, drei bekleiden gar eine Führungsposition. Darüber hinaus unterhalte ich Verbindungen zu hauptberuflichen *Ebay*-Powersellern, aufgeheizten Antideutschen, bekennenden Katholiken, frühpensionierten Rockabillys und einer Reihe schwerer zu klassifizierenden Zeitgenossen mit Gartenlaube, Grafik-Diplom oder Gelenkschmerzen. Alles im Wesentlichen vernünftige Leute, jeder könnte jederzeit jeder andere sein, mich eingeschlossen. Manchmal weiß man morgens, beim Aufstehen, noch nicht, wer man abends, beim Einschlafen, sein wird. Glücklicherweise erinnern wir uns aber meist an unsere Vornamen und Gesichter. Beim Wiedersehen berühren wir uns ganz leicht mit den Händen oder Wangen und wählen betont warme, zutiefst menschliche Worte zur Begrüßung, etwa: »Na, wie läuft's?«

Stundenlang können wir in dunkelrotem Barlicht zusammensitzen und über die großen Themen »Die ganze Welt« und »Das Private« reden, über die Wechselwirkungen von Sein und Bewusstsein, auf dass wir uns kurzzeitig genial oder anderweitig verwegen vorkommen – nur um am Ende des Abends festzustellen, dass wir wieder einmal wirres Zeug geplappert haben. Alle lesen Blogs, E-Paper, konventionelle Zeitungen, sehen fern oder hören Radio, immer ist garantiert einer dabei, der *Twitter* live über sein Smartphone laufen lässt und die aktuellste Bombendrohung oder den jüngsten Rücktritt herausposaunt. An Nachrichten besteht wirklich kein Mangel, an Vorschlägen zur Weltverbesserung auch nicht. Dennoch oder gerade deshalb drehen die Gespräche sich im Kreis, und am Ende schwirrt allen der Kopf.

D a ist zum Beispiel Ella, die findet: Protest muss sein, Engagement für »die gute Sache« ist wichtig. Eine gut gelaunte alleinerziehende Mutter ist sie, eine ungeschminkte Schönheit mit exzellentem Musikgeschmack, ein wunderbarer Mensch mit Hollandrad. Manchmal macht es mir Spaß, sie ein bisschen zu ärgern, indem ich sie absichtlich begriffsstutzig frage, was genau noch mal die »gute Sache« sei? Etwa der Aufstand gegen Stuttgart Vierundzwanzig? Worauf Ella mir immer einen annähernd empörten Blick zuwirft und aus dem Effeff und auf Hundertachtzig eine Menge Dinge aufzählt: Umweltschutz, Frieden, Toleranz für andere Kulturen, freies Internet, keine Castortransporte mehr, Verhinderung eines nagelneuen Shoppingcenters auf dem Gelände einer ehemaligen Brauerei (stattdessen mehr Kultur dort hinbauen), gegen Tierquälerei, Gen-Food, Neonazis, Erhöhung der Kita-Gebühren und Sexismus in der Werbung, für Mitbestimmung bei der Gestaltung des öffentlich-rechtlichen Fernsehprogramms und für verbesserten Lärmschutz in der benachbarten »Rummeldisco«, denn »von da wummert der Proll-Sound bis morgens um vier durch die Straße, man kriegt kein Auge zu«. Generell ist Ella für mehr direkte Demokratie, für Bürgerbegehren und Volksentscheide. Wenn ich sie frage, was genau sie mit »Proll-Sound« meine, tut sie so, als höre sie mich nicht. Gern zitiert sie den sächsischen Schriftsteller und Nach-Wende-Chronisten Ingo Schulze, der einmal gesagt hat: »Man braucht nur ins Grundgesetz zu schauen, da stehen eine Menge Sachen drin, für deren Einhaltung man protestieren kann.« Eben-dieser Gedanke ist Ellas Geschäftsgrundlage. Sie möchte sich selbst »handlungsaktiv erleben«, wie sie sagt, und es gibt nur einen Grund für meine wiederholten Provokationen: Ich piekse sie, um sie möglichst viel reden zu hören, in der Hoffnung, dass etwas von ihrer Gewissheit auf mich abfärbt. Ihr Rechthaben wirkt so richtig, so unbedingt, so massiv und beruhigend. Ella strahlt von innen.

Dann ist da Frank, der als begnadeter Claudia-Roth-Parodist eine gewisse Berühmtheit im Bekanntenkreis erlangt hat und seit zwei, drei Jahren wieder in Bundfaltenhosen, Budapester Schuhen und Rundhalspullovern herumläuft. Oben, aus dem Mohair-Rund, lässt er den Kragen eines *Button-down*-Hemdes herausschauen, außerdem trägt er einen Seitenscheitel, und diejenigen, die Frank nicht gut kennen oder ihm nicht konzentriert genug zuhören, behaupten schnell, er gebe »den Guttenberg« oder sublimiere sein verhindertes *Coming-out* via Guido-Empathie. Beides ist falsch. Und eigentlich weiß es ja auch jeder: Dass man sich auf Klischees heute nicht mehr verlassen kann. Frank ist sich der Missverständnisse, die seine Staatsbürgerverkleidung mit sich bringt, bewusst, tut aber nichts, den Fehleindruck auszuräumen. Ganz im Gegenteil, er forciert das Bild des Liberal-Konservativen noch, indem er sich meist vorschnell und freimütig als Fachanwalt für Zivilrecht zu erkennen gibt (er arbeitet auf 65 Prozent bei einem lokalen Mieterschutzverein) und lautstark verkündet, dass er sich dringend »ein vereinfachtes Steuersystem« wünsche, gleichzeitig aber einen »starken Staat«. Einigen Spaß scheint es ihm zu bereiten, beiläufig nachzuschieben, dass Deutschland vor allem eine ordentliche Reichensteuer brauche, »da hinken wir im internationalen Vergleich weit hinterher.« Manchmal, wenn er ein Glas zu viel getrunken hat, ruft er »Bonzen schröpfen!« ins Lokal, oder: »Wohlstandsabgabe!« Wenn er dann noch anfängt, John Maynard Keynes zu zitieren, kann das aufmerksame Publikum sich die Sache irgendwie zusammenreimen: Frank versteht sich als Stammwähler der SPD und bereut noch heute seine »Blackouts« im September 2005 und im September

2009, als er tatsächlich einmal für die FDP und einmal – ausnahmsweise – für *Die Linke* votierte (»Keine Ahnung, was mit mir los war!«). Seit drei Jahren leidet er an Liebeskummer, anhaltend wegen derselben Frau, und seit Kurzem trägt er einen fiesen Siegelring, etwas Klobiges, Dunkelgrünes. Er hat ihn von seinem Großvater, sagt er. Um darüber hinwegzukommen, dass er auch mit 39 noch kein Kind gezeugt hat, steuert er nachts, im Internet, virtuelle Kampfhubschrauber über hochaufgelöste Karstlandschaften.

N ils und Anne wiederum, die vor zwei Jahren tatsächlich auch eines dieser kleinen *Coaching*-Büros gegründet haben, ohne überzeugend erklären zu können, wen sie worin genau beraten und warum man ihnen glauben sollte – es geht wohl um Lebenshilfe für Berufstätige –, sind für das bedingungslose Grundeinkommen. Nils findet, 1000 Euro monatlich für jeden Bürger würden die dringendsten sozialen Probleme lösen, Anne sagt, wenn 1000 zu viel seien, würden auch 800 reichen. Wenn Frank, der leidende Siegelring-Sozialdemokrat, einwirft, dass die Idee des bedingungslosen Grundeinkommens aber vom *hardcore*-liberalen US-Ökonomen Milton Friedman stammt und letztlich die Auflösung der Solidarsysteme bedeute, »das definitive Ende des Sozialstaats«, schütteln Nils und Anne ihre beinahe identisch frisierten Pagenköpfe und nennen Franks Argumente »reine Propaganda der Besitzstandswahrer«. Fragt man sie, wie das Grundeinkommen finanziert werden soll, sagen sie: »Subventionen abschaffen, Mehrwertsteuer rauf.« Wenn man sie zu Hause besucht, bieten sie einem selbst gebackenes Olivenbrot mit Naturbutter an und schlagen vor, sich gemeinsam die neueste Folge einer illegal downgeloadeten US-Insider-Serie anzusehen, auf ihrem ungefähr zwei mal ein Meter großen Flachbildschirm. Für Kinder lieben sie ihre Arbeit zu sehr, sagen Nils und Anne, doch haben sie Patenschaften für einen kleinen Jungen in Mozambique und ein Mädchen in Indonesien übernommen.

Schließlich darf Mark nicht fehlen, der Kurierfahrer und Donnerstags-DJ, den alle »Luke« nennen, warum, habe ich vergessen. Es ist davon auszugehen, dass Mark/Luke noch nie einen Molotowcocktail angerührt, in der Hand gehalten oder gar geworfen hat, ich traue es ihm jedenfalls nicht zu, doch fallen seine Ansichten halbwegs schockierend aus. Wäre da nicht seine teddybärenhafte Physiognomie, wären seine Augen nicht so haselnussbraun, wirkte er beinahe schon terroristisch. Er fordert ein »Recht auf keine Arbeit«, Geld ganz abschaffen, autonome Eigenverwaltung in lokalen Zirkeln aufbauen, zurück zur Subsistenz- beziehungsweise Tauschwirtschaft. »Jeder kann schließlich irgendwas«, sagt Mark/Luke, und dass es der Menschheit insgesamt nicht schlecht täte, wieder einmal zurückzufallen »auf die *basics*«. Mit politischen Reformen brauche man ihm nicht mehr zu kommen, es sei sinnlos, an einem »todkranken Patienten herumzudoktern«. Wahlen boykottiert er, »alles Lobbyisten-verseucht«, die Volkszählung macht ihn aggressiv. Wenn er in eine sentimentale Stimmung gerät, erzählt er erst, dass seine On-off-Freundin jetzt mit einem Umzug an die mecklenburgische Küste liebäugelt, und behauptet dann, dass ihm im Grunde alles egal sei. Worauf Ella wieder in Fahrt kommt und erneut mit dem Appellieren anfängt. Dann beharken die beiden sich meist ein bisschen und funkeln sich an, beinahe wirkt es so, als ob sie miteinander flirten. Soweit ich weiß, ist da aber nie etwas gelaufen.

Wenn ich meinen Freunden so zuhöre, fällt mir zweierlei auf. Erstens, dass kein Neokon darunter ist, jedenfalls kein *überzeugter* Liberaler oder Konservativer, kein *wirklich* scharfer Hund. Zweitens, dass ich aus dem Nicken gar nicht mehr herauskomme, denn ich finde: Alle haben sie ein bisschen Recht.

Beides, die Unterrepräsentanz des schwarz-gelben Spektrums in meinem engeren Umfeld und mein vages Konsensbedürfnis, verrät nicht eben wenig über mich, würde eine Politologin sagen.

Fragt einer der Freunde: »Und? Was denkst *du* so?«, dann denke ich zunächst, dass es ja wohl nicht wahr sein kann, was ich denke, denn ich denke: »Am liebsten hätte ich die alte Bundesrepublik zurück. Zur Not würde ich auch eine Revolution akzeptieren.« Was ich stattdessen antworte ist: »Hm, das ist hochkomplex. Ich schreibe gerade ein verstörendes Buch und darf noch nicht so viel sagen.«

»Worum geht es in dem Buch?«

»Um alles, was wir gerade besprochen haben: um den Protest, die Besitzstandswahrer, das Barlicht, die FDP, den Klassenkampf, die Liebe in Zeiten des Lobbyismus, um Atomkraft, Justitia, *Mad Men*, Stuttgart Hundertsechsundzwanzig und darum, wie man mit geradem Rücken durch all das durchkommen könnte.«

»Und? Wird es gut ausgehen?«

»Das weiß ich noch nicht.«

ANLEGER SIND
IMMER DIE ANDEREN

»Geld ist ein Arschloch.«

Unsere liebe dunkelrote Stadtteil-Bar mit den zeitlos schönen Siebziger-Jahre-Lampen: Ganz offensichtlich bin ich dort in einen Kleine-Leute-Stammtisch hineingewachsen. Es überrascht mich nicht. Obwohl es fürchterlich klingt. Dennoch ist der Ausdruck »Kleine Leute« bewusst gewählt. Zwar habe ich aus beruflichen Gründen in 350-Euro-Zimmern übernachtet, habe mit Prominenten geschäkert und die Copa Cabana gesehen. Doch bin ich der *Upper Class* ansonsten keinen Schritt näher gekommen. Es ist ja alles immer nur symbolisch heute. Hatte ich je ernsthaft dorthin gewollt, in die Oberschicht? Das ist eine Frage, die man vorläufig besser mit sich allein ausmacht.

Noch übler als »Kleine Leute« klingt natürlich das Wort »Stammtisch«. Außerdem ist es etwas übertrieben. Es ist ja nichts organisiert bei uns. Wir sind bloß ein Grüppchen vorübergehend ermüdeter Großstädter deutlich über 30, die ab und an beieinander sitzen, rauchen, trinken, parlieren. »Eure Discos sind unsere Diskurse«: Das habe ich einmal einer 21-jährigen Redaktionspraktikantin entgegengeschleudert, aus Ironie-Gründen, versteht sich. Man hatte mich mit der Ausbeutung des unbezahlten Nachwuchstalents beauftragt, und das Nachwuchstalent fand meinen Spruch bestimmt sehr witzig. *Die jungen Leute können ja auch nichts dafür.*

Was wäre aber eigentlich schlimm daran, Teil eines »Kleine-Leute-Stammtischs« zu sein? Man kann die Wörter doch wieder einmal ausprobieren, oder etwa nicht? Die Begriffe sind bekanntermaßen offen, zur Neudefinition freigegeben, man kann sie jetzt mit Bedeutungen versehen, die noch vor ein paar Jahren niemand hätte durchgehen lassen. Ich sage nur: »links« und »rechts«. Ich sage: »fortschrittlich« und »konservativ«. Schon höre ich Gelächter im Saal.

Großbürger sind wir jedenfalls keine. Kleinbürger schon eher, zumindest was den Median unserer kumulierten Kaufkraft angeht. Da im »Kleinbürger« aber vor allem der aktuell aufgeladene Wortstamm »-Bürger« sehr irritiert, erscheint »Kleine Leute« mir völlig angemessen.

Als kleine Leute hören wir noch immer die Konkurse der ausgelaufenen Dekade in unseren Ohren klingeln. Es war schon Einiges zusammengekommen in den »Noughties«, wie der britische *Guardian* die nuller Jahre einmal nannte, im »nervösen Jahrzehnt« (*Focus*), dem »E-Jahrzehnt« (*New York Magazine*), in der Dekade des »rasenden Stillstands« (Paulo Virilio), dem »Jahrzehnt, das uns verändert hat« (*Times*) – im »schlimmsten Jahrzehnt seit Kriegsende« (*Die ZEIT*). Manche Summen sind so markant, dass man sie sich merken kann wie Geburtstage. Gut fünf Billionen US-Dollar sind allein in den Schockmonaten nach dem 11. September 2001 vernichtet worden. Allerdings nicht von arabischen Attentätern, sondern vom überlebenden Teil der westlichen Welt. »Also auch von *uns,* richtig?«, frage ich in die Runde. »Wieso von *uns,* was haben *wir* mit den Billionen zu tun?«, fragt Mark/Luke zurück. »Genau«, wirft Ella ein. »Ich hab' nie eine besessen, die ich hätte verlieren können.«

Immerhin 22 Milliarden seines gut 50 Milliarden Dollar fassenden Privatvermögens hat der mutmaßlich zweitreichste Mann der

Welt, Bill Gates – »der Verbrecher!« (Frank) –, über die Jahre seiner »Bill and Melinda Gates«-Stiftung zukommen lassen, die angeblich eine »grüne Revolution in Afrika« verfolgt, wie Ella erklärt. Fünf Prozent der Gates-Stiftung fließen in karitative Zwecke, 95 Prozent werden auf andere Art in die Zukunft investiert, etwa in Stiftungsbeteiligungen an mehreren Ölkonzernen, die schon heute weite Teile der nigerianischen Küste unbewohnbar gemacht haben.

»Das sind immer wieder tolle Geschichten, rund um die *so called charity*«, murmelt Nils.

»Ach ja?« Frank hat seinen Scharfrichterblick aufgesetzt. »Hattest du früher nicht auch mal einen dieser Sticker auf deinem Auto kleben, *Eure Armut kotzt mich an?*«

Genervt dreht Nils die Augen zum Himmel. »Was hat das denn damit zu tun? Außerdem war das ein blöder Witz, das weißt du ganz genau.«

»Besonders lustig konnte ich das nie finden!«

»Jetzt lass' ihn doch, er hat das doch schon Tausend Mal erklärt und sich dafür entschuldigt«, springt Anne ihrem Freund bei, »es war halt so die Zeit damals ...«

»Schweine!«, raunzt Frank.

Keiner weiß, wen genau er damit meint. Aber alle sind einverstanden. Sogar Nils und Anne nicken. Missmutig glotzen sie in ihre Gläser.

»Apropos Gates«, werfe ich zur Auflockerung ein, »unser beliebter Breitband-Philosoph Peter Sloterdijk ist ja für eine Stärkung des Stiftungswesens und für die Abschaffung der ›Zwangsbesteuerung‹, wie er es nennt. Er befürwortet ein ›ziviles Spendenwesen‹ – freiwillig erbrachte Almosen der Wohlhabenden statt regulierter Steuern.«

Ich finde das ziemlich witzig. Aber keiner reagiert. Also spitze ich es noch einmal zu.

»Sloterdijk sagt im Kern: Jeder Besserverdiener sollte sich selbst aussuchen können, wen oder was er in welchem Umfang mit seinen

Abgaben unterstützt – dabei gehe es um ›Freiheit‹, sagt der große Denker. Die Bedürftigen sollten einfach dankbar sein für das, was kommt, und sich ein Vorbild daran nehmen.«

Total-Boykott meines Beitrags. Zwar heben sie jetzt ihre Köpfe, doch sehen sie mich an, als hätte ich nicht alle Tassen im Schrank.

»Nur der Vollständigkeit halber erwähne ich das, nur als Fußnote – das ist, weiß Gott, nicht *meine* Meinung!«

Es passiert wirklich verdammt schnell, dass man in die völlig falsche Ecke gedrängt wird, heutzutage.

Ackermann, Abramovich, Zumwinkel: Wir hatten sie alle in der Mangel. Der unangefochtene Superheld unter den modernen Antihelden, die attraktivste der antikapitalistischen Projektionsflächen ist aber eindeutig Jérôme Kerviel, ein nervenstarker Spekulations-Jungspund aus supersexy 7500-Paris, dunkelhaarig, schlank, Jahrgang 1977. Zufällig weiß ich alles über den Monsieur. Mit unglaublichen 50 Milliarden Euro hat er in einem Pariser Großraumbüro jongliert – auf nicht ganz astreine Art und Weise – an seinem von allen Seiten einsehbaren Schreibtisch. Nun sitzt er im Knast. Seinem Arbeitgeber, der *Société Générale*, bescherte er üppige Gewinne. Doch habe er sich mit einem Teil der Gelder selbst bereichert, lautete der Vorwurf. Und: Dass die Bank von seinen zweifelhaften Geschäftsmethoden nichts gewusst habe. Kerviel gab allerdings an, von seinen Chefs öfters gelobt worden zu sein für seine kreativen Methoden und steilen Erfolge. Auch war der persönliche Gewinn augenscheinlich nicht sein Hauptziel gewesen, er hätte viel mehr einsacken können, als er es getan hatte, ergaben die Ermittlungen. Das Spiel als solches habe ihn gereizt und quasi eingesogen, sagte der Wahnsinns-Franzose nach seiner Festnahme im Januar 2008. »Das ist ein Metier, das ein bisschen verrückt macht und auch abhängig.« Bald wurde bekannt, dass er, im Unterschied zur Mehrheit seiner *Broker*-Kollegen, nicht aus einer Elitenfamilie der französischen Bourgeoisie stammte, sondern aus »einfachen Verhältnissen«. Als Märtyrer und Aufklärer bejubelte ihn etwa die Hälfte der Franzosen, Dutzende Frauen sollen ihm Heiratsanträge gemacht haben, und zeitweise war auch ich sehr in ihn verliebt.

»Was? Du bist ja krank!«, faucht Frank.

»Selber Single«, zischele ich zurück und grinse, mit rosafarbenen Eurozeichen in den Augen.

J a, es waren schon abenteuerliche Zeiten, damals, kurz nach dem *Lehman*-Kollaps, als wir zu Weihnachten nichts hatten als eine Tafel Schokolade. Städte und Gemeinden machten Bibliotheken und Museen dicht, im Fernsehen intensivierten Sozialarbeiter und Schuldenberater ihre Dienste, jeder fünfte Bundesbürger galt inzwischen als arm oder akut von Armut bedroht. Die sagenumwobene Mitte? Schrumpfte weiter, von einem Anteil von 64 Prozent im Jahr 2000 auf 56 Prozent zum Ende des Jahrzehnts.

Unterdessen war bundesweit der höchste Gesamtwert an privaten Vermögensreichtümern aufgelaufen, der je in Nachkriegsdeutschland erfasst worden war: fünf Billionen Euronen – umgerechnet deutlich mehr als der 11. September die gesamte Welt gekostet hatte. Im Schnitt hätte das ein sorgenfreies Guthaben von gut 80 000 Euronen für jeden über 17 bedeutet. Stattdessen verfügt jede(r) Vierte laut Staatsstatistik über keinerlei Vermögen, sondern hat, im Gegenteil, eher Schulden – durchschnittlich rund 33 000 Miese. Die häufigsten Gründe seien Arbeitslosigkeit, gescheiterte Existenzgründungen, Scheidungen und übermäßiger Konsum, heißt es im Überschuldungsreport 2010, der von einer Stiftung mit dem hübschen Namen *Deutschland im Plus* herausgegeben wird.

Die Mutter aller Nachrichten, der ideelle *ground zero* und Humus für alles Weitere ist und bleibt die angeblich verbriefte Tatsache, dass eine Menge »Anleger« gelegentlich ihre Einlagen verlieren. Das war die Grundlageninformation bei der ersten, bei der zweiten und auch bei der dritten »Krise« der nuller Jahre – es ist, sozusagen, das Erklärmodell der Gegenwart. Merkwürdig ist nur, dass kaum jemand einen Menschen kennt, der in die Kategorie »Anleger« fällt. Millionenbeträge verlieren immer die Anderen. Gerade einmal dreizehn Prozent der Deutschen haben Geld in Wertpapiere angelegt, verrät eine Erhebung des Deutschen Aktieninstituts.

Eine radikale Minderheit setzt sich durch: Irgendwie hat die »Anleger«-Logik es geschafft, als *common ground* des tagespolitischen Geschäfts geduldet zu werden, und das Auf und Ab der Geldströme als gesetzter Naturfaktor. »Die Märkte erhöhen den Druck, schnell zu handeln«: So pflegt ZDF-Börsenreporterin Valerie Haller es auszudrücken. Auch ein Jahr nach dem *Lehman*-Desaster soll das Verhältnis der weltweiten Währungsspekulationen zum realen Handelsvolumen noch bei zwanzig zu eins gelegen haben, das heißt: Es wurde weiterhin etwa zwanzig Mal so viel fiktives Geld herumgeschoben wie reale Werte, Güter, Rohstoffe existierten. Jeder Sechstklässler wusste nun, dass achtzig Prozent des einheimischen Vermögens in den Händen von zwanzig Prozent der Bevölkerung liegen, und noch dem regressivsten Sammler von Engelsfiguren wurde klar: Gewinne und Verluste sind nicht annähernd »gleich« verteilt. Oder, wie es die nicht eben Sozialismus-verdächtige Bertelsmann Stiftung formulierte: »Die Ungleichverteilung der Einkommen in Deutschland hat innerhalb der letzten zwei Jahrzehnte so stark zugenommen wie in kaum einem anderen OECD-Mitgliedsland.«

»Geld ist ein Arschloch«: So lautet der *Stand-by*-Kommentar von Mark/Luke, dem pessimistischen Peter Pan in unserer Runde.

● ● ●

Es ist schon merkwürdig: Alle machen sich anhaltend Sorgen ums Geld – gleichzeitig interessiert es angeblich kaum noch jemanden, zumindest nicht »persönlich«. Postmaterialismus ist das heiße Ding: Glück, Gesundheit, Familie, Kultur und Umweltschutz seien den Menschen inzwischen viel wichtiger als der schnöde Mammon, vermelden unermüdlich die Markt- und Meinungsforschungsinstitute. Öfter kann man im Vorbeigehen Sätze hören wie: »Geld kümmert mich nicht mehr so wie früher.« Oder: »Wer interessiert sich heutzutage noch für dicke Autos? Doch bloß die Assis und die Bonzen. Ein normaler Mensch ist mit diesem Thema doch längst durch.« Oder: »Ich weiß nicht, irgendwie ist das mit dem *Shopping* bei mir vorbei.« Oder auch: »Geld? Haha.«

Erstmals hatte der amerikanische Politikwissenschaftler Robert Inglehart in den frühen siebziger Jahren einen *postmateriellen* Wandel festgestellt: In den westlichen, wohlversorgten Demokratien wendeten die Menschen sich ab von den Prinzipien »Leistung«, »Aufstieg«, »Status«, »Sicherheit« und zeigten stattdessen ein wachsendes Interesse an Selbstentfaltung und Lebensqualität. Hierzulande waren es die Avantgarden der Achtundsechziger gewesen, die dem *Postmaterialismus* einen gehörigen Schub verliehen hatten, mit ihrem Kampf für mehr Emanzipation (nicht nur für Frauen), für Gemeinschaft und Genuss jenseits traditioneller Macht- und Statusgrenzen. »Mein Haus, mein Auto, mein Boot?«: Nein danke, alles hohl und hundsgemein.

Etwa die Hälfte der Deutschen sieht sich heute *postmateriellen* Einstellungen stark zugeneigt, bestätigt das Sozio-oekonomische Panel (SOEP). Seit über zwanzig Jahren befragen die SOEP-Wissenschaftler regelmäßig 12 000 repräsentativ ausgewählte Haushalte nach deren Lebensumständen und Weltsicht. Ost und West liegen mit einem Anteil *postmaterialistischer* Einstellungen von 45 beziehungsweise 47 Prozent inzwischen fast gleichauf. Einstellungsunterschiede gibt es vor allem hinsichtlich Einkommen und Bildung: »Selbstständige oder leitende Angestellte sind *postmaterialistischer* als Arbeiter; Menschen mit hohem Einkommen sind *postmaterialistischer* als Leute mit geringem Einkommen, (...) Abiturienten sind *postmaterialistischer* als Hauptschulabgänger.« Auch in der Parteienpräferenz schlagen die Unterschiede sich nieder: Etwa drei Viertel der Wähler von Bündnis 90/Die Grünen seien dem *postmaterialistischen* Lager zuzurechnen, »während Anhänger der Unionsparteien zu zwei Dritteln Materialisten sind«.

Der Amerikaner Inglehart war vor vierzig Jahren davon ausgegangen, dass Armut automatisch eine materialistische Einstellung begünstigt: ein verstärktes Interesse an Geld und Vorwärtskommen – weniger Bedarf an »Selbstverwirklichung« – bei ausgeprägter Neigung zu konservativen Ansichten. Jener Dynamik widersprechen die SOEP-Forscher jetzt: Sozialstaatliche Leistungen, eine »Bildungsexpansion« und vor allem die ideellen »Werte«, die Eltern ihren Kindern mitgäben, nähmen wachsenden Einfluss auf die Einstellungen der Nachfahren und überdeckten den Faktor »ökonomische Ausstattung« zunehmend.

Interessant ist, wie einige der tonangebenden Neu-Erwachsenen sich, inmitten des großen Heulens, zum Thema »Geld« äußerten. Einer der schillerndsten gleichaltrigen Vertreter des *Postmaterialismus* ist der Maler Jonathan Meese (*1970), der einst als Garagen-Künstler gestartet ist, inzwischen den Part des *enfant terrible* im subventionierten Betrieb übernommen und sich für eine Werbekampagne der *Bild*-Zeitung zur Verfügung gestellt hat, mit dem in Runen-ähnlicher Schrift verfassten Slogan: »Die Diktatur der Kunst braucht keine Meinung!« Geld interessiere ihn nicht, sagte Meese in einem Gespräch mit dem einstigen FDJ-Organ *Junge Welt* und spöttelte über die »Humorlosen, denen es tatsächlich nur um den Furz ›Geld‹ geht; sorry, aber Geld wurde erfunden und kann genauso gut wieder abgeschafft werden.« Nicht der »Furz Geld« sei das Problem, sondern das »Ich«, das »ständig darüber reflektiere«. Es klang wahnsinnig sympathisch. Wie eine Botschaft von einem fernen, friedlichen Schaumgummi-Stern.

Ebenfalls irgendwie *postmaterialistisch*, aber auch ziemlich weihrauchschwanger las sich das, was dunkelblau gekleidete Nachwuchs-Konservative aus der zweiten und dritten Reihe auf dem weltoffen benannten Internetportal *The European* bloggten: Wie die Finanzkrise gezeigt habe, ließen globale Finanzströme sich nicht »in ein Regel- oder Gesetzeskorsett« zwingen, schrieb dort etwa der »Volljurist Richard Schuetze«. Eine »übergeordnete Moral« sei nötig, »Maß, Bescheidenheit und Nächstenliebe statt Habgier und Egoismus sind das Gebot der Stunde.« Und er schlug auch gleich vor, wie die Bruttoinlandsproduktion von »Moral, Maß, Bescheidenheit und Nächstenliebe« zügig zu steigern sei: »Die Familien bilden die zentrale biologische und kulturelle Institution jeder Gesellschaft. Der demografische Schwund vieler europäischer Völker wird durch die kulturell-moralische Abwertung der Ehe von Mann und Frau und der Familie begünstigt.« Dass aber auch tatsächlich noch niemand vorher darauf gekommen war: Alleinstehende, Unverheiratete, Kinderlose und Nicht-Europäer müssen dringend in die Pflicht genommen werden, *vor allem* und *gerade* angesichts der Finanzkrise.

Eher nach einem etwas zu oft gesampelten *Techno*-Loop klang das, was Ulf Poschardt (*1967) zur Lage der Nation verkündete, ein weiterer einflussreicher Meinungsbildner unter den Post-Achtundsechzigern, Autor des symptomatischen Millenium-Essays *Cool* (2001) und mittlerweile Herausgeber der *Springer*-Musikmagazine *Rolling Stone*, *Musik Express* und *Metal Hammer*. 2005 hatte Poschardt die FDP zur einzig wahren Partei für Wähler unter vierzig erklärt: »Bislang galt die Popkultur immer als links und wählte auch so. Das wird nun anders: Wahrhaft rebellisch ist es, für die FDP zu sein.« Nachdem die Liberalen in der Regierung saßen, führte er den Wahlkampf unbeirrt fort: »Angegraute Metaphern des Klassenkampfes« gingen ihm auf den Geist, schimpfte der rasend schöne Mann 2010 in einem Artikel der *Welt*, um sogleich selbst reichlich solcher Metaphern zu gebrauchen: »Hobby-Soziologen der Gewerkschaften«, »Weltverbesserer«, »Sozialdemokraten« – sie sollten endlich Ruhe geben! Wichtig seien heute »diejenigen in der Mittelschicht, die nach oben blicken und bei denen Reichtum nicht Neid, sondern Inspiration auslöst.« Schrieb es, las es noch einmal durch, drückte auf *send* – und nickte vielleicht dem Fensterputzer aufmunternd zu, dem freundlichen blaugelben Männchen, das außen an der Scheibe des Herausgeberbüros in den Seilen hing und in saucooler *Working-class*-Pose rhythmisch wischte, wischte, wischte.

»Der eine Mittelstandsmensch klammert sich am schicken Stuhlbein fest, weil er das Gefühl hat, abzurutschen, der andere geht auf die Straße und wirft ein paar Scheiben bei *Starbucks* ein.« So lakonisch formulierte es schließlich Georg Diez (*1969) in der *Süddeutschen Zeitung*. Antikapitalismus und Postmaterialismus sah er als »die beiden sich bedingenden, sich ergänzenden Halbüberzeugungen« des späten Doppelnull-Jahrzehnts.

Selbst von Trendforscher-Tagungen mit modischen jungen W-LAN-Menschen, die sich ihren marktskeptischen Ideen-Esprit von internationalen Kaugummiherstellern sponsern ließen, war jetzt Systemkritik zu vernehmen. *Wie ich einmal versuchte, reich zu werden* (2008) heißt das viel gelobte Buch, in dem die Journalistin Heike Faller (*1971) einen Selbstversuch in Sachen Geldvermehrung schildert, beginnend mit einem Sparguthaben von 40 000 Euro, das sie zunächst in Edelmetalle anlegt. Guido Westerwelle schnickte derweil das Schlagwort der »spätrömischen Dekadenz« ins Spiel, die Österreicher drehten sich aufrührerisch gebende Filme, nach Hans Weingartner (*Die fetten Jahre sind vorbei*, 2004) jetzt Erwin Wagenhofer (*Let's make money*, 2009), und Frank Castorf brachte an der Berliner Volksbühne ein Stück mit dem reizvollen Titel *Hunde – Reichtum ist die Kotze des Glücks* heraus.

»Gehen wir da mal hin?«, fragte eine Freundin, die mir noch 120 Euro schuldete.

»Meinetwegen, aber du bezahlst.«

Derweil zog Arno Dübel, »Deutschlands glücklichster Arbeitsloser«, durch die Fernsehlandschaft, feierte »36 Jahre Erwerbslosigkeit«, erklärte Sandra Maischberger, dass Autos und Reisen ihn nicht interessierten – »Wozu? Brauch' ich nicht.« – und beantwortete Johannes B. Kerners Feststellung »Sie wollen gar nicht arbeiten!« sehr schlicht und präzise mit dem punktgenau formulierten Halbsatz: »Richtig.«

Der »Gier-Banker« und der »Sozial-Schmarotzer«: Neben dem »Casting-Talent« und dem »Multijobber« sind sie die bedeutendsten neuen Sozialtypen, die das Nuller-Jahrzehnt hervorgebracht hat. Das ist, nach Abzug aller Kosten, das Verdienst der neoliberalen Brachial-Wirtschaft für die Gemeinschaft, dafür muss man den »Casino-Kapitalismus« loben: Ein stark aufklärerisches Element ist ihm zu eigen. Schrill, verzerrt, wie grob überzogene Figuren aus Matt Gronings *Simpsons*-Labor sind die gesellschaftlichen Faktoren »Ober«- und »Unterschicht« ins öffentliche Bewusstsein zurückgekehrt – in ihren Gestalten der »Heuschrecke« und des »Hartz-Betrügers« zwar als Karikaturen, doch ebendarum umso effektiver. Nicht mehr von der »Luftblase« der Ökonomie sprachen jetzt die Zeitungen, wie sie es Anfang der nuller Jahre noch getan hatten, sondern öfter von der »Parallelwelt« des Geldes. Es klang nicht mehr ganz so unschuldig, nicht mehr gar so schöpfungsgegeben. Murrend machte der nasse Sack Deutschland sich mit der Vokabel »Prekariat« bekannt.

SISYPHOS
IM DOWNHILL-MODUS

»Kann man sich eigentlich
zu Tode flexibilisieren?«

E twaige Abstürze haben meist diskreten Charakter. Zehntausendfaches, annähernd baugleiches Individualversagen findet statt. Doch macht es jeder artig mit sich alleine aus. Auch ist bislang kaum jemand daran gestorben. Deshalb wirkt alles so friedlich. Wenn wieder einmal ein Lebensentwurf reif fürs Recycling ist, gibt es selten einen lauten Knall, eher geht ihm langsam und leise die Luft aus, wie einem Ballon, der sich ausseufzt, bis nur noch ein lasches Behältnis aus verletztem Blähgummi übrig bleibt, ein fisseliges, klebriges Häutchen.

Länger als ein Jahr dauerte es, bis eine Berliner Freundin es ausspuckte: »Na, ich bin auf Hartz, was glaubst du denn?« Tatsächlich hatte ihr letzter Job als Landschaftsgärtnerin, ein Einsatz bei einer Filmproduktion, draußen in den Herrengärten von Potsdam, schon Monate zurückgelegen, als wir uns kennenlernten. Sie drückte mir eine Visitenkarte in die Hand, die sie als *Natur-Designerin* auswies, und sagte: »Ich bin gerade zwischen zwei Projekten«, worauf wir lachten, denn jener Ausspruch war längst schon zum geflügelten Wort geworden. Dass sie knapp bei Kasse war, verstand ich sofort. Auf Hartz IV kam ich in unserer Kennenlernphase noch nicht. Nie hätte ich damals geglaubt, dass es so nah an mir dran war.

Vor allem ist die Landschaftsgärtnerin ein beeindruckender *Up-to-date*-Mensch, oft komme ich mir wie ein tumber Klotz neben ihr vor. Stets weiß sie genau Bescheid, wer wann wo mit wem gewesen ist, welche Vernissage gerade ansteht, wann und wo die nächste Premierenparty brummt. Kurios fand ich gleich zu Beginn: Sie sammelt die Plastikbändchen, die man bei manchen Veranstaltungen ums Handgelenk gepetzt bekommt. Ich glaube, diese Bändchen sind erstmals in den späten Achtzigern in *All inclusive*-Ferienanlagen aufgetaucht, wahrscheinlich handelt es sich um eine *Club Méd*-Erfindung. Die Landschaftsgärtnerin ist zuletzt im Jahr 2002 verreist, aber sie kennt einen Trick, wie die eigentlich nicht wieder verwertbaren Dinger schadlos und verletzungsfrei vom Handgelenk abzunehmen sind und wie man sie jederzeit wieder dranbekommt, sodass es ganz *echt* aussieht, was es dann ja beinahe auch ist. Eine ganze Kollektion in allen Farben des Regenbogens trägt sie in ihrer überaus zeitgemäßen Umhängetasche mit sich herum. Man muss dann nur schauen, welche Farbe die anderen gerade tragen an dem Ort, den man invadieren möchte, Blitzblau, Magenta oder Neongelb, ob es ein eher breites oder ein eher schmales Bändchen ist, eines mit Kerben oder ein glattes, und ruck zuck ist man drinnen – Gästeliste hin, Türsteher her –, beim Empfang, auf der Party, im Kongress, und kann sich am Buffet laben. Später, wenn man wieder draußen ist, bittet die Landschaftsgärtnerin um Rückgabe des Dings, »fürs nächste Mal«. Und ich wäre ja schön blöd, wenn ich ihr in diesem Punkt nicht Folge leistete, was habe ich schon für rauschende Nächte mit der Frau erlebt.

Die Landschaftsgärtnerin ist der Typ, dem die DJs und Tresenmänner zulächeln, keine Ahnung, wie sie das macht. Was mir noch an ihr aufgefallen war: Wann immer wir mal unter uns ausgingen, einfach nur so, in einen Club oder eine Bar, verzichtete sie weitgehend auf Getränke. »Dann muss ich nur wieder pinkeln, ich habe eine launische Blase.« Ein paar Mal behauptete sie, allergisch gegen dies und das zu sein. Nach einer Weile stellte ich fest, dass sie neben den Bändchen auch eine kleine PET-Flasche mit Drehverschluss bei sich trug und ab und an verstohlen einen Schluck daraus nahm. »Was ist da drin?«, fragte ich. Es war mal Apfelsaft, mal Wasser, sehr selten auch ein zu Hause gemixter Wodka Lemon. Das Zeug erwärmte sich im Laufe eines Ausgehabends natürlich, aber sie hatte ihren Stolz und ließ sich selten zu etwas Erfrischenderem einladen. Als sie meine ahnungslosen Pfadfinderinnenwitze nicht länger ertragen mochte, verriet sie eines Tages also ihre Einnahmequelle: »Ich bin von Amts wegen reich.« Ich war sehr unsicher, was man in einem solchen Fall sagt – etwa »Oh, tut mir leid«? –, und antwortete etwas Unbestimmtes wie: »Hey, es wird schon wieder werden.« Sie bat mich, »es« nicht weiterzuerzählen, was ich sofort verstand, und ich hielt mich daran. Solange ich selbst noch halbwegs aufgestellt war, gab ich ihr gelegentlich dann doch mal ein Glas aus. Dafür organisierte sie weiterhin die meisten Eintritte für umsonst, das war fortan unser *gentlewomen's agreement*.

Einmal schlug ich vor: »Überleg' doch mal, ob du etwas anderes machen kannst als Blumenbeete und Parkanlagen. Solange du auf ein neues Projekt wartest, kannst du doch mal in einer Boutique Sachen verkaufen, nur zum Beispiel, oder in einer Bar Getränke ausschenken, da hängen doch überall Zettel.« Worauf sie zu Bedenken gab: »Glaubst du im Ernst, die stellen eine 41-jährige Gescheiterte ein, wenn sie hier in Berlin lauter 21-jährige model-like Austausch-Studentinnen für zwei Euro in der Stunde für ihre *Arm, aber sexy*-Theken haben können? Und glaubst du im Ernst, dass ich irgendwo einen Bürojob kriege, wenn ich denen erzähle, dass ich mein Leben lang in Erdlöchern gegraben, Torfsäcke geschleppt und Bambusse gepflanzt habe und nun schon im zweiten Jahr durchhänge? Und glaubst du im Ernst, dass es irgendeine Scheißfabrik gibt hier in Berlin, die mich mitmachen lässt, ohne dass ich ungefähr fürs selbe Geld am Wochenende auch noch schlagskaputt bin und gar nicht mehr ausgehen kann, ohne dass es sich herumspricht, ohne dass ich damit den letzten Anschluss an mein Leben verliere?« Anfangs hielt ich sie für ein bisschen arg wählerisch.

Auch mit einem vorhersehbaren Insolvenzfall verbringe ich seit Jahren unterhaltsame Stunden. Es handelt sich um die schönste Frau, die mir je abseits eines Bildschirms begegnet ist, eine aufgestiegene Einwanderertochter, die in den Ausläufern der Mode-industrie ein fest-freies Auskommen gefunden hat. Ständig ist sie unterwegs, überall Presse-Empfänge, hier eine Gala, dort ein *Award*. Zwei, drei Mal ist sie auf einem Roten Teppich zufällig mitfotogra-fiert worden und als Randfigur in ein *People*-Magazin gerutscht. Doch gilt sie nicht als so bedeutend, dass ihr die entsprechende Gar-derobe gesponsert wird, so wie man es aus *In-Style* oder *Gala* kennt: »Mariella Gräfin von Faber-Castell (frühere Ahrens) trägt zur Leis-tungsschau der Meister-Parfümeure eine fliederfarbene Robe aus dem Hause *Escada*.« Oder, wie die *Superillu* es notierte: »Als Kind trug sie das FDJ-Hemd, bei ihrer Heirat ein Krönchen.« Anders als die Neu-Gräfin ist die Bekannte ledig und ohne Sponsoren-Vertrag, sieht sich aber gezwungen, ihre Firma angemessen zu repräsentie-ren. Leider hat sie sich darüber in einer Fantasiewelt aus »Style-Aus-sagen« und »Lebensqualität« verfangen, leider hat sie irgendwann begonnen, an den ganzen Blödsinn zu glauben, und so verschuldet sie sich sehenden Auges für sogenannte *fashion statements* und kifft mehr als ihr gut tut.

Als wir uns eines Abends nach Monaten wieder einmal bei einer Quasi-Vernissage begegneten, einem der üblichen *Look at me and love me*-Termine in mittelgroßem Kreis, sah sie wie immer perfekt dekoriert aus und fragte, ob ich mit rauskäme, einen Joint zu verzeh-ren. Dass ich stets nur eins vertrüge, Gras oder Alkohol, antwortete ich, und dass ich leider schon zwei Gläser des frei ausgeschenkten Crémant getrunken hätte, »aber klar, ich begleite dich gern an die frische Luft.« Draußen sah ich, dass sie, obwohl es ein wunderbar warmer Abend war, zitterte. Ihr Blick flirrte, wir versuchten, Quatsch zu machen, Sprüche zu klopfen, und plötzlich sagte sie: »Scheiße, Kullmann, ich bin *broke*. War heute bei der Bank, die machen Ärger. Ich wusste nicht, dass ich insgesamt 9000 Miese habe, ich dachte, es sei weniger. Jetzt muss irgendwas passieren, hat der Bankfuzzi gesagt. Was soll ich tun?«

Das Einzige, was mir einfiel, war: »Kauf' nicht immer so viel Chi-chi-Mist.« Aber das sagte ich nicht. Sie wusste ja selbst, dass sie ihre Finanzkraft beharrlich überschätzte. Augenscheinlich ging es ihr wirklich schlecht, ich hielt es für besser, nicht auf ihrem Einkaufs-problem herumzureiten. Superdämlich hatte sie sich in den Schla-massel hineinmanövriert. Und ich konnte es verstehen. Sie war die Erste in ihrer Familie, die es in die Luxuslounges eines Neunziger-Jahre-Traums geschafft hatte, sie war das Vorzeigekind der weiträu-mig verzweigten Familie, die Hoffnungen eines rechtschaffenen Handwerker- und Kioskbesitzer-Konsortiums lasteten auf ihr – und in ihrem Anpassungswillen hatte sie sich komplett über den Tisch ziehen lassen vom schönen Schein. Mit Ulf Poschardt gesprochen: Sie hatte sich ein wenig zu arg »von oben inspirieren« lassen. Einer Menge autochthoner Einwohner des Landes ging es ja genauso. Ich konnte mir ausmalen, wie das zwischen ihren Synapsen zusammen-hing: Das *Shopping* betrachtete sie als Investition in ihre Zukunft, in ihre Marke »Ich«, ihr Chiffon-Kleid war ihr Arbeitsgerät, sie ma-lochte in einer mit Botox zurechtgezurrten Grinsekatzenbranche und hielt sich an deren Standards.

»Ich dachte immer, du verdienst ganz gut ...?«

»Pffff«, machte sie.

»Vielleicht solltest du dir einen anderen Job suchen, vielleicht et-was Handfeste-re-re-res«, schlug ich vorsichtig vor. »Oder du musst ein paar Schuhe und Taschen verkaufen, es gibt doch diese *Second-Hand*-Läden für Designerware, das werden doch immer mehr?«

Ein Flehen oder etwas anderes Beunruhigendes lag in dem Blick, mit dem sich mich fixierte. »9000 Euro, Kullmann, und am Ende des Monats werden es zehn sein.«

Etwa eine Minute standen wir wortlos noch so da.

Dann trat sie die ausgerauchte Kräuterkippe mit ihren verboten teuren Softleder-Ballerinas von *Balenciaga*, *Tod's* oder einer anderen bescheuerten Fabrik aus. »Gehen wir wieder rein?«

Beide, die abgehängte Landschaftsgärtnerin und die verstrickte PR-Kraft, sind selbst schuld an ihrer Lage – oder etwa nicht? Sind das *echte Opfer*, bitteschön? Warum verharren sie, wie funkelnde, blitzschnelle Eidechsen es aus unerklärlichen Gründen manchmal tun, in Schockstarre? Sie sind Menschen, sie haben ein Gehirn! Sollten sie sich nicht dazu durchringen, schnellstmöglich jemand *anderes* zu werden? Sollten sie ihre Ideen von sich selbst, ihrem Beruf und ihrer Lebenswelt nicht aufgeben, besser heute als morgen? Wie bei einer abgelaufenen Fahrkarte den »Entwertet«-Stempel akzeptieren, zügig aus- und umsteigen – statt sich im Zugklo zu verstecken, in der Hoffnung, der Kontrolleur zieht noch einmal vorbei?

Oder ist es noch zu früh fürs Aufgeben? Was, wenn in nur sechs Monaten plötzlich ein aufwändiges Natur-Schlachten-Epos in Berlin-Rudow gedreht wird, für das wochenlang Hunderte Pflanzer gebraucht werden, zu einem Tagessatz von sagenhaften 160 Euro? Aber keiner ruft einen mehr an, weil Gerüchte herumgegangen sind, man mache jetzt »etwas anderes«. Was, wenn überraschenderweise vielleicht die vorgesetzte Kollegin schwanger würde und plötzlich die Chance auf eine Art Beförderung auf Zeit bestünde, auf einen *echten* Vertrag und damit auch auf mehr Geld? Man könnte die Schuh-Schulden binnen eines Jahres vielleicht halbieren. Genau sechs Monate, nachdem man ausgestiegen und von den Branchen-einladungslisten gestrichen ist und sich bereits durch zig Bewerbertrainings gezwungen und zu einer Umschulung zur Personalberaterin entschlossen hat: *Genau dann* würde alles wieder besser werden – und sie würden den Job an ein halb so teures Gärtnerinnen-Girlie vergeben, das nicht ein Viertel so viel weiß und kann wie man selbst, und ausgerechnet die dumme Kuh aus der Nebenabteilung würde auf die Schwangerschaftsvertretung in halbleitender Position nachrücken und sich dort breit machen mit ihrem formlosen Kunstseidenhintern. Es wäre zu spät, alles verloren, das Know-how und die Kontakte und all die bisher gesammelten Erfahrungen als *sunk costs* vernichtet. Unter diesen Umständen wäre man *erst recht* selbst schuld an allem. Mit Anfang vierzig hätte man sich vorzeitig und unnötig selbst hinausgekegelt, *biograficus interruptus*. Die Hoffnung, dass es eines Tages doch noch einmal funktioniert – wann ist der richtige Zeitpunkt, sie aufzugeben? Hat man ein Meeresrauschen im Ohr, wenn es so weit ist?

Wie schafft man es, außerdem, sich einzugestehen, dass das eigene Leben nichts taugt, sich selbst aber gleichzeitig so gut zu finden, dass man sich optimistisch in »ganz neue Umfelder« begeben und dort reüssieren kann? Wie gelingt es einem, sich zur Metabene seines Daseins aufzuschwingen, alles, was einmal als »Identität« gedacht war, einfach abzustreifen und sich mir nichts, dir nichts beim *Schlecker* an die Kasse zu setzen, als Radiomoderatorin anzufangen, einen Lkw-Führerschein zu machen oder eine eigene Schmucklinie zu erfinden, obwohl man das nie gewollt hat und es auch gar nicht gut kann? *Muss* man ein Hobby haben, das man notfalls zum Beruf machen kann? Woher nähme man fix eines, wenn man eines brauchte? Schicke Strickmützchen stricken? Aber es stricken schon so viele schicke Strickmützchen! Wohin mit 38 oder 42 Jahren Leben, auf die Schnelle? Warum sollte man sich *nicht* an das klammern, was einem etwas bedeutet, warum sollte man das Verwerfen gut finden? Warum sollte man auch nur einen Funken von Lust darauf verspüren und »motiviert zur Tat« schreiten?

Und wie geht man schließlich damit um, dass einem dann, wenn es einfach zu eng geworden ist, aber noch bevor man unter der Brücke schläft, wenn man angesichts drohender Notlagen tatsächlich *last minute* alles *anders* zu machen versucht, wiederum vorgeworfen wird – in Sonntagsreden, von der Sippschaft und von den Apologeten der »neuen Bürgerlichkeit« – sich »einfach nicht entscheiden« zu können, sich »zwanghaft immer alle Optionen offenhalten« zu müssen, nicht zu wissen, was man *eigentlich* im Leben *will* und sich als komplett *bindungsunfähig* zu erweisen, sogar der eigenen Biografie gegenüber? Jetzt einen *Coach* anrufen? (»Jaaa!«, ruft der hundertfünfzehnköpfige Vorstand des *Coaching*-Verbands, »Wir müssen schließlich auch von etwas leben. Eure Probleme sind unser Umsatz.«)

◍ ◍ ◍

»Sie geben sich als distinguierte Menschen. Sie sprechen exakte Sätze, machen knappe Handbewegungen dazu und tragen sorgsam ausgewählte Kleidung – nicht affig, sondern hochwertig in Grau, Anthrazit und Schwarz.« So beschrieb *Die Welt*, einige Monate nach dem *Lehman*-Kollaps, ein junges Unternehmer-Paar aus, na von wo schon, Berlin. Gerade einmal 32 und 34 Jahre jung sind zu diesem Zeitpunkt die Existenzgründer, eine junge Frau und ein junger Mann. Ihre Geschäftsidee ist schlicht, aber erfolgreich: Mit ihrem Catering-Service *Bloomsburys* liefern sie solventen Hauptstadt-Kunden Drei-Sterne-Food nach Hause, einem gewöhnlichen Pizza-Bringdienst ähnlich, nur dass es sich um Ware aus renommierten Restaurants handelt, deren zierlichste Vorspeisen vermutlich in etwa so viel kosten wie beim *Lupo-Express* eine Familienpizza XXL mit Double Cheese und fett Bacon für alle.

Oh, wohnten in Deutschland doch mehr *Bloomsburys*-Leute, dachte ich kurz, als ich das Wirtschaftsporträt las. Das Land braucht mehr solcher Unternehmer, vor allem: mehr solcher Kunden! Oh, wäre doch auch ich ein Mensch, der nicht so oft in ausgeleierten Nicki-Hosen herumgammelt, herabgesetzte Ravioli aus der Dose aufwärmt und mault, sondern jemand, der für seine exakten Sätze, knappen Handbewegungen und seine straffe Kleidung bekannt ist! Benähme sich jeder so, hätten wir weniger Probleme.

Dann dachte ich wieder: Spinnst du jetzt?

Mit einer gar nicht knappen, vielmehr etwas unkoordinierten Handbewegung schob ich das 6,99 Euro günstige Standard-Sofakissen schwedischen Fabrikats in meinem Rücken zurecht, griff in die Tüte anspruchslosen Zuckerspecks, die neben mir auf dem nicht eben sorgsam ausgewählten Couchtisch lag, strich mit den klebrigen Fingern meiner unlackierten rechten Hand eine Strähne liederlichen Enddreißigerinnenhaars aus meinem Touristenklassen-Gesicht und las fasziniert weiter: »Sie (die *Bloomsburys*-Gründer) sehen nicht angesagt aus, sondern wie Menschen, die genau wissen, was sie wollen.« Welch Ungeduld da in den Zeitungszeilen mitschwang: Endlich wieder einmal zwei junge Leute, die einen Plan haben. Endlich ein Entwurf, der durchdacht ist. Endlich keine affigen Hütchen mehr, sondern etwas Vernünftiges. Hunger haben die Menschen schließlich immer. Genau zu wissen, was man will: Dahinter steckt bestimmt der Wille zur Macht, überlegte ich. Und noch etwas fiel mir auf: »Sie *geben sich als* distinguierte Menschen«, stand in dem Artikel, und: »Sie *sehen aus wie* Menschen, die genau wissen, was sie wollen.« Offenbar traut der Journalist seinem Gegenüber nicht ganz über den Weg. Auch nach einem ausführlichen Interview mit den beiden Jungunternehmern ist ein Restzweifel geblieben: Ob die ganze Sache nicht vielleicht doch nur eine gute *Performance* ist – und wenn ja, ob diese hält.

Da war sie – diese ungeheure Sehnsucht nach Eindeutigkeit, die allenthalben in der Luft zu hängen scheint. Die Skepsis, ob überhaupt irgendeinem sozialen Signal heutzutage zu trauen ist oder ob unsere Welt nicht doch ein einziges *Simulacrum* (Jean Baudrillard) ist, eine große, bunte, konstant sich selbst *sampelnde* Nummernrevue. Die Erfahrung, dass jeder Oberfläche eine ganz andere Bedeutung zugrunde liegen könnte. Der Zweifel, ob man die Signale des Gegenübers richtig interpretiert oder vielleicht der eigenen Gutgläubigkeit aufsitzt, einer gelungenen Inszenierung oder einem mutwilligen Ablenkungsmanöver. Die Unsicherheit über die *wahren Motive* des anderen und die Sorge, dass alles, alles, alles tatsächlich nur ein großes Schmierentheater ist.

Generation Unentschieden: So hieß ein Beitrag, den ein Monatsmagazin im »Krisen«-Sommer bei mir bestellte. Es handelt sich um ein Presseorgan, das ich guten Gewissens als »konservativ« bezeichnen darf (es wäre dem Magazin sehr recht, allein schon der eindeutigen Marktpositionierung wegen). *Generation Unentschieden* – diese Zeile stammte nicht von mir, die Chefredaktion hatte sie sich ausgedacht und als Leitgedanken vorgegeben. Die Magazinmacher hatten sich das in etwa so vorgestellt: Dass Hunderttausende haltloser »junger Leute zwischen 30 und 40« stinkverwöhnt und absichtlich ratlos vor sperrangelweit geöffneten Containern voller »Möglichkeiten« stünden – und dass sie, statt zuzugreifen, lieber in einer »Warteschleife« verweilten, *Bionade* tränken und mit ihren *iPhones* spielten. Das stand zwar seit zehn Jahren immer wieder überall, aber sie wollten es ihren Lesern unbedingt *erneut* nicht vorenthalten. Heiratsmüdigkeit, Fortpflanzungsverweigerung, pathologische Bindungsunfähigkeit, all die üblichen Anfeindungen des imaginierten zivilen »Egoisten«-*Wir* sollten vorkommen. Ich fand es fürchterlich und sehr neben der Zeit – doch hatten sie ausdrücklich einen »meinungsstarken Beitrag« angefragt – und so erlaubte ich mir, dies wörtlich zu nehmen, und schrieb los.

Bei der ersten Fassung wurde Überarbeitungsbedarf angemahnt, sehr behutsam und »aus stilistischen Gründen«. Gut, das kann mal passieren, immer schön auf das Leserumfeld achten, eingesehen. An der zweiten Fassung gab es dann wieder einiges zu tun, diesmal explizit »aus inhaltlichen Gründen«, was schon deutlich schwieriger ist, wenn man nicht mehr lügen mag, als das eigene Gewissen es zulässt, auch nicht für das satteste Honorar. Bei der dritten Fassung haben wir uns dann geeinigt, dass sie sich besser jemand anderen suchen, der die Wunsch-Geschichte passend dichtet: »*Wir* ultraegoistischen Weicheier sind furchtbar unentschieden – und dann sind *wir* auch noch wahnsinnig verwöhnt – *wir* müssen uns jetzt zusammenreißen und besinnen – *wir* müssen einfach: *nachhaltiger* leben.« (Was auch immer das heißen mag, wie auch immer das funktionieren soll, aber es klingt so herrlich bedeutungsvoll.)

Tatsächlich kenne, höre und lese ich überwiegend von Menschen, die ganz und gar nicht »unentschieden« sind, sondern – im Gegenteil – eine Entscheidung nach der anderen zu treffen haben und dies auch tun, meist in einem Affentempo und so bewusst wie irgend möglich. Schon im ganz Kleinen fängt es an. Die Leute sagen zum Beispiel: »Bei dieser und jener Handelskette kaufe ich nicht mehr ein, auch wenn sie die billigsten sind, die sehen keinen Cent von mir, solange die ihre Mitarbeiter und Lieferanten so mies behandeln.« Andere reiben sich unermüdlich an ihrer persönlichen CO_2-Bilanz und machen sich freiwillig beinahe verrückt in der konstanten Kontrolle, ob alle *Stand-by*-Funktionen, die Herdplatten und das Flurlicht auch wirklich ausgeschaltet sind. Wieder andere greifen sich – ganz ohne »neue Werte« irgendwo günstig eingekauft zu haben – gegenseitig unter die Arme, indem sie sich etwa bei Krankheit pflegen, bei vorübergehender Wohnungslosigkeit ein Zimmer anbieten oder in brenzligen Situationen Geld leihen, auch wenn sie nicht verheiratet, nicht einmal verliebt, sondern vielleicht nur etwas Ähnliches wie befreundet sind. Solidarität existiert, Verantwortung wird übernommen, in Freundeskreisen, die Hausaufgabendienste leisteten, wo es an Kinderbetreuung fehlt, oder die sich gegenseitig Jobs und Aufträge zuzuschustern versuchen, wenn wieder einmal der *Outsourcing*-Orkan getobt hat. Ausstellungen und Lesungen werden organisiert, auch wenn es kein Geld dafür gibt, leer stehende Häuser werden besetzt oder von selbst verwalteten Genossenschaften übernommen, wenn die Überteuerung eines Wohnviertels droht, Stadtteilinitiativen werden gegründet, um Spielplätze, Museen oder Grünanlagen zu retten. All dies sind ganz praktische Antworten auf die von Politik und Wirtschaft forcierte, viel zitierte Privatisierung der Lebensrisiken. Es ist Arbeit an der und für die Gemeinschaft. Die Menschen versuchen längst zu retten, was institutionell beziehungsweise via Geldstrom-Logik bedroht ist: einen gewissen *Community*-Rahmen. Nicht »Unentschiedenheit« ist das Problem, sondern die Ballung von Entscheidungslagen.

D er ideale Staatsbürger ist eine Chimäre aus Reihenhausbesitzer und Wanderarbeiter. Er soll sich fortpflanzen, ein Ehrenamt in der Nachbarschaft übernehmen und erkrankte Angehörige selbst pflegen, aber auch Steuern zahlen, jederzeit umziehen, wenn sich eine berufliche Perspektive bietet, notfalls auch mal nachts oder *en bloc* oder auf andere Art unregelmäßig tätig sein, er soll sich verlässlich zeigen und sich selbst dazu befähigen, Dinge gegebenenfalls zu verwerfen, sobald sie dem *Fortschritt* im Wege stehen, er soll die Umwelt schützen, aber gleichzeitig möglichst viel Zeug einkaufen und verbrauchen, er soll sich ein bisschen engagieren, aber auch wieder nicht *so wild* demonstrieren, dass der Wasserwerfer kommen muss, er soll nicht rauchen und sich gesund ernähren, aber bitte nicht so lange leben, dass die Rentenkassen noch größere Schwierigkeiten bekommen als sie sie eh schon haben.

»Ich bleibe, wo ich bin«, sagte eine Freundin, Mitte dreißig, aus Düsseldorf, als sie nach einem Dreivierteljahr Arbeitslosigkeit vor der Wahl stand, zum fünften Mal in sieben Jahren die Stadt zu wechseln, diesmal für einen auf fünfzehn Monate befristeten Ac-

count Managerinnen-Job, oder an der Seite des Mannes zu bleiben, in den sie sich ein Jahr zuvor verliebt hatte. Ihr Partner, der einen leider nicht sehr gut laufenden Buchladen betrieb, hätte ihr nicht folgen können. Nicht nur wegen des Ladens, sondern auch, weil er sich um die Erziehung zweier kleiner Söhne kümmerte. Er war verwitwet, und die Düsseldorfer Freundin war die erste Frau, die er wieder näher an sich herangelassen hatte »Ich habe die Buben sehr lieb gewonnen, und ich glaube, die haben sich auch an mich gewöhnt«, sagte die Freundin. »Ich kann jetzt nicht gehen. Ich glaube, ich habe meine Familie gefunden. Das gebe ich nicht auf. Nicht für fünfzehn Monate.« Ihre letzten drei Jobs hatten neun beziehungsweise zwanzig beziehungsweise vier Monate gedauert (in jenem letzten Fall handelte es sich um eine überraschende Firmeninsolvenz). Die Umzugs- oder Zweitwohnungskosten hatten alles aufgefressen, was sie hätte sparen können. »Den Quatsch tue ich mir nicht mehr an«, sagte die Freundin. »Ich will keine ›Option‹ mehr, ich will einen Job.« Vorerst werde sie versuchen, irgendetwas *Kreatives* zu machen, »von zu Hause aus«. Und sich um die Buben kümmern.

Man kann die Düsseldorfer Freundin nur beglückwünschen. Nur noch drei Monate lief ihr Existenzgründerinnenzuschuss, als sie ihre Entscheidung fällte. Bis das letzte Vierteljahr Karenz verstrich, musste sich entweder ein Erfolg einstellen (von irgendwoher kommt stets ein Lichtlein her), oder sie wechselte dann auf die berühmte Dosis IV. »Rosige Aussichten« sind etwas anderes. Dennoch hat sie alles richtig gemacht.

»Sisyphosarbeit der Selbstgestaltung« hat die Jerusalemer Soziologie-Professorin Eva Illouz das fortwährende Ringen um Identität inmitten des großen Rauschens einmal genannt. Sisyphos ist der alte Fantasie-Grieche, der versucht, einen dicken Felsbrocken einen steilen Berg hinaufzurollen, doch immer, wenn er den Gipfel fast erreicht hat, entgleitet ihm der Brocken, donnert nach unten ins Tal, und Sisyphos muss hinunterkraxeln und wieder von vorn anfangen.

Längst ist die *Neue Unübersichtlichkeit* (Habermas) nicht mehr als Sensation zu bestaunen. Sie ist das altbekannte Schlammloch, der hinreichend vertraute Treibsand, die ausgetretene Fußmatte im zähen Alltagsgeschäft. Es kommt im Augenblick vor allem darauf an, dass man sich von Tag zu Tag nicht verläuft, in all seinen Lebenslagen, Zuständen, Aufstiegen, Abstürzen, *Performances*, Sprints und Ausweichmanövern. Man muss versuchen, den roten Faden immer schön aufgedröselt hinter sich her zu ziehen, sonst verheddert er sich eines Tages unauflösbar und man wird, davon bin ich überzeugt, verrückt. Womöglich auch sehr einsam.

DER TRAUM VON
DER SCHÖNEREN ARBEIT

»Nichts ist anstrengender,
als ganz man selbst zu sein.«

Worüber wir reden, wenn wir von Liebe reden heißt ein berühmter Kurzgeschichtenband des amerikanischen Erzählers Raymond Carver (1938–1988). Mitte der neunziger Jahre hatte US-Regisseur Robert Altman die Stories im fabelhaften Episodenstreifen *Short Cuts* verfilmt, mit Tom Waits und Julianne Moore, und bald darauf lag das Buch auf vielen Nachttischen, neben, unter oder über ein paar Generationen-Büchern, als kurzweilige Feierabendlektüre für die fiebrige Fortschrittszeit der *New Economy*. Einer Zeit, in der das Feld »Arbeit« kein allzu großes Problem darzustellen schien und die viel Raum ließ für liebesdiplomatische Grundsatzüberlegungen zum stillen Untergang des *Girlies* und zum sehnsüchtig erwarteten Auftritt des *metrosexuellen* Mannes. *Worüber wir reden, wenn wir von Arbeit reden*: Das wäre jetzt, gerüttelt zweieinhalb »Krisen« später, ein passender Buchtitel. Keiner weiß es heute nämlich noch so genau zu sagen. Während die einen von ungeahnten *kreativen Möglichkeiten* schwärmen, tapern die anderen ungelenk und in Endzeitstimmung vor den Amtsstuben hin und her; während die einen noch in Büros sitzen, an deren Tür ihr Name steht, tragen die anderen als frei flottierende Fallbeispiele ihre Laptops spazieren. Manche sind, wie Mark/Luke, ganz ernsthaft dafür, den *Fetisch (Lohn-)Arbeit* ganz abzuschaffen und wünschen sich eine selbst verwaltete Freiwilligkeitskultur statt *Dead Men Working*.

Bei mir ist es, alles in allem so: Ich finde Arbeit immer dann richtig gut, wenn es mir gelingt, sie mir zu organisieren. Wenn ich einen Abnehmer finde. Wenn jemand sich bereit erklärt, die Dienstleistung, die ich anzubieten habe, zu honorieren. Wenn ich »davon leben kann«, wie es in der Alltagsprache so drastisch heißt.

Zur Zeit der *New Economy* hatte ich eine feste Redakteurinnenstelle bei einem Wirtschaftsmagazin. Die Sache hatte damit begonnen, dass der Chefredakteur mich im Jahr 1999 als *High Potential* in seinem *Team* begrüßte. »*Human Capital* wie Sie wird uns weit nach vorne bringen.« Da ahnte ich schon, dass das nicht lange gut gehen würde mit uns. Ein Jahr später habe ich im Vollbesitz meiner geistigen Kräfte gekündigt. Weitere sechs Monate später gab es das ganze Magazin nicht mehr. Laut Titel-*Claim* hatte es sich an *neue Entscheider* gerichtet – doch hatte nie jemand begriffen, wer das sein soll, weder der Chefredakteur noch wir Fußvolk-Redakteure, und ganz offensichtlich auch kein Leser. Bei den *neuen Entscheidern* hatte es sich leider nur um das Brainstorming-Ergebnis einer Marketingsitzung gehandelt, vielleicht auch um ein Matthias-Horx-Zitat. Als das Blatt einging, wurden gut 25 Kollegen entlassen, und soweit ich weiß, haben zwei von ihnen wieder einen festen Job gefunden, über die vergangenen, schier endlos sich hinziehenden zehn Jahre.

Weniger arbeiten, mehr verdienen, nur noch interessante Dinge tun: So hatte mein Entwurf für alles Weitere ausgesehen, als ich hinschmiss, ein halbes Jahr vor dem 11. September, ganz ohne Not. Nicht einmal einen Gründungszuschuss, damals sagte man noch »Überbrückungsgeld«, hatte ich beantragt, geschweige denn Arbeitslosengeld. Mit dem Staat wollte ich so wenig zu tun haben wie möglich. Auch ein *Business Plan* war etwas, das außerhalb meiner Welt lag, allein schon das Wort verachtete ich mit allen mir zur Verfügung stehenden Instinkten, ich war ja gerade erst aus einem Umfeld geflohen, in dem die Menschen siebzig Mal am Tag solche Begriffe in den Mund genommen – und sich dennoch gehörig verrechnet hatten. Ich war Dreißig, hungrig und legte los. Zu investieren hatte ich lediglich meinen Kopf, einen Computer und die berühmt-berüchtigten »Kontakte«. Als *Wissensarbeiterin* bin ich im Sektor der *immateriellen Arbeit* tätig, wie man inzwischen sagt. Keine originellen T-Shirts, keinen Zahnersatz, kein schmackhaftes Brot habe ich anzubieten, nichts, was man anfassen kann, bloß ein paar Ideen und Formulierungen, und mitunter verkaufe ich sie an den Meistbietenden. Zwischendrin schrieb ich zwei Bücher, von denen eines recht erfolgreich war. Dass ich niemals Werbetexte verfassen will, auch nicht für den allersympathischsten Turnschuhhersteller der Welt, darauf habe ich gleich zu Beginn einen Eid abgelegt, vor mir selbst und dem Planeten Jupiter. Ansonsten habe ich mich stets unverdächtig verhalten, ohne nennenswerte Befunde.

Keine große Sache heißt das Buch, in dem eine Namensvetterin von mir, Vanessa Kullmann, ihren Sprung in die Selbstständigkeit rund um den Millenniumswechsel beschrieb: Mit Anfang Zwanzig hatte die Hamburgerin bei einer Event-Agentur in New York gejobbt und war in den Pausen oft zum Kaffeeholen zu *Starbucks* geschickt worden. *Coffee to go* für die großstädtisch Gehetzten: Daraus müsste sich doch auch in Deutschland etwas machen lassen, dachte sie sich. »Ich habe in den USA ein dreitägiges Seminar besucht. Das Espresso-Training dauerte genau zwei Minuten.« Basierend auf jenem Grundwissen, ihrer eigenen Liebe zum Kaffee, einer finanziellen Beteiligung aus der Familie und – hier eben doch – einem *Businessplan* eröffnete sie 1998 mit gerade einmal 26 Jahren in ihrer Heimatstadt ihren ersten eigenen Laden, das Ur-Geschäft der Kaffee-Kette *Balzac*. Mittlerweile ist das Unternehmen auf gut dreißig Filialen bundesweit angewachsen und Vanessa Kullmann als »Unternehmerin des Jahres« ausgezeichnet. *Keine große Sache* – alles was Du brauchst, sind ein paar Ideen.

D ie goldenen neu-ökonomischen Zeiten: Wie appetitlich sie nach Zukunft dufteten. Eine kurze, aber prägende Zeitspanne war es, sie währte, grob gesagt, ja nur von 1995 bis 2001. Und doch steht sie vielen noch leuchtend vor Augen, bis heute werden Romane über jene fünf Jahre geschrieben, noch immer wundern sich einige der neuen Erwachsenen: »Was haben wir damals übersehen? Welchen Teil des Satzes ›Jeder ist seines Glückes Schmied‹ haben wir falsch verstanden?«

Erfinderisch leben, aber berechenbar – im Karl Marx'schen Sinne nicht zu weit entfremdet, aber im Norbert Blüm'schen Sinne noch halbwegs abgesichert: So in etwa hatten viele sich das einst gedacht. Das Internet schien die Sache zu erleichtern. Die Jungen kannten sich naturgemäß besser mit den neuen Technologien aus als die Alten. Für eine Weile herrschte eine Art Prototypen-Wirtschaft, es gab kaum Vorbilder oder ernst zu nehmende Vorgesetzte für die neuen Tätigkeiten, Techniken und Aufgabenfelder. »Schon wenn man HTML buchstabieren konnte, haben die einen fest angestellt«, sagt Autorin und Bloggerin Kathrin Passig, Jahrgang 1970.

So war es möglich, einen komfortablen Anstellungsvertrag für ein klassisches Normalarbeitsverhältnis zu unterschreiben – 38,5-Stunden-Woche, dreißig Tage bezahlter Urlaub, Lohnfortzahlung im Krankheitsfall – und sich dennoch als abenteuerlustiger Pionier zu begreifen. Tischtennisplatten, vanillefarben gepolsterte Think-Tank-Lounges, betriebseigene Low-fat-Köche: Auch konservativere Branchen wagten sich in den späten Neunzigern zaghaft an das Lustprinzip heran. Selbst im Bankenwesen wurde nun häufiger von »Projektarbeit« gesprochen, was damals noch einen angenehm ergebnisoffenen, studentisch-spielerischen Klang hatte, und in Versicherungen und mittelgroßen Im- und Exportfirmen boten freie Masseurinnen und Masseure ihre Wohlfühldienste für die Mittagspausen an. Statt bei Belegschafts-Weihnachtsfeiern an deprimierenden Pressspanholztischen nicht minder deprimierende Wichtelgeschenke auszutauschen, gingen die Kollegen jetzt zusammen Karaoke singen oder ließen sich an Bungee-Seilen baumeln und fotografierten sich dabei. Klassische Positionen wurden mit angloamerikanischen Vokabeln aufgehübscht: Die Abteilungsleiterin durfte sich nun *Head of Soundso* nennen, und der Hausmeister hieß plötzlich *Facility Manager*, auch wenn sich am Glühbirnenwechseln und Hofkehren nichts geändert hatte. Befreiend bis berauschend schien es vielen Nach-Achtundsechzigern, dass sie aller Wahrscheinlichkeit nach nicht ein Leben lang tagein, tagaus in ein schlecht beleuchtetes, schlammfarbenes Büro traben mussten, als übersehene Ameise in einem uninteressanten Getriebe. Eine andere Art von Arbeit schien möglich, eine, die nicht zwangsläufig zu Magengeschwüren, Mundgeruch und fataler Fantasielosigkeit ab 35 führte. Und die ersten Anzeichen der verschärften Flexibilisierung sahen manchmal tatsächlich aus wie ein Abbau der Hierarchien. Wer seinen Chef duzen darf, fühlt sich schneller zu Hause, wer in bequemer *Casual Wear* erscheinen und seine Lieblingsmusik hören darf, bleibt unter Umständen auch mal länger im Büro. Die junge Angestelltenkohorte der neunziger Jahre empfand sich bereits als im weitesten Sinne *kreativ* tätig.

Gut ein Jahrzehnt später, also heute, ist bekanntermaßen jeder per Staatsbürgerpflicht kreativ, zumindest potenziell, ob er will oder nicht. Lebensläufe: kreativ. Lösungsansätze: kreativ. Die Erdkugel: ein Schnellkochtopf der Kreativität. Sonne, Mond und Sterne: ein gigantisches kreatives Netzwerk. Auf der Homepage des

Bundeswirtschaftsministeriums heißt es: »Die Kreativwirtschaft ist das Leitbild für die Industrie von morgen.«

»*Schwarze Dose 28* macht deinen Job zum Halbtagsjob. Und das bei gleichem Gehalt, für ein halbes Jahr. Damit hast du jeden Tag vier Stunden mehr für das kreative Projekt, das du schon lange vor dir herschiebst.« So lautete der Aufruf zur Gewinnspielaktion »Halbtagsjob 2010«, die der Hersteller eines Energydrinks sich ausgedacht hatte. »Bewirb dich einfach mit deiner besten Idee. Denn mit der Energie der Acai-Beere hat der Tag 28 Stunden – vier Stunden mehr für die Realisierung deines kreativen Projekts.«

Geprägt hat das Mantra der amerikanische Wirtschaftstheoretiker Richard Florida. 2002 hatte er die »kreative Klasse« erfunden (*creative class*) und eine neue Erwerbstätigen-Typologie für Gegenwart und Zukunft skizziert: den »superkreativen Kern« (*supercreative core*) eines Unternehmens, die »kreative Mitte« (*creative professionals*) und die »freien Kreativen« (*Bohemians*) außerhalb der Werkstore. Mit »Selbstverwirklichung« oder gar »Kunst« hat jener Kreativitätsbegriff zunächst wenig zu tun. Es geht vor allem um (rest-)industrielle Produktionsweisen, und die Theorie ist recht schlicht: Mit vereinheitlichter Massenware ist kein Wachstum mehr zu erzielen, sagt Florida. Wertschöpfung ist nur noch auf dem Weg der Individualisierung zu erreichen, mit *customized mass production*, der Produktion von Vielfalt.

Anschaulich lässt sich jene Kreativitätstheorie an einem einheimischen Beispiel aus dem etwas trutschigen Segment »Klassische Herrenmode« betrachten: Als eines der ersten mittelständischen deutschen Unternehmen ließ der fränkische Anzughersteller *Dolzer* seine Kunden schon Ende der neunziger Jahre bei der Produktgestaltung mitbestimmen. Standardisiert vorgefertigte Schnitte werden angeboten, doch kann der Kunde seine Körpermaße, Farbvorlieben und Materialwünsche online durchgeben, und heraus kommt das Paradoxon eines Maßanzugs von der Stange. Nicht nur die Entwicklung eines Onlineshops war dazu nötig, sondern auch neue Methoden in der Herstellung, eine andere Arbeitsorganisation, eine angepasste Materialverwaltung und so weiter. Für solche Innovationen müssen Erfinder her, und jene Erfinder zählen zu Floridas »Kreativer Klasse«. Aufs Anzug-Beispiel heruntergebrochen: Diejenigen, die die Idee für das neue Produktions- und Vertriebsmodell hatten (die »Entwickler«), gehören in Floridas Duktus zum *supercreative core*. Diejenigen, die das Stofflager, die Personaleinsätze und die Maschinen unter den neuen Vorgaben verwalten und sich neue Abläufe ausdenken müssen, sind die *creative professionals*. Für diejenigen, die weiterhin die Maschinen ölen, die Stoffballen herankarren, die Lohnabrechnungen erstellen, die Kantinen-Frikadellen aufwärmen und die Werkshallen fegen, ändert sich erst einmal nichts. Auf rund 40 Prozent aller Erwerbstätigen schätzt Florida das Potenzial der »kreativen Klasse« in Deutschland.

Floridas Modell basiert außerdem auf der Vorgabe, dass es außerhalb der Unternehmen ausreichend »freie Kreative« gibt, *Bohemians* – Menschen, die, verkürzt gesagt, »komplett verrückte Einfälle« haben, aus denen die »Kreativen« innerhalb der Unternehmen neue Produkte für größere Märkte entwickeln können.

Auch hierfür gibt es ein hübsches und sogar überaus berühmtes Beispiel aus der einheimischen Provinz: die *Bionade*. 1995 als kleines Familienunternehmen von zwei Brüdern in der Rhön gegründet, wurde die Kräuterlimonade rasch zum »Szene-Getränk«, zum flüssigen Leitprodukt für den neuen grünen Hedonismus. Es war ein kleines Wirtschaftswunder der Mund-zu-Mund-Propaganda, neudeutsch *Empfehlungsmarketing* oder auch *World-of-Mouth-Marketing (WOM)* genannt. Bald wurden die Rhön-Brüder von großen Getränkeherstellern umworben, die ins *Bionade*-Geschäft einsteigen wollten. Eines Tages verkauften sie tatsächlich die Mehrheit ihrer Anteile, an die *Radeberger Gruppe* des *Oetker*-Konzerns, der seither das Getränk vertreibt. Und plötzlich zog der

Großkonkurrent *Coca-Cola* mit einem verdächtig ähnlichen Produkt nach, *Spirit of Georgia*, einer, laut Werbetext, »erfrischend anderen Limonade«. Richard Florida würde sagen: Ohne die *Bohemian*-Idee aus der Rhön hätten weder die »Kreativen« bei *Radeberger* noch bei *Coca-Cola* etwas Neues zu tun gehabt.

Wenn *Bohemian*-Ideen, anders als die *Bionade*, nicht markenrechtlich geschützt sind, kann es passieren, dass sie ungefragt nachgeahmt werden, man könnte auch sagen: geklaut. Dann sieht der arglose, nichts ahnend vor sich hin frickelnde *Bohemian* sich über den sprichwörtlichen Tisch gezogen. Die selbst designte Filzjacke aus dem eigenen Mini-Design-Laden-Schaufenster? Hängt plötzlich bei C&A *Young Fashion*. Die Idee, eine charmante, lokale Takeaway-Kette für sibirische Hausmannskost aufzumachen? Wird demnächst womöglich von *McDonald's* mit »Baikal-Burgern« kopiert. Der selbst geschriebene Underground-Roman? Läuft ab sofort in verseichter Version als SAT1-Vorabendserie. Von daher rührt das noch halbwegs junge amerikanische geflügelte Wort ... *before the creatives see it*: »Versteck' besser deine Idee ... bevor die *Kreativen* davon Wind bekommen.«

Beim Begriff *Kreativität* ist also eine gewisse Vorsicht angebracht, wie bei fast allen Begriffen, die dieser Tage wie aus dem Nichts unerwartet großartig wiederauferstehen, mit ganz neuem Klang und leicht verschobener Bedeutung. Je dröhnender ein solchermaßen recyceltes Wort vorgebracht wird, desto höher die Wahrscheinlichkeit, dass etwas daran faul ist.

Allein bei der Vokabel »Bohème«, die Florida anbringt, muss man heute von geschätzten siebzehn schillernden Sub- und Seitenbedeutungen ausgehen. Es kommt ganz darauf an, wer das Wort in den Mund nimmt und in welchen Zusammenhang. Manche schimpfen sich »Bohème«, weil sie sich nicht »arm« nennen wollen – auch, weil »arm« irgendwie unpassend, fast vermessen erscheint, angesichts der Not in anderen Gegenden der Welt, wenn man selbst noch über einen Internet- und einen Warmwasseranschluss verfügt und in hiesigen Breitengraden ja doch auch über ausreichend Nahrung. »Ist das noch Bohème oder schon Unterschicht«, fragte vor ein paar Jahren, ziemlich traurig, aber direkt auf den wunden Punkt gezielt, die Band *Britta* um das Berliner Songwriterinnen-Genie Christiane Rösinger.

Andere nennen sich »digitale Bohème«, weil sie als Freiberufler tätig sind, sich mit Freunden vielleicht ein paar Büroräume teilen und sich gegenseitig via Hear-say-Jobs zuschustern, die mit Kommunikation im weiteren Sinne zu tun haben und mal üppig, mal fast gar nicht entlohnt werden. Die Möglichkeiten, die das Internet bietet, begreifen sie ausdrücklich als »Demokratisierung der Produktionsmittel«, und obwohl das einigermaßen marxistisch klingt, bedeutet »Bohème« hier nicht, dass in Kommunen gewohnt wird oder revolutionäre Theaterstücke geprobt werden (wobei beides in Modifikationen durchaus denkbar ist). Weder geht es um Widerstand oder Verwegenheit im waghalsigen Sinne noch um eine saisonunabhängige Utopie für nachfolgende Generationen. Eher im Gegenteil: Die Informationszeitalter-Bohème verwendet einige Kraft darauf, sich immer wieder »von ein paar überfrachteten gegenkulturellen Erwartungen befreien zu müssen«, sagen Holm Friebe und Sascha Lobo. Visionen? Ja – im Hinblick auf die Arbeits- beziehungsweise Projektgestaltung, nicht zwingend in Bezug auf die Inhalte. Gemeinsam mit der schon zitierten Kathrin Passig und anderen haben Lobo und Friebe die Zentrale Intelligenz Agentur (ZIA) in Berlin gegründet, ein bestauntes und bewundertes Freiberufler-Kollektiv. Sie zählen zur Speerspitze des Milieus, das sie »digitale Bohème« getauft haben.

Klug und vielschichtig berichten sie in ihrem Buch *Wir nennen es Arbeit* (2006), über die Risiken, vor allem aber über die Chancen der neuen Arbeitswelt. Jedes ZIA-Mitglied wirtschaftet auf eigene

Rechnung, doch profitieren alle von betriebswirtschaftlich sogenannten Synergieeffekten. Sie betreiben Blogs, betreuen Webseiten,
schreiben Bücher und kreieren allerlei lustige Ideen, etwa das Er-
wachsenen-Ausgehspiel *Powerpoint Karaoke*. Den größten Umsatz
dürften jedoch Trendforschungen und andere »Konzepte« bringen,
die die ZIA für etablierte Konzerne und Institutionen erstellt, etwa
für die *Daimler AG*, *BMW*, Buchverlage, Stiftungen und Messege-
sellschaften. Die ZIA verkauft das, was zeitgenössische Kapitalis-
muskritiker als »biopolitische Güter« bezeichnen: Codes, Kennt-
nisse, Informationen, Affekte, Bilder. Wollte man ihnen Böses,
könnte man sagen: Sie belauschen Sub- und Mikro-Kulturen und
sich selbst, online wie offline, ziehen einen verwertbaren Extrakt daraus und verticken ihn an die Produzenten (individualisierter) Mas-
senwaren. Oder, mit Florida gesprochen: Als dienstbeflissene *Bohemians* liefern sie der »kreativen Klasse« regelmäßig »komplett verrückte Einfälle«, aus denen die Profis in den Unternehmen zauber-
hafte neue Warenwelten und Dienstleistungswunder basteln. Doch
werden die ZIA-Leute von niemandem ernsthaft als »Verräter« betrachtet. Sie gelten als *wirklich witzige* und intelligente Menschen.

K*opf schlägt Kapital. Von der Lust, ein Entrepreneur zu sein – Wer
nichts wird, wird Wirt: How to open a bar – Schokoladenrebel-
len*: Immer wieder spannend und verführerisch lesen sich die Erfahrungsberichte junger Gründer, die seit Beginn der Doppel-Null-
Dekade jedes Jahr in Hunderten, Tausenden Varianten erscheinen.
Für jeden ist eine Vanessa Kullmann dabei, die vielleicht als Vorbild
oder Orientierung taugen kann.

Als sogenannte Solo-Selbstständige, die ganz auf sich allein gestellt herumwerkelt, bin ich inzwischen eine von 4,14 Millionen.
Unser einsames Erwerbsmodell hat zwischen 1998 und 2008 einen Zuwachs um 40 Prozent erfahren, mit einem »sprunghaften
Anstieg« zwischen 2002 und 2005, wie es beim Statistischen Bun-

desamt heißt. Neben den Solo-Selbstständigen gibt es natürlich auch Freiberufler, die ein paar Mitarbeiter beschäftigen, etwa Ärzte oder Anwälte, und zusammen tragen wir Nicht-Angestellten bereits zu gut zehn Prozent der einheimischen Wirtschaftsleistung bei. Besonders im Aufwind sind *Freelancer* im Bereich der rechts-, steuer- und wirtschaftsberatenden Berufe, außerdem Technikexperten sowie »freie Heilberufe, die von der demografischen Entwicklung profitieren«, wie es beim Bundesverband Freier Berufe (BFB) heißt.

Meine eigene Branche, »die freien Kulturberufe«, nähmen eine Sonderstellung ein: Hier gebe es einen überproportional hohen Anteil von »Not-Selbstständigkeiten«. *Culturepreneurs* nennt man die auf eigene Rechnung vor sich hin bastelnden Kulturschaffenden auch, und an den Hoch- und Fachhochschulen wird der Nachwuchs längst durch allerlei betriebswirtschaftliche Kurse gejagt, die etwa *exist – Existenzgründerbegleitung in der Kreativwirtschaft* (Kiel) heißen oder *my plan – lerne heute, gründe morgen* (Flensburg), oder man bereitet sie von Vorneherein auf eine mehr oder minder kaufmännische Laufbahn vor, etwa im *kultur.unternehmen.dortmund*. Nach Angaben der Künstlersozialkasse, dem öffentlichen Versorgesystem für Kulturschaffende, verdienen die von der Industrie beziehungsweise vom »Markt« angeblich so heftig umworbenen freien Gestalter, bildenden Künstler, Autoren und Musiker im Schnitt zwischen 12 000 und 15 000 Euro – jährlich.

Tatsächlich stellen wir Freiberufler – ob Steuerberater, Altenpfleger oder Werbetexterin – eine nicht unwesentliche Säule des großen »Job-Wunders« dar, das Politiker und Ökonomie-Optimisten so gern im Mund führen. Wer eine Existenzgründung anmeldet, räumt ein Plätzchen in der Arbeitslosenstatistik. Jedes Übergangsgewerkele, jede kurzzeitige Aushilfstätigkeit, im Grunde sogar das gelegentliche Zeitungaustragen, das Babysitting und · noch das schlechtestbezahlte Langzeitpraktikum werden heute als Erwerbstätigkeit im statistisch wirksamen Sinne begriffen. Nicht nur die Zahl der Not- und anderen Selbstständigkeiten wuchs über die nuller Jahre. Auch die sogenannten Minijobs legten kräftig zu, um sagenhafte 136 Prozent, während die Zahl der kurzfristig beschäftigten Zeitarbeiter sich sogar verdoppelte. All diese Leuten zählen zum Heer der »zwei Millionen weniger Arbeitslose«, die heute im Vergleich zum Anfang des Jahrtausends registriert werden.

Allerdings kann sich rund ein Drittel der »zwei Millionen weniger Arbeitslosen« nicht von allein und dauerhaft über Wasser halten. Rund 1,3 Millionen sogenannte Aufstocker gab es im Sommer 2010, Menschen, die zwar arbeiteten, dabei aber so wenig verdienten, dass sie auf staatliche Hilfen zum Lebensunterhalt zurückgreifen mussten. *Working Poor* ist der klassische, amerikanische Begriff dafür, *Prekariat* der europäische neue. Ganz übersichtlich ausgedrückt: Jeder Dritte bis Vierte der rund 4,5 Millionen erwachsenen Hartz-IV-Bezieher ist erwerbstätig, verdient zum Leben aber zu wenig und zum Sterben zu viel.

Diejenigen, für die es augenblicklich gut läuft, werden nicht müde, die Vorzüge der neuen Arbeitswelten zu preisen. Mal auf Zeit irgendwo angeheuert sein, dann wieder ganz frei, mal Anschluss an ein mehrwöchiges Etat-Projekt finden, zwischendrin eine Online-Video-Serie entwerfen: »Gebt uns mehr Freiheit« fordert etwa die *Alphamädchen*-Autorin Susanne Klingner. Der Fachbegriff für das Hin und Her zwischen festerem Eingebundensein und losem Tagesgeschäft lautet *Fix-* und *Flex-Desking*. »*Hire & Fire* wäre nebenbei auch gut für die Motivation der Arbeitnehmer«, findet Berufsberaterin Svenja Hofert. »Nach drei, vier Jahren im Job ist die Luft raus, ob Sie nun 25 oder 45 sind. Ein Wechsel, und sei das Rotation, bringt frischen Wind für beide Seiten.« Vermutlich bringt das auch den einen oder anderen neuen Coaching-Kunden. Das Coaching ist eine hochparadoxe Dienstleistung: eine Arbeit, die sich mit den Folgen der Abschaffung von Arbeit beschäftigt.

Der Journalist Markus Albers (*1969) ist einer der eloquentesten Verfechter der neuen Erwerbsmodelle und hat kurz hintereinander zwei Bücher darüber geschrieben: In *Morgen komm' ich später rein* schildert er seinen Wechsel vom fest angestellten, dauerpräsenten Redakteur zum Tele-Arbeiter, der zwar formal noch angestellt ist, öfters aber von unterwegs oder von zu Hause aus via Laptop mitarbeitet. Der (feste) Arbeitsplatz als *sozialer Raum* erscheint dabei als lästiges Relikt vergangener Zeiten, fast als Pflegeheim für leicht Zurückgebliebene. Mehr oder weniger selbstbestimmt wurschteln die leistungsstarken menschlichen Firmen-Satelliten in der von Albers geschilderten schönen neuen Arbeitswelt vor sich hin – als solitäre *Flexecutives*, die ab und an bei *Meetings* in den Konzernzentralen wieder aneinander andocken. *Easy Economy* nennt Albers die neuartigen, von einer »Belegschafts-Gemeinschaft« abgekoppelten Arbeitsbedingungen, spricht von einem *War of Talents* und zitiert den Geschäftsführer eines internationalen Software-Unternehmens: »Extrovertierte Persönlichkeiten« seien heute für die Wirtschaft notwendiger denn je. Das Software-Unternehmen sitzt mit kleinem Führungsstab in der Schweiz, die PR-Abteilung operiert von den USA aus – allerdings ist die Mehrzahl der Basis-Mitarbeiter, nämlich Entwickler und Programmierer, »in der Ukraine, Bulgarien, Indonesien und Indien« beschäftigt. Ja, abseits des Top-Managements, bei den überaus günstig eingekauften Diensten aus Schwellenländern, bei den eigentlichen *Produzenten* der Software-Waren, gebe es durchaus noch richtige Büros mit festen Arbeitszeiten, sagt der Geschäftsführer. Die Leute dort seien einfach noch »stärker hierarchisch geprägt.« So klingt das Prinzip *Survival of the Fittest*, übersetzt in die mit rosigen *Applen* verzierte *Flexecutive*-Sprache.

Im Nachfolge-Buch *Meconomy* berichtet Albers dann von seinem Sprung in die Selbstständigkeit, und die Beschreibung seines selbst kreierten Arbeitsalltags liest sich annähernd paradiesisch: »Heute arbeite ich fast nur noch dann, wann ich will und wo ich will.

Manchmal im Ausland, manchmal im Café oder im Zug. Zeitweise auch ganz traditionell im normalen Büro mit den Kollegen. Größtenteils von meinem Home Office aus. (...) Ab mittags mache ich es mir nett: schaue mir eine Folge meiner Lieblingsfernsehserie an. Treffe Freunde zum Lunch. Gehe Laufen. Lese ein Buch. Mache ein Nickerchen. Gegen vier bin ich zurück am Rechner, manchmal nur für eine oder zwei Stunden.«

Immer wenn ich solche Dinge lese, denke ich: »Ja! Genau so müsste es sein. Genau so hatte ich mir das auch mal vorgestellt.« Was ich noch denke: »Hoffentlich läuft nicht wieder alles schief. Hoffentlich überschätzen hier nicht wieder Tausende von Gleichaltrigen ihre Möglichkeiten. Hoffentlich sind in zehn Jahren Trendletter, Blog-Wirtschaften und andere ›verrückte‹ Ideen‹ auch von 48- oder 56-Jährigen gefragt.« Nicht, dass dann plötzlich jüngere Leute die moderneren Ideen haben. Nicht, dass die »Kreative Klasse« der Konzerne über Nacht die Inspirationslieferanten wechselt. Nicht, dass die billigen Bulgaren und inspirierten Indonesier plötzlich alle auch beschließen, zu »extrovertierten Persönlichkeiten« zu werden.

Ob Atemtherapeutin mit eigener Homepage, freier IT-Berater mit *Xing*-Profil oder Industriefotograf mit Web-Portfolio: Gut die Hälfte aller Freiberufler, gleich ob freiwillig oder gezwungenermaßen zum »Unternehmer ihrer Selbst« geworden, hat Schwierigkeiten, eine geeignete Grenze zu ziehen zwischen Arbeit und Freizeit. Ein »Feierabend«-Gefühl, ein gewisses Maß des »Abschaltens« müssen sie sich oft erkämpfen, abtrotzen oder aufzwingen, verraten zahlreiche Studien. Über achtzig Prozent der Freelancer bilden sich nach Erledigung ihrer Aufträge, abends oder am Wochenende, freiwillig fort oder nutzen freie Zeit gezielt zum »Kontakten« oder zur Pflege ihrer »digitalen Visitenkarten«. Jeder Vierte gilt als »chronisch erholungsunfähig«. All die (vermeintlich) individuell gestrickten Virtuositätskonzepte sind in der Realität kaum zu verwirklichen.

»Das ständige self-fashioning kann und muss auf Dauer auch anstrengend sein«, befindet die Literaturwissenschaftlerin Barbara Vinken. »Nichts (ist) anstrengender, als ganz man selbst zu sein und immer machen zu sollen, was man will, einem Gefühl zu vertrauen, das man nicht immer präsent hat. Kein schlimmerer Zwang, als kreativ, wild und frei zu sein.«

● ● ●

Für schlechtere Zeiten hatte ich gleich zu Beginn einiges an Buchantiemen zurückgelegt, auf ein Supersonderspezialkonto – wie man das eben macht, als zurechnungsfähiger Mensch, der vorhat, sich ein Leben lang seine Unabhängigkeit zu bewahren und für später ein bisschen vorzusorgen. Außerdem schloss ich einen Haufen Versicherungen ab – besser ist es ja, als Freiberuflerin – und nahm Kontakt zu einem Steuerberater auf, was einigermaßen pompös klang, wie ich fand. Hin und wieder Essengehen, ab und an ein Taxi nehmen, wenn's regnet: Das gönnte ich mir. Aber keine einzige *Prada*-Sonnenbrille befand sich je in meinem Besitz, keinerlei *Gucci*-Gepuschel. Der größte Luxus, den ich mir in erfolgreichen Zeiten geleistet habe, war ein Monat in Japan und ein *Ford Fiesta* mit Werksverkauf-Rabatt. Ich muss mir das einfach immer wieder selbst vorsagen. Auch im Rückblick finde ich: Das klingt doch alles ganz vernünftig.

Was ich hätte ahnen sollen, mit meinen bescheidenen volkswirtschaftlichen Kenntnissen aber nicht ahnen konnte, war, dass die schlechteren Zeiten, für die ich zurückgelegt hatte, schon sehr bald losgehen würden. Quasi direkt. Um nicht zu sagen: sofort. Kaum hatte ich 34 Millionen mit dem ersten Buch verdient, brach der erst 1997 gegründete Neue Markt vollends zusammen und bald auch die Gesamtkonjunktur ein, Unternehmen fuhren ihre Werbe-Etats zurück, weswegen ein Magazin nach dem anderen dicht machte,

Zeitungen erschienen in schmalerem Umfang, Seiten wurden eingespart, Rubriken gestrichen – kurz: Die Auftragslage für freie Journalisten verschlechterte sich enorm. Für die meisten anderen Branchen gilt natürlich dasselbe. Nagelstudios gingen ein, Suppenbistros schalteten die Dunstabzugshauben aus, Autoteilezulieferer machten Pause, Veranstaltungsagenturen legten die Geschäfte nieder. Doch kenne ich mich in keiner Branche so gut aus wie, naturgemäß, in meiner eigenen, also kann ich den sukzessiven Übergang vom fröhlichen Freelancen zur manchmal entwürdigenden Tagelöhnerei am Journalismus-Beispiel am besten schildern.

Nicht nur die Veröffentlichungsgelegenheiten, also die »Jobs«, wurden seltener, auch die Honorare sanken, tief, tiefer, noch tiefer. Für eine Hochglanz-Reportage zum Beispiel bekommt man heute in etwa achtzig Prozent dessen, was vor zehn Jahren für einen vergleichbaren Magazin-Beitrag bezahlt wurde – ein Fünftel weniger, die Inflation nicht eingerechnet. Das heißt, man muss heute etwa dreißig Prozent mehr arbeiten, um ungefähr dasselbe herauszubekommen wie vor einem Jahrzehnt. Voraussetzung dafür wäre, dass man genügend Jobs ergatterte, also Beiträge in Hochglanzblättern unterbekäme. Was allerdings dadurch erschwert wird, dass die Konkurrenz unter Freien sich gefühlt verdreifacht hat über die Jahre. So viele Redakteure sind inzwischen in die »Not-Selbstständigkeit« gestolpert, dass es verflucht eng geworden ist auf dem sogenannten freien Markt.

Eher als ehrenamtliche Kulturleistung mit Aufwandsentschädigung muss man inzwischen die freie Mitarbeit bei der Schwarzweiß-Presse betrachten, bei Tages- und Wochenzeitungen. Mein Lieblingsbeispiel sind 58 Euro. So viel bezahlte ein bundesweit erscheinendes Wochenblatt im Winter 2008 für eine größere Konzertkritik, tagespolitischer Bezug inklusive. Allerdings waren von den 58 Euro noch 14,50 Euro für das Konzertticket abzuziehen, die die Redaktion nicht übernehmen wollte, weshalb es auf ein Honorar von um die 33 Euro hinauslief, für einen Tag Vorrecherche, einen Abend im Konzert sowie einen halben Tag Schreibens, mithin für mindestens zwölf Stunden Arbeit, von denen jede einzelne schlussendlich mit ungefähr 2,50 Euro abgegolten wurde, vor Steuern. Das entsprach in etwa meinem ersten Praktikantinnensalär aus den frühen Neunzigern. (Ja, damals wurden Praktikanten tatsächlich noch entlohnt.)

Es sind Gleichaltrige, die andere Gleichaltrige nicht mehr bezahlen können oder wollen. Der Kostendruck wird stramm nach unten durchgereicht. Gelegentlich bitten die Etat-Redakteure einen um Verständnis, insbesondere, wenn man auch außerberuflich befreundet ist, und manchmal ist es so absurd, dass es wie Satire wirkt. Ein Bekannter lieferte einer Tageszeitung ein Exklusiv-Interview mit einem sonst sehr wortkargen Schauspieler. Die Zeitung füllte eine ganze Seite damit. Als das vage am Telefon angedeutete Honorar nach vier Wochen immer noch nicht eingetroffen war, rief er mehrfach an, erreichte den leitenden Redakteur aber nie, und eines Tages erklärte ihm dessen Assistentin, er möge bitte die Quittungen für den Kaffee und die Schnäpse einreichen, die während des Interviews getrunken worden waren. Jene Kosten übernehme die Redaktion gern. Abgesehen davon habe man die Zusammenarbeit aber erst einmal ausprobieren wollen. Und es sei ja auch gar nicht schlecht gelaufen fürs Erste. »Ein Beitrag unter unserem Dach macht sich doch sicher gut in Ihrer Mappe«, und: »Wir melden uns wieder.« Jetzt einen Rechtsanwalt anheuern? Ja! Aber wovon? Und was hätte man gewonnen, wenn man dann, im Streit um ein Honorar von vielleicht 380 Euro, auf der verlagsweiten *Roten Liste* unbequemer Autoren landet? Auf ewig war der Text damit in den verlagseigenen *Content* übergegangen, noch heute ist er kostenlos und in voller Länge im Online-Archiv der Zeitung abrufbar, die am Rand ihrer Website zig Werbebanner laufen hat und neuerdings reihenweise »Kooperationen« eingeht, wie man hört.

Unverhohlen lassen die – fest angestellten – Funktionseliten der Konzerne ihre Muskeln spielen: »Wir werden immer Journalisten finden, die es billiger machen«, sagte etwa der Chefredakteur des Zeitungsverbunds *Hessische/Niedersächsische Allgemeine*, Horst Seidenfaden, dem Branchenblatt *journalist*. Ganz unverstellt wird die Erpressung freier Zulieferer hier als plausibles Geschäftsmodell geschildert. Die meisten haben schnell verstanden, dass man solche Dinge nicht allzu persönlich nehmen darf, dass es »der Lauf der Zeit« ist. »Die *Sweatshops* in der Branche nehmen zu«: So drastisch drückt es Stephan Weichert, Studienleiter an der Hamburger Macromedia Hochschule für Medien, aus. Nicht selten ist derjenige, der bevorzugt Reportagen über Armut schreibt, selbst kurz davor, zu seinem Untersuchungsgegenstand zu werden. Für pfiffige Bildunterschriften zu Modestrecken mit Bezugsquellenhinweis kriegt man auf jeden Fall mehr. (Vorausgesetzt, man kennt die richtigen Leute.)

Manchmal denken die unterbezahlten, aber überschlauen jungen Menschen sich dann ganz niedliche und ulkige Dinge aus: Für einen »Milchmädchenrechner« zum Preis von 48 Euro zuzüglich Versandkosten warb im Winter 2010 etwa das Internetportal *antipreneur.de*: Das Gerät besteche »auch unerfahrene Buchhalter durch sein reichhaltiges Design und die hochwertige Nussholzapplikation zwischen den vergoldeten Oberflächen«. Der Milchmädchenrechner mache es »zum Kinderspiel, fünfe gerade sein zu lassen«, verfüge über eine »Devisenkreislauf-Taste« und »die ebenso neue wie unverzichtbare Funktion ›Pi mal Daumen‹«.

Pi Potenz Pi mal Daumen geteilt durchs Bruttosozialprodukt kam es auch bei mir, wie es kommen musste: Meine Reserven, die eigentlich eiserne hatten sein sollen, schmolzen über eine Handvoll Jahre dahin wie ungekühlter Beluga-Kaviar auf einer sonnenbeschienenen Edelholz-Veranda auf Martinique, und das nur, weil irgendein Vollidiot von ungebildetem Hausangestellten vergessen

hatte, das Zeug in den Schatten zu räumen, in den Champagner-
kühler aus steinschwerem Sterlingsilber zu packen und es ansonsten *bloß nicht* weiter anzurühren.

AIRBAG-ELTERN
UND AURA-FOTOGRAFIE

»Der alte Herr Sattler gibt gern.«

»So ein *Shit*, warum machen die das? Ich tue doch niemandem was, ich will doch nur ein paar Schuhe in meinem eigenen Laden verkaufen!« Einem Freund, der 2009 einen Schuhladen für Männer im beliebten, aber umstrittenen Hamburger Schanzenviertel eröffnet hat, haben Unbekannte gleich kurz nach der Geschäftseröffnung und gleich zweimal hintereinander nachts die Scheiben eingeschmissen. *Yuppies raus!* haben sie an die Ladentür gesprüht. Zwischen 80 und 350 Euro kosteten die Slipper, Boots und Sneakers, die in den Schaufenstern auslagen. »Ich bin doch keine Kette, nur ein einfacher Händler mit handgemachten Sachen in kleiner Auflage, ihr Schweine«, soll der Freund gebrüllt haben, als er das erste Mal vor den Scherben stand. Beim zweiten Angriff hat er angeblich geheult vor Wut.

Dass die Aggression damit zusammenhängen könnte, dass zuvor ein schummriger Gemüseladen in den Räumen untergebracht war, vermutete ein anderer Freund. »Die denken, du hast den Salatmann rausgeschmissen.« Das war natürlich Quatsch. »Der Typ, dem das Haus gehört, hatte hier doch längst alles saniert, lange bevor ich den Laden entdeckt habe, ich kann doch nichts dafür! Ich weiß nichts von einem Gemüsemann. Die sollen doch froh sein, dass kein *Mc-*

Café hier aufgemacht hat, die Idioten!« Ein paar Tausend Euro hat er dann in metallene Rollgitter investiert, die er seither nachts vor die Schaufenster herunterlässt. Das Geld für die unerwartete Zusatz-investition hat er sich von seinen Eltern geliehen. Abgesehen vom Ärger zu Beginn laufen seine Geschäfte ganz gut. Er ist ein netter Kerl, anderthalb Leute hat er inzwischen fest angestellt.

In einiger Regelmäßigkeit – manche Quellen sprechen von einer »Serie« – gehen in Großstädten seit einer Weile nicht nur Schau-fensterscheiben kaputt, sondern auch Autos in Flammen auf, vor allem im Norden der Republik. So verzeichnete die Berliner Polizei, die mit allerlei Krawall-Folklore zum 1. Mai bestens vertraut ist, einen »sprunghaften Anstieg« von abgefackelten Fahrzeugen im Schock-Jahr 2008: Binnen zwölf Monaten waren so viele rauchende Vehikel zusammengekommen wie in den fünf Jahren zuvor. Über 540-mal musste die Hauptstadt-Feuerwehr seither ausrücken. In Hamburg hatte es erst gar keine eigene Statistik für solche Fälle gegeben, doch registrierte man plötzlich auch hier eine wahre Welle vergleichbarer Brandanschläge. Gut 160 verkohlte Karosserien waren es allein im Jahr null nach *Lehman*. Perfiderweise hat bis heute nirgendwo ein *Maybach* gebrannt, nicht einmal ein deutlich weiter verbreiteter *Jaguar*. Vermutlich liegt das daran, dass solche Vehikel selten an öffentlich zugänglichen Orten geparkt sind. Stellvertre-tend müssen *Mercedesse*, *BMWs* und *Audis* dran glauben, manch-mal auch ein *VW Golf* und ab und an, wenn partout nichts anderes herumsteht, auch mal ein *Nissan Micra*.

Verführerisch revolutionär duftet das angekokelte Reifengummi für die einen, vor »bürgerkriegsähnlichen Zuständen« warnen die anderen, und die linksliberale Wochenzeitung *Der Freitag*, die vom Verleger-Erben Jakob Augstein (*1969) herausgegeben wird, ließ sich von den Zündeleien sogar zu einer kleinen Werbekampagne in-spirieren: »Mehr Transparenz, auch im Glas« lautete Anfang 2010 der ganzseitige Aufruf zum *Freitag*-Abo – als Prämie lockte eine Flasche »Premium-Kornbrand« der Marke *Berliner Brandstifter,* per Hand abgefüllt und nummeriert, auf eine limitierte Auflage von 1000 Stück begrenzt und in ihrer gestalterischen Schlichtheit tatsächlich an einen Molotowcocktail erinnernd. Es fehlte bloß der Stoffzipfel, der aus dem Flaschenhals ragt, damit man ihn anzünden kann.

»Das sind keine Gelegenheitstäter, die mal aus Jux ein Auto anzünden und damit prahlen«, glaubt der Hamburger LKA-Chef Reinhard Chedor, »da steckt minutiöse Planung dahinter«, sagte er dem *Spiegel.* »Das Auto ist ein hoch politisierter Fetisch, steht für Konsum, Klima etc.«, befindet auch der Kriminologe und Terrorismus-Experte Fritz Sack. Bei den Anschlägen auf Autos handele es sich nicht um »normale Brandstiftungen« von »Chaoten«; vielmehr gehe es »um den Protest gegen den gesellschaftlichen Ausschluss von Arbeit und den Gütern der Konsumwelt, gegen gefühlte Ungerechtigkeit und handfeste Ungleichheit«. Jeder »institutionelle und gesellschaftliche Zynismus« werde auch »als eine Form der Gewalt« erlebt, sagte Sack in einem Interview mit dem Stadtmagazin *Szene Hamburg.*

Bis dahin waren brennende Autos in solchen Mengen nur von den Unruhen aus den französischen *Banlieus* bekannt. Im Nachbarland kursierte schon seit 2007 das Traktat *Der kommende Aufstand,* anonym verfasst von einem »Unsichtbaren Komitee«. Liebhaber sprechen von einem »Manifest«. Die unbekannten Autoren schlagen nicht weniger vor als die gezielte Sabotage der Gegenwart. »›Autonom werden‹ könnte (...) bedeuten: lernen, auf der Straße zu kämpfen, sich leere Häuser anzueignen, nicht zu arbeiten, sich wahnsinnig zu lieben und in den Geschäften zu klauen.« Zunächst konnte man die rund 120 Seiten fassende Schrift in verschiedenen Übersetzungen kostenlos aus dem Internet herunterladen (Mark/Luke war natürlich der Erste, der mir den Link geschickt hat), bis sie im

Herbst 2010 auch hierzulande als gebundenes Buch im *Nautilus Verlag* erschien. Nur wenige Tage nachdem die *Süddeutsche* und die *Frankfurter Allgemeine Sonntagszeitung* den Band besprochen hatten, war die erste Auflage ausverkauft und musste hektisch nachgedruckt werden. Womöglich liegt das große Interesse auch daran, dass *Der kommende Aufstand* sich durchaus an ein gebildetes, mittelschichtiges Publikum richtet, das die FAS oder die SZ vielleicht ganz gerne liest, insbesondere richtet sich die Schrift an jene, die (noch) von ihren Eltern unterstützt werden: »Es gibt nichts – bis hin zu den nicht enden wollenden Subventionen, die viele Eltern gezwungen sind, ihrer proletarisierten Nachkommenschaft zu zahlen –, was nicht eine Art von Mäzenatentum zugunsten der sozialen Subversion werden könnte«, heißt es gleich im Vorwort.

● ● ●

Etwa ein Drittel der heutigen Erwachsenen wird finanziell von den Eltern unterstützt, regelmäßig, verlässlich, dauerhaft, haben verschiedene Studien ergeben. Und mit »Erwachsenen« sind hier nicht frisch in die Volljährigkeit gestartete Studienanfänger gemeint, sondern Menschen zwischen 30 und 55. Ob die Eltern die Mieten übernehmen, Versicherungsbeiträge oder Autos finanzieren, ob sie den Nachkommen Eigentumswohnungen zur Verfügung stellen, Büros einrichten oder monatlich *Flatrate*-Beträge der Summen X bis Y überweisen: Von der Gewöhnung an eine lebenslange »Nabelschnurversorgung« reden die einen, vom Alimentierungsmodell *Airbag-Eltern* die anderen.

»Die Eltern finanzieren, was die Wirtschaft oder der Staat nicht mehr bezahlen wollen oder können, immer in der Hoffnung, dass sich das symbolische Kapital, das ihr Kind erwirbt, später auszahlt.« So hat es der Pädagoge, Journalist und Popkultur-Experte Mark Terkessidis beschrieben, mit besonderem Blick auf das glamourös-abgerissene Leben zahlreicher Mittelschichtepigonen im gebeutelten Berlin. Der Begriff »Symbolisches Kapital«, den Terkessidis benutzt, spielt auf den französischen Soziologen Pierrre Bourdieu an (1930–2002). Gemeint ist damit unter anderem eine gute Ausbildung, sozialer Anschluss an einflussreiche Kreise und ein zeitgemäßer Lebensstil, der Ansehen und damit weitere »lohnende Kontakte« verspricht.

Tatsächlich wäre es, gut zwanzig Jahre nach der Wende, interessant, einmal zu ermitteln, wie viele der aufsehenerregenden Galerien, Shops und Special-Interest-Magazine in Berlin auch heute noch von rheinischen Rechtanwalts-Papas, westfälischen Fleischer-Dynastien oder fränkischen Oberstudienräte-Haushalten am Laufen gehalten werden. Es ist die akademisch angebildete westdeutsche Mittelschicht, die das schillernde »Berlin« erfindet, definiert, forterzählt und bis heute dominiert, jenes »Berlin«, von dem *wir* so oft und gern lesen und auf dessen kulturellen Gehalt *wir* so stolz sind – weil es Deutschland ein junges, abenteuerlustiges, sympathisches Gesicht leiht. Als »*Clubbing Capital of Europe*« hat die britische *Sunday Times* die Stadt einmal bezeichnet, als »Party-Hauptstadt Europas«.

Groß ist die Faszination fürs stilistisch Bizarre, pittoresk Soziale und intellektuell Monströse beim zugezogenen »Berlin«-Personal. Eines Tages »nach Berlin zu gehen« ist das inländische *Go west!* eines jeden aufgeweckten Lieschen Müller zwischen 15 und 45 – *if you can make it there, you'll make it anywhere*. Auch ich war auf dem *Mainstream* an die Spree gesegelt, und gelegentlich hat es mich, in den fünf Jahren, in denen ich dort wohnte, tatsächlich irritiert: wie das alles funktionieren kann. Wie man etwa echte *Paul Smith*-Anzüge tragen und zu Hause auf Original-*Charles-Eames*-Sesseln herumloungen kann mit ein, zwei selbst verfassten Filmbesprechungen in der *Zeit* alle paar Wochen und vielleicht noch einer

Plattenkritik in *Spex* alle zwei Monate – mit fünf veröffentlichten Schwarz-weiß-Modefotos alle Vierteljahr oder einem sechsminütigen *Remix* auf einem minisüßen Elektrolabel jedes Schaltjahr – mit einer sich hinziehenden Doktorarbeit, für die es längst kein offizielles Stipendium mehr gibt, wegen Altersüberschreitung, oder mit einem Insider-Kiosk für streng limitiertes Kleiegebäck in Sternchenform. Als »urbane Penner« hat die frühere Chefredakteurin des Berliner Stadtmagazins *Zitty*, Mercedes Bunz, einmal diejenigen bezeichnet, die es sich – unter- oder fremdfinanziert – ihrer Meinung nach allzu kuschelig eingerichtet haben im bunten *Big B*.

Beunruhigend unangenehm wird die westdeutsche Mittelschichtigkeit an der Spree, wenn die Zugereisten heiß gelaufen herziehen über die »Provinz« draußen – der sie nicht nur selbst entstammen, deren Mentalität ihnen selbstverständlich weiterhin an den Sohlen klebt und von der sie oftmals noch in der einen oder anderen Form zehren, sondern in die sie den ganzen *Style* letztlich auch exportieren müssen. Nur wenn auch Bielefeld und Großumstadt mal etwas im Online-Shop bestellen oder ein *originelles* Berlin-Souvenir mit nach Hause nehmen, lohnt sich die Design-Linie für Küchenbrettchen mit Diktatoren-Zitaten. Nur wenn auch die Leser in Tauberbischofsheim und Saarlouis zuschlagen, wird aus einem aufregenden Großstadtroman ein Bestseller. Alles Überraschende ist sehr leicht berechenbar im Anführungszeichen-»Berlin«, und genau wie Köln seinen Klüngel pflegt, ist es auf seine Seilschaften angewiesen, auf die Konjunkturkurven des *Who is who* und *Wer mit wem*, auf die Stichworte aus Medien, Marketing und Kulturbetrieb und die Gästelisten-Mechanik. »Berlin« ist Deutschlands meistfotografierte, detailliertest beschriebene und bevorzugt besuchte Kirche, ein Gedenkort für die Idee vom zeitgenössischen »richtigen Leben«, die *kreativste* der *creative cities*, der Inkubator des Gedankenkapitalismus, eine schillernde Leinwand, eine Mythen- und Traumfabrik, die ihre Funktion ganz gut erfüllt. Bezahlt wird die Religion aus dem Sauerland.

Einmal hat ein Berliner Freund, nennen wir ihn Erik, sich tatsächlich über die »Porno-Hippie-Schwaben« beschwert, die, seinem Gefühl nach, seit den mittleren nuller Jahren in Massen nach Berlin zögen und unter anderem sein Wohnviertel am Prenzlauer Berg verdürben – mit ihrem Dialekt und ihrem, seiner Einschätzung nach, biederen Unterhaltungs- und Einkaufsbedürfnis. Er ärgerte sich über die wachsende Zahl von Designkitsch-Geschäften in seiner Nachbarschaft, über steigende Brötchen- und Kaffeepreise, über Grüppchen vergnügungswilliger Berlin-Besucher, die am Wochenende – »blöde Lieder singend und besoffen« – in die umliegenden Lokale einfielen. Ganz eindeutig fühlte er sich immer weniger zu Hause in *seinem* Berlin, und die Zustände, die er skizzierte, erfüllten weitgehend den Tatbestand der »Yuppiesierung« oder »Gentrifizierung«: Mit diesen Schlagworten ist der Prozess beschrieben, in dem ein urbanes Viertel sich rasend schnell wandeln kann, von einem fad vor sich hin dümpelnden Stadtteil in ein begehrtes Wohnareal mit steigenden Mieten. Wie ein solcher Wandel den (Ur-)Einwohnern nicht nur aufs Gemüt, sondern auch aufs Portemonnaie schlagen kann, werden wir später noch betrachten.

Zunächst fand ich Eriks Betroffenheit über die »Porno-Hippie-Schwaben« bloß ulkig. »Aber du kommst doch selbst aus Rheinland-Pfalz«, warf ich, fahrlässig gut gelaunt, ein. Worauf er mich überraschend dunkel ansah und erwiderte: »Ja. Aber ich wohne schon seit 1992 hier.« Kein humoristischer Nachhall ging von jenem Satz aus, wie ein Stück Rest-Mauer stand die Jahreszahl im Raum. »Schon seit 1992«: Er stellte fest, dass er zu denjenigen gehörte, die den Prenzlauer Berg erst zu dem gemacht hätten, was er heute war. »Wir haben damals noch mit Kohle geheizt, nie werde ich den Geruch vergessen, der von Oktober bis April in den Straßen hing.« Es klang wie eine Anekdote aus einem beinahe vergessenen Krieg. Was mit den Vormietern seiner Wohnung passiert sei, mit den DDR-Bürgern, die *vor* 1992 in seinen vier Wänden gewohnt hatten, wollte ich wissen. Das konnte er nicht sagen. Das Haus habe unsaniert so gut wie leer gestanden, als er, damals zwanzigjährig, einzog. »Wie fast alle Häuser hier oben: verlassen. Und bis zum nächsten Supermarkt waren es zwei Kilometer, es war ein einziges Brachland.« Leute wie er hätten das Quartier erst »mit Leben« gefüllt. Ganz offensichtlich fühlte er sich jetzt eingekesselt von denjenigen, die anderthalb Jahrzehnte später nachtröpfelten, sich ins gemachte Nest setzten und seine individuelle Lebensleistung mit Durchschnittlichkeit beleidigten. Mit seinem eigenen kleinen Dasein hatte Erik zur Erschließung eines ausgeräumten Stadtteils beigetragen, immerhin eines der berühmt-berüchtigtsten Stadtteile der Republik (so sah er es, und so war es vermutlich auch) – nun kamen andere, die sich die mühsam erfrickelte Infrastruktur aus hübschen Cafés, niedrigschwelligen Kunsträumen und bunt blinkenden Bars per Handstreich zu eigen machten – *ohne* selbst etwas in dieser Hinsicht *geleistet* zu haben. Unverkennbar spricht hier »Rheinland-Pfalz«, unzweifelhaft klingt das Prinzip »Jägerzaun« durch – nur unter anderen Vorzeichen, in anderer Gestalt und Formulierung. Misstrauisch wird das Alleinstellungsmerkmal des *most authentic place around* verteidigt, und damit auch: der Marktwert der eigenen Biografie.

Zeitweise hingen rund um den Helmholtzplatz in Eriks Nachbarschaft Plakate: »Schwaben in Prenzlauer Berg – spießig, überwachungswütig in der Nachbarschaft und kein Sinn für Berliner Kultur. Was wollt ihr eigentlich hier?« Die FAZ zitierte in diesem Zusammenhang einen 34 Jahre alten Schwaben, der genau in jener Nachbarschaft eine eigene PR-Agentur führt. Freunde hätten ihm einst geraten, sich den süddeutschen Zungenschlag schnell abzugewöhnen. »Sonst redet hier keiner mit dir.« Als Jugendlicher habe er auf die Frage, was er später einmal machen wolle, stets geantwortet: wegziehen aus der 6000-Seelen-Gemeinde seiner Kindheit. »Schon seit 1995« sei er in Berlin, betont auch jener Zugereiste. »Hier kann man leben.« In seiner Heimat herrschten hingegen »zwanghafte Arbeitsmoral und Sündenbewusstsein«.

Die Heimat, *the dark side of the moon.*

Es kommt sogar vor, dass westdeutsch alimentierte Chirurgenkinder sich in »Berlin« das Siegel »Prekariat« wie einen Orden an ihre *Streetstyle*-Blog-würdigen Revers heften, weil niemand sich für die Entwürfe, Konzepte, Ideen interessiert, die sie sich in der von Papa et Maman bezahlten ETW quasi-künstlerisch ausdenken. Prrre-ka-riát: Wenn man das »R« etwas genüsslicher rollt als nötig und die »A«s kurz und hart ausspricht, könnte es auch eine Duftlinie von *Boucheron* sein.

Doch sind es beileibe nicht nur Neu-Hauptstädter oder verträumte »Kreative«, die es ohne dauerhafte elterliche Alimente nicht schaffen. »›Irgendwas muss ich falsch machen, ich weiß nur nicht, was‹, sagt Iris Sattler (Name geändert), 40, und lacht ein wenig verlegen.« Personalleiterin sei die Frau, eine Münchnerin, und verdiene 3000 Euro netto im Monat, heißt es in einem Artikel aus dem *SZ-Magazin* mit dem Titel »Generation Stütze« (2010). »Alles kostet: ein Sakko fürs Büro hier, ein Paar Wildlederstiefel da, ab und an ein Restaurantbesuch, die Wochenendtrips zu Freundinnen nach Berlin oder Köln«, schreibt die Journalistin Cathrin Kahlweit über »Iris Sattler«. Das Gehalt der Vierzigjährigen reiche, obschon es deutlich über Durchschnitt liege, so gut wie nie, doch sei ihr Konto stets ausgeglichen, denn: »Ihr Vater, der alte Herr Sattler, gibt gern; von dem Geld, das er als Inhaber eines Einrichtungshauses verdient hat.«

M um & Dad überweisen, was fehlt. Das passt zum *Heiapopeia*- oder *Nutella*-Vorwurf, den ältere Diskurshoheiten den nach 1968 Geborenen so gern machen. Keinen Weltkrieg erlebt zu haben, aber eine »Wohlstandsjugend«: Jene Binse ist lange Zeit die wichtigste Waffe der Älteren gegen die Jüngeren gewesen, in einem angeblich nie vorhanden gewesenen Generationenkonflikt, der aber die gesamten nuller Jahre durchzog, zumindest rhetorisch. Das Schlagwort der *Heiapopeia*-Jugend stammt von Joschka Fischer. Geäußert hatte er es in seiner Amtszeit als Vizekanzler der rot-grünen Koalition. Heute ist er, sehr zufrieden, wie es scheint, in vierter Ehe mit einer Frau aus den *Heiapopeia*-Jahrgängen verheiratet, der Filmproduzentin Minu Barati, geboren 1976.

Doch wird der *Heiapopeia*-Vorwurf den Leuten eben nicht immer gerecht. Es gibt kluge, welterfahrene, oft überaus ernsthafte Menschen, von denen viele ihr Leben ganz bewusst anders gestalten als die Vorgänger, abwechslungsreicher, lebendiger, vielleicht auch mutiger – manchmal durchaus mit quasi-politischer Intention, dabei perfiderweise oft genau so, wie der »neue Mensch« sich verhalten soll, nämlich flüssig und experimentierfreudig. Bloß dass es öfters eben vorn und hinten nicht reicht, bloß dass man damit nicht unbedingt weit kommt, vor allem, wenn ein Kind da ist und die Partnerschaft am Ende. Es gibt andere, die deutlich kompromissbereiter sind und die Idee der »Selbstverwirklichung« längst zähneknirschend zu den Akten gelegt haben, die bereit sind, sich zu fügen und sich abstrampeln wie verrückt, aber genauso wenig auf einen grünen Zweig kommen.

Nicht alle, die sich an den elterlichen *Airbag* anlehnen, verprassen ziellos das Geld wie »Iris Sattler« beim Stiefelkauf oder manche *Hip-City*-Bewohner beim Möbelerwerb. Viele sind darauf angewiesen, um überhaupt über die Runden zu kommen. Sie entscheiden sich, wenn ihnen nur mehr die Wahl zwischen »Eltern anpumpen« und »Antrag stellen« bleibt, aus verständlichen Gründen für Ersteres. Verständlich auch, dass es ein großes Tabu ist, über die elterlichen Finanzspritzen zu sprechen. Vor allem angesichts der Tatsache, dass andere vielleicht niemanden zum Anpumpen haben.

Eine gewisse materielle Unreife ist offenbar chronisch bei den neuen Erwachsenen. An unserem Bar-Stammtisch mündet diese Feststellung gelegentlich in die Frage: Fühlt sich das nicht irgendwie entmündigend an? Und: War das schon immer so? Dass die Älteren den Jüngeren bis kurz vor deren Rentenalter unter die Arme greifen? Haben wir keinen angemessenen Umgang mit Geld gelernt? Führt etwa doch kein Weg am klassisch-bürgerlichen »Sicher ist sicher«-Modell vorbei? Woher aber sollten wir, würden wir uns dazu bereit erklären, die Jobs mit *Lifetime Guarantee* nehmen, die unsere Eltern noch hatten?

U nd schließlich drängt sich zu all dem eine weitere, beinahe noch interessantere Frage auf. Allerdings sparen wir diese aus, eiern um sie herum, lassen sie im Gebüsch liegen. Nicht einmal in unserer intimen Rotlicht-Runde legen wir es offen auf den Tisch: wer voraussichtlich was eines Tages erben wird.

Immerhin rund zwei Billionen Euro werden hierzulande in den kommenden zehn bis zwanzig Jahren ihre Besitzer wechseln, mortalitätsbedingt. Manche mögen im Stillen immer wieder nervös nachrechnen, wie viel, wenn die Alten einmal gestorben sind, wohl noch übrig bleiben wird, vom Verkauf des verwitterten Reihenhauses, in dem sie selbst einst groß wurden. Andere haben sich mit den Geschwistern vielleicht schon mal beim Notar getroffen, um über die Aufteilung des zu erwartenden Chalets in Zürs, der Ferienwohnung auf Teneriffa oder des solide laufenden Autohandels in Neu-Ulm zu beraten.

Zwei Freundinnen, eine aus Essen, eine aus Hamburg, leben schon heute vom Erbe eines jeweils früh verstorbenen Elternteils. Die eine ist als »halbe« wissenschaftliche Mitarbeiterin an einem

Uni-Institut beschäftigt, die andere sitzt »halb« am Empfang einer Holding und hat als Alleinerziehende für einen dreijährigen Sohn zu sorgen. »Es reicht hinten und vorne nicht«, sagt die berufstätige Mutter. »Es bleibt einfach nichts hängen«, befindet die Wissenschaftlerin der unteren Charge. Ab und an geht eine Waschmaschine kaputt, teure Fachbücher müssen besorgt werden oder ein größeres Kinderbett. Beide greifen für solche Sonderausgaben in regelmäßigen Abständen auf das Geld zurück, das das jeweils verstorbene Elternteil ihnen hinterlassen hat, und obwohl es sich um hohe fünfstellige Beträge handelt, ist völlig klar, dass das nicht viel länger als acht bis zehn Jahre gut gehen kann. Sie verbrauchen heute die Rücklagen der Vorgängergeneration, die einmal ihre eigenen Rücklagen fürs Morgen sein sollten – nicht zum Erwerb überkandidelter Extras, sondern zur Bewältigung ihres mehr oder minder gewöhnlichen Alltags. »Unterm Strich«, wie es buchhalterisch so hübsch heißt, ist erschreckend wenig selbst erwirtschaftete *Substanz* vorhanden.

D ie Gegenwart ist zu einem Gutteil elternfinanziert, der heutige Wohlstand – darin inbegriffen die Rudimente der Solidarsysteme – speist sich ganz wesentlich aus der Vergangenheit, ist also gewissermaßen fiktiv – jedenfalls nicht halb so gegenwärtiger Natur, wie es scheint. Selbstbewusste Existenzgründungen zum Beispiel: Sie werden natürlich leichteren Herzens und wagemutiger in Angriff genommen, wenn da ein finanzieller *background* ist, ob der Rückhalt nur *ideeller* Natur ist (*zur Not* hilft Papa), oder ob er auch praktisch genutzt wird, wie es bei den Kaffee-Geschäften von Frau Kullmann oder dem Schuhhändler der Fall ist.

So kommt es, dass manche mitteljunge Erwachsene für ihren »Gründermut« und »risikofreudigen Einsatz« gelobt werden, obwohl doch der Herr Schwiegerpapa das Kunstmagazin finanziert, die Bürgschaft für die Bankkredite übernimmt, die Büroeinrichtung zum 35. Geburtstag sponsert. »Die beste Voraussetzung, zu Vermögen zu kommen, ist es, Eltern zu haben, die vermögend sind«, sagt der renommierteste »Eliten«-Forscher des Landes, Michael Hartmann. Für diejenigen, die solche Eltern im Rücken wissen, mag der Imperativ der Zeit, sich immer wieder »neu zu erfinden« und »Gründermut« zu beweisen, bis heute verlockend klingen. Den anderen, deren Eltern vielleicht saufen, krank sind oder die ihr Erspartes selber aufbrauchen, für Gebisse, Prozesse, Hypothekenrückzahlungen, klirrt der Befehl zur investitionsfreudigen »Eigeninitiative« vermutlich schrill in den Ohren. Von denen, die wissen, dass sie einmal einen Haufen Schulden erben, wollen wir gar nicht erst anfangen.

●　●　●

Von einem Gemeinschaftsgefühl kann kaum die Rede sein bei den neuen Erwachsenen. Schon vor zehn Jahren haben viele Gleichaltrige sich gegen die angebliche Zwangsvereinnahmung in eine »Generation« gewehrt (und es soll ihnen nachträglich nicht kleinlich widersprochen werden). Allzu inflationär war der Generationen-Begriff ge- und missbraucht worden. Dabei stellt die *Generation* ursprünglich eine rechtschaffene Kategorie der Sozialwissenschaften dar: Mit ihr werden traditionell die ökonomischen, politischen, kulturellen und sozialpsychologischen Umweltfaktoren beschrieben, mit denen eine bestimmte Altersgruppe sich herumzuschlagen hat. Eine stichhaltige, lautere *Generationen*-Behauptung muss aber stets mitbedenken, dass es unterschiedliche Grade von Teilhabe gibt. Da sind diejenigen, die voranpreschen und das Neue als Avantgarden erschließen; außerdem diejenigen, die in etwas gemächlicherem Tempo nach- und mitziehen; und schließlich diejenigen, die von den Verheißungen und Risiken einer Generation ausgeschlossen sind, zum Beispiel, weil sie das falsche Geschlecht, mangelnde monetäre oder soziale Mittel oder schlicht keine Kenntnis von »Neuigkeiten« haben.

Gepiercter Bankiers-Sohn geht im Grundstudium zwei Jahre lang mit hübscher Metallwerker-Tochter: Mögen Schulhof-, Campus- und Praktikumserlebnisse, geteilte Clubbing-Nächte und Quereinsteigerjahre für eine Weile noch so pluralisiert, durchlässig, nachgerade klassenlos gewirkt haben – spätestens in dem Alter, in dem die Anschaffungen größer und die Finanzierungsfragen dringlicher werden, verlieren temporär ähnliche Musik- oder Modegeschmäcker ihr letztes Bisschen Bindekraft, und die ehemals egalitär erscheinende Cliquenwirtschaft unter Gleichaltrigen löst sich auf. Je weiter die Lebensstile auseinanderdriften, desto weniger weiß man miteinander anzufangen, desto unterschiedlicher auch die handfesten Interessenlagen, nicht nur privater, sondern auch wirtschaftlicher und politischer Natur. »Uneigennützige Freundschaft gibt es nur unter Leuten gleicher Einkommensklasse«, soll der amerikanische Multimillionär Jean Paul Getty (1892–1976) einmal gesagt haben. Ist das Geld *uns Postmaterialisten* wirklich egal? Sind *wir* tatsächlich dabei, das Ideal der pluralisierten und »freien« Gesellschaft voranzutreiben? Untersuchungen aus verschiedenen westlichen Ländern haben gezeigt, dass die Menschen sich bei der Partnerwahl seit einigen Jahren wieder verstärkt an der finanziellen Ausstattung des Gegenübers orientieren, vor allem, wenn es ans Heiraten geht. Ausschließlich an »Akademiker und Singles mit Niveau« richtet sich etwa die Kontaktbörse *elitepartner.de*, die seit ihrer Gründung 2004 stetigen Zulauf erfährt, mittlerweile angeblich zwei Millionen niveauvolle Herzen in der Online-Kartei führt und rund achtzig Mitarbeiter in Hamburg beschäftigt. Seit den mittleren nuller Jahren bewege sich der Trend eindeutig wieder zur »Homogamie«, zur Ehe innerhalb der eigenen Statusgruppe, konstatiert auch der Soziologe Hans-Peter Blossfeld.

Von der Bedeutung des *impression managements* auch im zwischenmenschlichen Bereich sprechen unterdessen Personalberater und Paar-Psychologen. Es klingt klinisch, kämpferisch, kühl. Manchmal sei die »Selbsterschaffung« eben nur zum Preis verlorener Freundschaften zu haben, stellt etwa Karen Heumann (*1966), fest, Vorstandsmitglied der Werbeagentur *Jung von Matt* und zum Beispiel für die *Bild*-Kampagne mit Jonathan Meese zuständig. »Wer aus seiner Schublade raus will, kann das durch sein Verhalten und sein Erscheinungsbild forcieren«, erklärte Heumann in einem Interview mit dem Mode- und Lebenshilfe-Magazin *Freundin*. »Aber er darf sich dann nicht wundern, wenn sich sein Umfeld ändert. Die Marke erschließt eine andere Zielgruppe, der Mensch findet neue Freunde und verliert womöglich alte.« Kein Wunder, dass Schulabgänger-Jahrgangstreffen heutzutage so schlecht besucht sind. Ich kenne, bis auf eine Ausnahme, nur Menschen, die *nicht* zu solchen Veranstaltungen fahren.

»Es war verdammt schwierig für mich, weiterhin meine alten Freunde von der *Business School* zu treffen, nachdem ich meinen Job verloren hatte«, berichtet die amerikanische Wirtschaftsjournalistin Megan McArdle im Magazin *The Atlantic*, nachdem sie eine längere Phase von Arbeitslosigkeit überstanden hatte. »Manche von denen haben einfach nicht kapiert, dass ein Dinner beim In-Chinesen mit ein paar Bieren jetzt kein beiläufiges Schnäppchen mehr für mich war, sondern ein beinahe unbezahlbarer Luxus.« Erst nach einer ganzen Weile des Herumdrucksens habe sie es geschafft, ihre Lage offen auszusprechen: »Ich kann mir das nicht leisten.« Auch wenn manche ihr angeboten hätten, sie zum Essen einzuladen: Wohl habe sie sich damit nicht gefühlt, nicht zuletzt aus Gründen des Stolzes. Das kenne ich von der Landschaftsgärtnerin: »Ich will nicht dein Pflegefall sein, nur wegen Hartz, ich will mir nicht fremd gefüttert vorkommen.« Auf weniger kostspielige Vergnügungen wollten die saturierten Freunde der US-Journalistin sich aber auch nicht einlassen. Und die waren nun mal in der Mehrheit. Schwierig. Über die Zeit sei man sich mehr und mehr ausgewichen, schreibt McArdle.

Aus der umgekehrten Perspektive berichtet Emily Bazelon im Onlinemagazin *Slate:* »Wie kann ich mit meiner Freundin, die nach einer dramatischen Scheidung hoch verschuldet ist und jetzt auch noch ihren Job verloren hat, noch über meine kleinen Probleme reden?«, fragt eine »Katie« in dem Artikel mit der Überschrift *Wie die Rezession Freundschaften zerstört* (2009). Während Katie sich mit Ende dreißig »endlich« ein eigenes Haus kaufte, stürzte die andere ab. Nun plagt Katie ein konstantes schlechtes Gewissen, das Verhältnis zwischen den beiden Frauen ist, unausgesprochen, aus der Balance geraten, und Katie verliert die Lust am Kontakt mit ihrer gestrauchelten Freundin. »Wenn wir uns unterhalten, geht es natürlich immer nur um ihre Probleme. Ich will ja auch nicht, dass sie sich noch schlechter fühlt, wenn ich ihr aus meinem Leben erzähle.«

E s scheint gerade erst gestern gewesen zu sein – doch sind die Zeiten, da man für drei Euro Eintritt in einem Club nebeneinander an der Theke lehnt, eine ganze Nacht lang an ein bis zwei Drinks nippt und sich als jugendliches Experiment mit anderen jugendlichen Experimenten auf der Tanzfläche ausprobiert, mit um die vierzig für die meisten definitiv vorbei. Die einen gehen jetzt im Hamburger Schanzenviertel im Restaurant *Nil* essen, wo sich ein Menü mit einem anständigen Apéritif, einem ordentlichen Wein und einem vernünftigen Espresso leicht auf 60, 70 Euro pro Person summieren kann. »Das ist doch noch gar nichts!«, pflegt ein entfernt befreundeter Journalismus-Kollege zu sagen. Die anderen, die prinzipiell vielleicht denselben Geschmack haben und auch genau wüssten, wie man sich im *Nil* benimmt, pfeifen sich derweil ein paar Ecken weiter in der anatolischen Gaststätte *Lokma* einen Grillteller mit allem und ein 0,3-Liter-Glas Bier für 13 Euro rein. Wieder andere gehen gar nicht mehr aus und verdaddeln ihre Abende kostengünstig auf irgendeinem Sozialportal. Die einen naschen im *Grill Royal*, Berlins »Schnösel-Mensa« (*Die Zeit*) ein »Steak mit Champagner« (Moritz von Uslar), bevor sie mit dem Taxi in den brandneu eröffneten Club Soundso fahren, die anderen, die eventuell ebenso viel oder gar noch mehr im Kopf haben, stopfen sich an der S-Bahn-Station schnell zwei Cheeseburger hinein, damit sie später noch genug Geld haben, ein Glas Irgendwas in der Hand halten und lächelnd in die *crowd* grüßen zu können. Wieder andere stehen gar nicht erst auf der Gästeliste. (Blöd, wenn man keine clevere Hartz-IV-Bekanntschaft hat.) Die einen genießen samstagnachmittags die *High Tea*-Zeremonie im Nobel-Hotel *Frankfurter Hof*, »nur mal so aus Jux«, und amüsieren sich über die dazu gereichten altmodischen Gurkensandwiches à la Queen Mum – »Wie nostalgisch!« –, während die anderen zur selben Zeit und nicht minder sentimental ein paar Dinge aus dem Keller auf dem Offenbacher Flohmarkt verkaufen. »Macht ja auch irgendwie Spaß.«

Säßen sie alle nebeneinander auf einer Parkbank, die Gurkensandwich-Genießerin und die Flohmarkt-Verkäuferin, der *Royal*-e Steak-Esser und der ambitionierte Burger-Kunde, täten sie vermutlich so, als wäre nichts, und alle vier sähen, jedenfalls von Weitem, noch immer irgendwie gleich aus.

E s müsste erst Annika anrücken, mit all ihrer kosmischen Technik, damit Licht in die unterschiedlichen Sozial- und Gemütslagen auf der Parkbank kommt. Annika hat mit den anderen einst auf derselben Schule ihr Abitur gemacht und ist, nach abgebrochenen Karrieren als Maklerin, Caféhaus-Besitzerin und Hundetrainerin, ins esoterische Segment gewechselt und als Aura-Fotografin tätig. Mit ihrer Chakren-Kamera (so etwas gibt es wirklich) würde sie das Parkbank-Quartett aufnehmen, und heraus käme ein unbestechliches Gruppen-Seelen-Bild, das entfernt an eine Polaroidaufnahme erinnerte, auf der jemand zu früh herumgewischt hat. Neid, Ungeduld, Häme, Unsicherheit, Angst, Missverständnisse, Verdächtigungen und Arroganz wären auf dem Foto abgebildet, in Form hellblau-grün-gelb-braun-violetter Farbwolken, die um die Köpfe waberten. »Lauter schlechte Schwingungen und nicht aufgearbeitete Aggressionen umgeben diese Parkbank, es ist ganz deutlich zu sehen!«, würde Annika rufen. Doch würden die anderen alles abstreiten und Annika für *überspannt, verstrahlt* oder *sozialdemokratisch* erklären. »Erst bringt sie Dalmatinern das Singen bei, jetzt knipst sie ›Schwingungen‹. Schon tragisch, was aus manchen Menschen über die Jahre wird.«

STADT, LAND, FRUST

»Deutschland hat
die dichtesten Fenster
der Welt.«

»Die ist lustig. Krass. Sie ist eine echte Autohaus-Sekretärin! Und vor allem: Sie *meint* es so!« Der F. lachte wie ein sehr junger Mann. Oder vielmehr: Er hechelte mich auf eine amüsierte Art an, mit offenem Mund, gezückten Augenbrauen und einem erwartungsfrohen Blick, so, als ob er eine ganz spezielle Reaktion von mir erwartete. Zunächst fiel mir jedoch keine andere Antwort ein als: »Ja, sie arbeitet bei *Toyota*, in Spandau, soweit ich weiß.«

Es war mein x-unddreißigster Geburtstag, etwa dreißig Leute hatte ich in meine Charlottenburger Wohnung eingeladen. Eine improvisierte Partygesellschaft aus vertrauten Alt- und flüchtigen Neu-Bekannten hatte sich ergeben. Drei, vier Klein- und Großstädter aus meiner Vergangenheit waren angereist, teils mit ihren aktuellen Partnern, und hatten sich überschwänglich für die Einladung nach B. bedankt. Eine zweite, etwas größere Gästegruppe rekrutierte sich aus örtlichen Nachtleben-Kontakten, es handelte sich um Frauen und Männer, mit denen ich eine Vorliebe für altmodische Musik teilte, einen Fetisch, der sich auf alte Schallplatten aus dem Soul- und Rhythm'n'Blues-Segment bezog. Ehrgeizige Vinyl-Sammler, talentierte Tänzer und gefragte Sparten-DJs beiderlei Geschlechts waren darunter. Einer von ihnen führte eine Motorrollerwerkstatt, ein anderer zog als Handelsvertreter für Haushaltsgeräte durchs Umland (ich hatte angenommen, dass es solche Haustürgeschäfte gar nicht mehr gab, schon gar nicht im Umkreis von Berlin), und auch die Frau aus dem Autohaus zählte zu jener Gruppe. Die dritte, annähernd dominante Gäste-Clique stammte aus meinem beruflichen Umfeld, hauptsächlich Journalisten waren darunter, außerdem zwei Fotografen, ein paar Verlagsmenschen und der anfangs zitierte F. Und schließlich war, viertens, ein Häufchen Versprengter zugegen, wie immer und überall.

Während ich gerade neue Gäste empfing oder die Musik wechselte oder ein Geschenk auspackte, hatte ich den F. und die retrokulturell interessierte Autohaus-Angestellte aus den Augenwinkeln auf meinem Wohnzimmersofa sitzen und sich unterhalten sehen. Vielleicht fünfzehn Minuten später stand der F. neben mir, stupste mich zweimal am Oberarm und teilte mir seine Feststellung mit: »Eine reale Autohaus-Sekretärin, wie aus dem Bilderbuch!« So, wie er das sagte, klang es wie etwas Unerhörtes. »Und?«, fragte ich. »Naja«, lachte er, »ich hab' versucht, mich mit ihr zu unterhalten. Aber: Ich bin gescheitert.« Mindestens vier Scherze habe er gemacht, doch habe sie keinen verstanden, sondern habe stets »eins zu eins« geantwortet, überhaupt nicht ironisch. »Interessant! Aber leider musste ich das dann abbrechen«, lachte der F., »es ging nicht.« Ob das eine Nachtleben-Bekanntschaft sei? »Ja«, bestätigte ich und ergänzte, dass ich sie »ziemlich nett« fände, »sonst hätte ich sie ja nicht eingeladen.« Da hörte der F. auf zu lachen, wenn ich's recht im Gedächtnis behalten habe, und stammelte etwas Ähnliches wie: »Ja ja, es war auch nicht böse gemeint.« Worauf ich nickte und mich gleichermaßen stammelnd erkundigte, ob er mir vielleicht beim Aufschneiden einiger Zitronen helfen wollte.

D er F. (der aus Rosenheim stammte) war unzweifelhaft einer der unterhaltsamsten Freunde, die ich in Berlin gewonnen hatte. Schlagfertig, klug, oft ans Genialische grenzend. In jeden dritten bis sechsten Satz pflegte er, allzeit bereit, ein messerscharfes *quote* von Slavoy Zizek, Gilles Deleuze oder Tyler Brulé einzuflechten. Die Autohaus-Sekretärin (die aus Braunschweig stammte) kannte diese Namen nicht. Dennoch konnte man sich auch mit ihr sehr gut und interessant unterhalten, über die Überraschungen des Lebens, die Option des Sterbens, die Körpererfahrung bei ekstatischem Tanzen, Tricks zum Tapezieren, den Unterschied zwischen Nord- und Südspanien, den Unterschied zwischen *Hammond*- und *Farfisa*-Orgeln, über homöopathische Tropfen, Eifersucht und vieles mehr.

Im Vergleich zu F. und mir hatte die Autohaus-Sekretärin lediglich einige klassische Songzeilen zum Zitieren parat, *Rock me baby* oder *Shake your hips*. Abgesehen davon besaß sie aber eine ganze Menge mehr als der F. und ich: eine Tochter, die aufs Abitur zusteuerte, einen Lebensabschnittsgefährten mit hysterischem Nervenkostüm, einen teilkaskoversicherten Kleinwagen und eben ihren festen Job, den sie, soweit ich das beurteilen konnte, nicht großartig auf seinen Inhalt abklopfte. Der »Sinn« ihrer 37,5-Wochenstunden-Berufstätigkeit war an keiner Stelle anzuzweifeln oder zu kritisieren, sie stand so klar zu ihrem Broterwerb, wie ich selbst es mir öfters heimlich ersehnte: Sie finanzierte ihr Leben damit und sah zu, dass sie ohne Überstunden rauskam. Punkt. Alle ihr zur Verfügung stehenden Urlaubstage versuchte sie so geschickt wie möglich um gesetzliche Feiertage herum zu legen, auf dass sich der Erholungseffekt verlängerte, und ebenjene Freiräume nutzte sie zum Verreisen, zum Fernsehschauen, zum Ausgehen oder dazu, ihre ausgefallene Abendgarderobe selbst zu entwerfen und zu nähen. Sie besorgte sich Karten für das Feuerwerk-Spektakel *Pyronale* im Vorverkauf und sammelte Lavalampen, und es war gänzlich unnötig vom F. gewesen, mich darauf hinzuweisen, dass sie die Feuilleton-Debatten und *Must read*-Blogs nicht verfolgte.

Auch sie schien von dem misslungenen Gespräch auf dem Sofa beunruhigt, irgendwann nach Mitternacht raunte sie mir zu: »Huh, ich glaube, ich habe diesen Typen vorhin irgendwie verärgert, aber ich weiß nicht, womit?« Ach, der sei manchmal etwas schwierig, sie solle es nicht persönlich nehmen, antwortete ich.

Im Nachdenken über die beiden, und über mich in der kommunikativen Sandwich-Lage, wurde ich ein bisschen wütend auf den F. Einerseits wäre ich furchtbar gern mehr wie er gewesen. Andererseits war auch ich eine Zeit lang in einem Sekretärinnen-Auto herumgefahren und schaltete gelegentlich das Trash-TV ein. Von F.s Warte aus hätte man sich nur ein paar Zentimeter aus dem sicheren Hafen der hochgerüsteten Besserwisserei herauswagen müssen, vor die Tore des mit allerlei Codes abgesicherten gedanklichen Statusgeheges, hinaus aufs freie Feld der ungeschützten Mensch-zu-Mensch-Begegnung. Doch war die Autohaus-Sekretärin aus F.s Sicht ganz offensichtlich nicht der interessanteste Gast der Party, höchstens der interessanteste *Freak von Normalfall*, niemand, der seine angestrengt zusammengehaltene Einzigartigkeit zu deuten und anzuerkennen wusste. Auch war sie ihm nicht als *Kontakt* dienlich – was hätte der F. in einem *Netzwerk* aus Stenotypistinnen anfangen sollen? Das Gespräch mit ihr *brachte ihn nicht weiter*, es war vergeudete Zeit, auch in einer Lampion-behängten Samstagnacht, denn: Der F. ist immer im Dienst.

»Wenn Menschen heute jemanden kennenlernen, lassen sie sich häufig von einem Nutzenkalkül leiten, also der Frage, was nützt mir dieser oder jener Kontakt? Fast achtzig Prozent sagen, dass sie rational abwägen, was ihnen bestimmte Kontakte bringen. Das ist Kälte«, sagt der Bielefelder Soziologe Wilhelm Heitmeyer. Kaffeetrinken mit IT-Beratern bringt gar nichts, wenn man nicht selbst in der IT-Branche tätig ist. Eine Logopädin hat nichts davon, mit Stadtarchivaren oder Zierfischimporteuren kostbare Zeit zu verändeln. Das ist die dunkle Seite des viel zitierten und hoch gelobten Netzwerkens: Im Idealfall agiert der Einzelne als gut gelaunter *homo ludens*, verfolgt dabei aber zielbewusst die Interessen des *homo oeconomicus* und geht nicht nur die Arbeit, sondern sein gesamtes Leben zielgruppenstrategisch an (mit Rücksicht auf den Arbeitsmarkt, Partnerschaftsmarkt, Wohnungsmarkt, Identitätsmarkt und alle anderen Supermärkte). Im Grunde muss man es machen wie *Madame Bovary*, man muss mit den richtigen Leuten Affären haben, Geschäfts-, Kontakt-, Akquise-Affären.

Der F. und die Sekretärin waren in unterschiedlichen »Sprachspielen« gefangen, wie der Philosoph Ludwig Wittgenstein (1889–1951) es einst vielleicht bezeichnet hätte, in »in sich geschlossenen Systemen der Verständigung«. Der Mikrokosmos des jeweils Eigenen wird gegen das Andere in Stellung gebracht, verschanzt, abgeriegelt. Die Autohaus-Sekretärin war für den F. ziemlich genau das, was die *Bauer sucht Frau*-Fälle für die Autohaus-Sekretärin waren: Beide amüsierten sich köstlich über die bildungstechnisch je unterlegenen anderen, beide brachten ihr »symbolisches« und »inkorporiertes Kulturkapital« (Bourdieu) in Stellung.

Während die Sekretärin, die sich kaum Mühe gab, ihre farbenfroh betupfte Normalo-Existenz zu verschleiern, zwei- bis dreimal im Jahr ins Warme flog, war der F., der sich als Teil einer avantgardistischen Elite begriff, in drei Jahren nur einmal für ein paar Tage aus Berlin herausgekommen. Sie wohnte in einem hellen Neunziger-Jahre-Haus mit Fußbodenheizung, er in einer dunklen Altbau-Wohnung mit Nachtspeicheröfen. Die Sekretärin hatte einen zwar manisch-depressiven, aber immerhin einen Partner und gelegentlich wohl auch die eine oder andere leidenschaftliche Nacht. Der F. war angeblich seit einem Jahrzehnt nicht mehr mit einer Frau gesehen worden. Und bei mir? Naja.

G elegentlich – die Abstände wurden kürzer, je länger ich in B. wohnte – sehnte ich mich nach einer Hauptstadt-Pause. Einen gewaltigen Hunger auf unmissverständliche Kraut-Rippchen verspürte ich dann, einen Schmacht nach Hackbraten mit Zwiebelsoße, ein ungeheures Verlangen nach ganz und gar unironischem Fleisch, nach dessen eindeutiger Zubereitung, nach dem ernsthaften Verzehr traditioneller Eins-zu-eins-Metzgerware in einer lupenrein unmodischen Umgebung, eine gewaltige Lust darauf, dass zum Beispiel essen nichts anderes bedeutete als essen. Unbedingt musste ich dem konstanten *Augenzwinkern* und den vieldeutigen *Brechungen* ab und an den Rücken kehren, das klamme Gefängnis der giftigen Zitate und bösartigen Interpretationen für eine Weile verlassen. Wäre das Wort nicht vollkommen verboten, würde ich von einer Sehnsucht nach dunkel erinnerter »Normalität« sprechen. »Regression!«, pflegte der F. auf solche Schwärmereien zu entgegnen, »Rückfall in frühkindliche Muster!« Doch versuchte ich, mich nicht weiter darum zu kümmern. Der Abgleich mit zu Hause, dem Rhein-Main-Gebiet und dessen ländlichen Ausläufern, tat mir gut. Vielleicht auch nur, weil das die bis dahin größte Meisterleistung in meinem Leben gewesen war: mich abzunabeln. War es wieder einmal so weit, dass ich jene Selbstbestätigung brauchte, setzte ich mich in einen Zug, verließ Neurosenheim und fuhr so weit nach Südwest, wie meine Bahncard 50 mich trug.

● ● ●

N ach Frankfurt am Main habe ich es noch immer geschafft, von jedem Ort der Welt aus. Teile meiner Adoleszenz, weite Phasen meiner Postadoleszenz, mein Studium und das eine oder andere Praktikum habe ich dort absolviert, meine Eltern leben noch in der weiteren Umgebung und einige wenige Freunde aus alten Tagen. Je länger ich von dort weg bin, desto unwirklicher erscheint mir die

Stadt, mit ihren so gut wie amerikanischen Finanztürmen und ihren im Lüftchen klappernden Fachwerk-Kiosken, mit ihrer beeindruckenden Geistesgeschichte – Goethe! Paulskirche! Frankfurter Schule! – und ihrem nachlässigen hessischen Zungenschlag, in den sich oft Versatzstücke des *Business English* mischen, mit der unvergleichlichen Schäbigkeit ihres Sex-Business in Hauptbahnhof-Nähe, mit dem niedlichen Taunus und dessen großrömischer Geschichte, mit Anja Kohl in der ARD-Börsenberichterstattung, mit dem zweitschlimmsten Getränk der Welt, von Einheimischen *Äppler* genannt, mit den romantischen Nordend- und Bockenheim-Legenden und den von irgendwoher Gestrandeten und nach irgendwohin Umsteigenden am *Rhein-Main Airport*, kurz: mit ihrem komplett globalisierten Kleinstadtwesen.

Mainhattan. Es gibt keinen vergleichbaren Ort auf der Welt, dachte ich, als ich wieder einmal zwischen Kassel und Fulda abwechselnd durch kilometerlange Tunnel, dann wieder an saftig geformten Werbespot-Landschaften vorbeirauschte. Hier ein Hügelchen, da ein Waldesrand, adrette, gelbe Raps-Tupfer dorten und hienieden. Was sahen meine entzückten Augen? Vier Rehe, die Can-Can tanzten! Oder war das ein rostiges Ackergerät, dort hinten, unter jenem urgesunden Obstbäumchen? Gar ein vergessenes Stück Starkstromgitter? Bitte keine vom Kreiskulturamt geförderte Kunst-Installation! Unter der Klimaanlage fröstelnd, dennoch in einer quasi-besinnlichen Stimmung, legte ich meine erschöpfte Stirn an die *Intercity-Express*-Scheibe und musste an das denken, was Angela Merkel über »Deutschland« denkt, über das »Land«, nicht den »Staat«. Gefragt, was ihr beim D-Wort spontan in den Sinn komme, antwortete sie einmal: »Ich denke an dichte Fenster! Kein anderes Land kann so schöne und dichte Fenster bauen. Ich denke auch an eine bodenständige und herzhafte Küche. Ich denke an Laubbäume, an Buchen und Eichen. Ich denke an bestimmte Vögel, zum Beispiel Kraniche, Störche.«

Ich versuchte, meinen eigenen Assoziationen zu »Deutschland« nachzuspüren. Es hat eine fürchterliche Geschichte, ist eines der reichsten Länder der Erde und trägt dieselben Farben wie Belgien, das fällt mir immer als Erstes ein. Mit den Fenstern hat Angela Merkel, glaube ich, Recht, das ist einer der Punkte, in denen Deutschland sich von Belgien unterscheidet. Auch das mit der Küche dürfte stimmen, doch ist *die* wiederum der belgischen nicht unähnlich. An eine spezielle Sorte Windjacken denke ich, sowohl bei Belgiern als auch bei Deutschen, und daran, dass Deutsche oft besser Englisch sprechen als Spanier oder Franzosen, aber deutlich schlechter als die Skandinavier. (Über die Englischkenntnisse der Belgier weiß ich zu wenig.) Das legendäre Wald- und Wiesendeutschland kenne ich fast nur noch aus dem Fernsehen oder vom sehr flüchtigen Drüberhuschen. Seit über zwanzig Jahren verbringe ich mein Leben in Asphalt-Landschaften und habe nicht vor, das zu ändern. Wenn man sich aber fast ausschließlich in Städten aufhält, dann weiß man manchmal gar nicht mehr: Ist das jetzt Dortmund oder Toronto, Hamburg oder Newcastle, Berlin oder Moskau? »Deutschland« spielt da kaum eine Rolle. Grundsätzlich ist mir das auch ganz recht so.

Gemessen an anderen europäischen Hauptstädten ist Berlin ein Dorf, las ich einmal. Immerhin 21 Prozent der Franzosen leben im Großraum Paris. In Athen drängeln sich sagenhafte 47 Prozent aller Griechen. Hierzulande sind es bislang lediglich fünf Prozent, die ihre permanente Schlafstatt in der Hauptstadt aufgeschlagen haben. Nur gut dreißig Prozent der Deutschen wohnen überhaupt in Städten mit über 100 000 Einwohnern, etwa ein Viertel der Bundesbürger lebt in Kleinstädten. Fast die Hälfte, 47 Prozent, stellt sich wacker gegen Wind und Wetter und besiedelt freiwillig Ortschaften und Landkreise mit weniger als 20 000 Nachbarn.

Die rurale Kohorte unterhält ebenso rege Netzaktivitäten wie die urbane. Bei der Kontaktbörse *bauernhof.net* gibt es zum Beispiel ein Diskussionsforum mit dem Titel »Städter auf dem Land – Rette sich, wer kann!« *Userin* »Linchen« schreibt dort: »Was haltet ihr von Städtern auf dem Land? Ich nichts. Sie sind faul, eitel!« Und während biobeflissene Urbanisten sich um den Dioxin-Gehalt im Grundnahrungsmittel Ei grämten, plauderte eine ländlich wohnende »Jutta« auf dem Geflügelzüchter-Portal *huehner-info.de* frei von der Leber weg: »Das Einzige, was ich unbesehen glaube, ist, dass Städter auf dem Land jede Menge Batterie-Eier kaufen, das ist nicht unüblich. Stell' zwanzig Hühner auf die Wiese, und du kannst verkaufen und verkaufen und verkaufen – ob die überhaupt so viel *legen* können, woher sollen die Leute das wissen? Interessiert auch keinen wirklich. Huhn ist Huhn und Ei ist Ei – Hauptsache, da steht so ein Tierchen auf dem Rasen ...«

●　　●　　●

Tatsächlich ist die Provinz ja nicht halb so provinziell, wie man es als Definitions-Hauptstädterin gern hätte. Einmal komplett durchglobalisiert ist zum Beispiel mein alter Schulfreund T., der zwar immer noch ein weiches Rhein-Main-»ssscchh« spricht, zwischenzeitlich aber auf drei verschiedenen Kontinenten gewohnt und gearbeitet hat. Seit einer Weile lebt er wieder in Frankfurt, in einem gesuchten Viertel, innenstadtnah, aber elegant. Seine 140-Quadratmeter-Wohnung läuft als Maisonette über zwei Etagen, unten am Haus hat es eines dieser solide ins Mauerwerk eingelassenen Klingelbretter, eine *Hightech*-Kommunikationsanlage mit blitzblanken Knöpfen aus einem chromähnlichen Material, eine Klingelknopfanlage, in der man sich spiegeln kann, und darüber natürlich eine Kamera. Der T. ist der einzige wirklich wohlhabende Mensch in meinem Freundeskreis, und er verdient sein Geld, man kann es drehen und wenden wie man will, als Unternehmensberater. Eigentlich möchte ich solche Leute nicht kennen, da geht es mir wie den meisten.

»Betrachtest du dich eigentlich als ›Steuerzahler‹?«, fragte ich ihn, als wir wieder einmal auf seiner Dachterrasse beisammen saßen beziehungsweise lagen, auf dunkelbraunen *Lounge Chairs*, die perfekt geölt waren, Kreuzfahrtmöbel, Orient Express. Wir schauten auf den gegenüberliegenden Park.

»Wie meinst du das: ›Steuerzahler‹?«

»Naja, du verdienst sehr gut und musst eine Menge davon abgeben. Kümmert es dich denn gar nicht, was mit dem Geld geschieht, wofür es verwendet wird?« Ich hatte mir fest vorgenommen, ihn in ein fieses Gestrüpp aus Sloterdijk'schen Fangfragen zu verwickeln, zur Strafe für seinen Beruf, zur Prüfung für seine Finanz-Persönlichkeit und zum Test für unsere Freundschaft.

»Worauf willst du hinaus? Sagen wir so: Es gibt halt eine Menge Sozialfälle im Land. Warum soll man denen nicht helfen? Und ansonsten: Straßen, Schulen, Krankenhäuser … Falls du darauf anspielen willst, dass ich ein schlechtes Gewissen haben soll? Ich habe ja auch eine Familie zu ernähren, zwei ganze Haushalte, wenn man's genau nimmt.«

Ende der neunziger Jahre war ich auf T.s Hochzeit gewesen, mittlerweile lebte das Paar getrennt, die achtjährige Tochter wohnte bei der Mutter, etwa drei Kilometer Luftlinie entfernt. Ein bis zwei Wochenenden im Monat verbachte der T. mit dem Kind, außerdem den Großteil seines Urlaubs. Seine Frau ging seit einer Weile halbtags wieder arbeiten, als Kundenberaterin in einem Antikmöbelhaus. Ob sie sich scheiden lassen wollten, wussten sie noch nicht.

»Neulich habe ich wieder gelesen, dass die oberen zehn Prozent der Gesellschaft, die oberen Zehntausend, dass diese Leute allein fünfzig Prozent des Einkommensteueraufkommens aufbringen.«

»Ja und? Erstens gehöre ich nicht zu den ›oberen Zehntausend‹ …«

»Aber fast.«

»... zweitens ist das eine Milchmädchenrechnung.« (Schon wieder dieses »Mädchen«.) »Zwar gibt es einen progressiven Steuersatz, je mehr du verdienst, desto höher dein Einkommensteueranteil. Aber bei den Sozialabgaben sind alle gleich. Und natürlich auch bei der Umsatz- und allen anderen Verbrauchssteuern. Da wiegen die Lasten für die Kleinen im Verhältnis viel schwerer. *Das* sind doch die Probleme.«

»Du redest ja wie Oskar Lafontaine.«

»Quatsch! Außerdem kannst du als Reicher allen möglichen Mist von der Steuer absetzen, zumal als Selbstständiger, Essengehen, Autofahren, Flüge, Digitalkameras, tausend Dinge. Aber kein Finanzamt erkennt eine Runde beim *Chicken Grill* als ›Geschäftsessen‹ an, wenn du dreimal die Woche als Pool-Reiniger arbeitest. Als Abteilungsleiter kannst du deine Affäre zum Muschel-Dinner einladen, du kannst mit ihr sogar nach Nizza fliegen für vier Tage und es dir nachher als ›Werbungskosten‹ anrechnen lassen, wenn du dich nicht ganz doof anstellst – es wirkt automatisch glaubwürdig. Und schlimm ist auch ...«

Der Mann war richtig in Fahrt gekommen.

»... dass ausgerechnet die Besserverdiener, und mit denen habe ich ja täglich zu tun, dass ausgerechnet diese Leute zu den privaten Kassen wechseln dürfen. Das ist verrückt! Das ist Sabotage! Wie soll das mit dem Solidarsystem dann funktionieren?«

»Also ... es überrascht mich, dass du das so siehst. Wir haben lange nicht mehr über Politik gesprochen, und ...«

» ... jaja, und ich bin der böse Yuppie, und die Welt ist schlecht, und früher war mehr Lametta.«

Es stimmt, Hunderte Male hatte ich ihn auf eine alberne Art aufgezogen mit seinem Geld. Als Rolf Hochhuth, der große Altlinke unter den praktizierenden Dramatikern, im Jahr 2003 das Beraterkritische Stück *McKinsey kommt* veröffentlichte, schickte ich dem T.

prompt ein Exemplar der Taschenbuch-Ausgabe, unkommentiert, in Gänseblümchenpapier gewickelt. Eine peinliche Stichelei, ich weiß.

»Sag' mal: Hast du gerade vielleicht von dir gesprochen? Warst du tatsächlich mal mit einer Affäre in Nizza? Ist das der Grund für eure Trennung?«

Jetzt schwieg er.

Dabei war er doch extra wieder in die katholische Kirche eingetreten, kurz vor der Hochzeit, die Braut hatte es sich so sehr gewünscht.

»Warum mögen wir uns eigentlich?«

»Alarm! Erst Klassenkampf, dann Frauenfragen!«

»Chauvinistenmacho, Kriegsgewinnler. Im Ernst: Warum können wir noch immer etwas miteinander anfangen? Wir leben völlig verschiedene Leben, sehen uns ein, zweimal im Jahr, wenn's hochkommt. Du hast geheiratet ...«

»Leider nicht sehr erfolgreich.«

»... Du kaufst dir tolle, schwere Möbel, fliegst zum Einkaufen nach Hongkong, besorgst dir Maßanzüge, Jahrgangsweine, gehst neuerdings in klassische Konzerte ...«

»Was ist daran schlimm, wem tue ich denn damit weh?«

»... und ich gehe neuerdings zum *Aldi* statt zum *Edeka*, auch wenn's einen Kilometer weiter ist. Du entlässt jede Woche Tausend Leute ...«

»Tue ich nicht. Habe ich noch nie getan! Ich *helfe* denen, die *bleiben*!«

»... und wenn wir uns von Weitem sähen, fänden wir uns doch alles andere als sympathisch – oder? Allein schon dein Aufzug: blassblaue Hemden, bordeauxfabene Socken. Was soll das sein? *Preppy Style*? Warum ziehst du so etwas an, auch noch freiwillig, warum *jetzt* zum Beispiel? Warum mögen wir uns? «

»Warum, warum! Uns gefallen trotzdem oft dieselben Dinge,

dieselbe Musik, manchmal dieselben Bücher oder Filme. Wir schreiben uns E-Mails, treffen uns, erinnern uns an früher ... Wo ist das Problem?«

Ich überlegte, aber mir fiel keines ein. Mir war entglitten, was ich hatte sagen wollen.

»Jedes Jahr zu Weihnachten spenden wir, spenden sie und ich, also *wir* spenden 1000 Euro für einen guten Zweck, wir machen halbe-halbe, sie und ich, jeder darf sich eine Organisation aussuchen, außerdem achte ich darauf, keine Produkte aus Sklavenarbeit einzukaufen, bin voll auf *Fair Trade* und wähle die Ökos. Was willst du *noch*?«

»Du bist der gute Reiche.«

»Und du eine dumme Nuss.«

So kamen wir nicht weiter. Der T. war mir nicht fremd genug. Ich brauchte mehr Kontrast, ich musste weiter raus. Also rumpelte ich mit einer Regionalbahn tiefer ins Grüne hinein, in eine abgelegene Gemeinde am Rande des Odenwalds, die ich, nur zum Spaß, einmal Furchendorf nennen möchte.

● ● ●

In Furchendorf lebten jetzt Franz und Maike. Mit ihren zwei Kindern waren sie ein knappes Jahr zuvor aus Frankfurt zurück aufs Land gezogen, in ein nach und nach zu renovierendes, windschiefes Einfamilienhaus, Baujahr 1972, das Franz' Eltern gehörte und für das keine Miete anfiel. Als freie Online-Texter arbeiteten die beiden, das Themenfeld »Gesundheit« war ihr Ressort, die Geschäfte liefen schlecht. Der Frankfurter Vermieter hatte auf Eigenbedarf gekündigt, und eine neue, ausreichend große, erschwingliche Wohnung war in der kurzen Frist partout nicht aufzutreiben gewesen, »jedenfalls nicht ohne Makler«, wie Maike einmal e-mailte. Auf dem Dorf gab es Babysitting umsonst, auch wenn man es dort so gut wie nie brauchte, online texten konnte man dort genauso gut wie in Frankfurt-Bockenheim, wozu waren *Flatrates* da, und der Kopfsalat wuchs bei Mama im Garten. »Immer noch besser, hier draußen zu sein als angeklatscht an die Stadt, in einem öden *Suburb*, wenn schon, dann richtig auf dem Land, wenn schon, dann als Konzept«, fand das Paar und lud regelmäßig Freunde zu einem »Wochenende in der Natur« ein. Manche hielten die beiden daraufhin für Neo-Hippies, andere hatten angeblich schon immer gewusst, dass es »Erzkatholische« waren.

Da wünscht man sich doch wirklich ein bisschen Sozialismus herbei, wenn man so etwas mitgemacht hat: Wohnungssuche in Frankfurt, mit zwei Kindern, aber ohne festen Arbeitsvertrag«, sagte Franz, als wir zu dritt bei Kaffee und Kuchen auf der Einfamilienhaus-Terrasse saßen und Witze darüber machten – dass wir jetzt, zwanzig Jahre nach Schulende, tatsächlich wieder dort saßen: auf einem etwas schiefen Spießerplateau unter einer schmutzig gelben Markise. Zwischen den Steinplatten wuchsen Jahrtausende alte Grasbüschel, die uns mürrisch belauschten.

»Du spinnst ja!« Maike schüttelte den Kopf über die wohnungsmarktkritische Polemik ihres Ehemanns und schob mir zwei Einmachgläser mit dunkelrotem Zeugs rüber, »Erdbeermarmelade à la maison, für dich«. Das Paar strahlte erst die Gläser an, dann mich, dann küsste es sich.

»Oh. Danke. Schöne Farbe. Dieses ... Gelee. Und sonst? Fühlt ihr euch denn wohl hier, nach einem ganzen Jahr am Rande eines Runkelrübenfeldes, ich meine: Es ist schon ein bisschen abgeschnitten, oder? Mit der Regionalbahn und dem Überlandbus habe ich knapp anderthalb Stunden hier raus gebraucht. Und ringsum ist offenbar ... nichts?«

»Aber klar ist da was, da ist Natur! Guck' doch!«, sagte Maike und deutete nach rechts. Doch sah ich nur die zipfelige Hecke, die das Grundstück umschloss, darüber Himmel, und dahinter vermutlich noch mehr Himmel. Es war ja keine Zauber-Alm oder so etwas. Wir befanden uns nicht in einem Ferienparadies oder dergleichen. Letztlich handelte es sich – bleiben wir doch bitte alle einmal auf dem Teppich – bloß um eine abgelegene Ansammlung sehr blasser Häuser zwischen zwei halbwegs weit entfernten Autobahnkreuzen irgendwo im verregneten Mitteleuropa. »Ich lese viel mehr als früher und habe angefangen, ein paar Sachen mit Holz zu machen, und will mir unten, im Souterrain, eine kleine Werkstatt einrichten, und ...« Franz unterbrach sie: »Außerdem können wir jederzeit das Auto der Eltern nehmen.« Und mit »Nachtleben« seien sie inzwischen eh »weitgehend durch, oder, Maike? Wir sind 37 und 39, und mal ehrlich: Wie viele Ausstellungen besucht man denn tatsächlich, in der Stadt, wie viele Lesungen und Konzerte?« Sein Blick deutete darauf hin, dass er eine bestätigende Antwort von mir erwartete. Ich zögerte. Ungewöhnlich lange Sekunden vergingen.

»Naja«, sagte Maike dann, atmete einmal schwer ein und gut hörbar wieder aus, sah erst Franz an, dann mich. »Wie läuft's denn bei dir so, mit der Arbeit, mit der Liebe?«

»Geht so«, antwortete ich, und: »Immer viel zu tun.«

Mit Anfang zwanzig hatten Maike und ich uns auf der Uni kennengelernt, in einem der ersten offiziellen *Gender-Studies*-Grundlagenseminare, und hatten, aus Jux, auch ein paar Mal ein autonomes Tutorium zum Thema »Der männliche Orgasmus – Penetration und Aggression« besucht. Maike war damals alle vier Wochen mit einem neuen Liebhaber zugange, ich beschäftigte mich seit Jahren mit demselben jungen Mann. Sie wohnte in einer riesigen (und etwas unheimlichen) Rödelheimer Altbau-WG, nicht weit vom *Headquarter* des *Rödelheim Hartreim Projekts* und den *3P*-Büros entfernt, dem Musiklabel, das damals bundesweit mit Sabrina

Setlur, Moses Pelham und Xavier Naidoo ziemlich erfolgreich war, ich hatte ein Einzimmerapartment in Eschersheim gemietet, im Dachgeschoss eines Reihenhauses, das einem schlesischen Rentner-paar mit zweifelhaften politischen Ansichten gehörte. Maike kell-nerte in einer verräucherten Kneipe, während ich bei einer Privat-bank stundenweise Überweisungsformulare abtippte und in die hauseigene Software einspeiste, als »EDV-Assistentin«. Sie träumte davon, in die Entwicklungshilfe zu gehen, ich hatte vor, eines Tages ein spektakuläres Printmagazin zu gründen. Beide fanden wir unse-ren jeweiligen Heimatort »komplett indiskutabel«, Frankfurt auch nicht viel besser und verorteten unsere Zukunft weit jenseits des hessischen Horizonts. Unseren noch ungeborenen Kindern eine ge-sunde Abenteuerlust vorleben: Hier wollten wir unseren Beitrag zum gesamtgesellschaftlichen Fortschritt leisten, *gerade auch als Frauen.*

Mit Anfang dreißig hatte ich in *Generation Ally* geschrieben – und Maike hatte damals gelacht und »Genau so ist es!« gerufen: »Wenn wir heute unsere Eltern am Wochenende besuchen, im in die Jahre gekommenen Eigenheim, bekommen wir manchmal fast Beklemmungen. So niedrig die Decken, so eng die Flure. *Schöner Wohnen*, darunter stellen wir uns inzwischen eine loftartig umge-baute Fabriketage vor, die wirklich Lässigen unter uns denken an eine Plattenbauwohnung im Berliner Osten. Oder an ein Domizil in einem ehemaligen Schlachthof- oder Hafenquartier, mit türkischem Gemüsemann und portugiesischem Kaffeeröster um die Ecke. *Global Village* statt Parzellen-Idyll.« Kurz darauf wurde Maike, in der Abschlussphase ihrer Doktorarbeit, schwanger von Franz. Die bei-den heirateten, überstürzt, wie manche damals fanden, aber es hielt. Bald kam das zweite Kind, und es erwies sich, dass Franz nicht ge-rade der tüchtigste Ehemann auf Erden war. Im Gegenteil: Es zeigte sich, dass er Maike *brauchte.* Die brach daraufhin ihre Forschungen ab, zum Wohl der Familie, und es wurde klar: Die Dritte Welt muss es ohne sie schaffen.

Im Gegensatz zu den beiden war ich mit »Ausstellungen, Lesungen und Konzerten« durchaus noch nicht »durch«. Es kam mir so vor, als hielte ich weiter an unserem alten Plan fest, während Maike vorzeitig aufgegeben hatte. Oder klammerte ich mich an eine Idee, die sich, allein schon von Alters wegen, überholt hatte? Und was war das genau für eine Idee gewesen? Einst war sie »die Wildere« und ich die etwas Strebsamere, nun lebte sie in »geordneten Verhältnissen«, während ich mich noch immer mit wackeligen Zufallsmöbeln umgab, im Grunde noch immer so wie 1993.

Maike und das Erdbeergelee: Einerseits machte sie ein paar Witzchen darüber, andererseits war sie sichtlich stolz auf das selbst hergestellte Lebensmittel. Jeden Tag lernte sie da draußen *etwas Neues*. Ich hingegen kaufte weiterhin mein Lahmacun bei Kurden, aß Glasnudeln bei Vietnamesen, Pizza bei Italienern, führte Gespräche mit Israelis, tauschte Platten mit Briten, vertraute mein Fahrrad regelmäßig einem Senegalesen zur Wartung an, tanzte mit Exil-Amerikanern und lästerte über die pelzbemäntelten *Shopping*-Russen auf dem Ku'damm. Alles in allem war mein Deutschland ein international bevölkertes Land, das sich mal nicht so anstellen sollte. Maikes Deutschland war indes wieder genau dasselbe, das wir damals so dringend hatten verlassen wollen: ein spitzgiebeliges Häuschen mit vielen viel zu kleinen Zimmern.

»Die, die *Bio-Zisch* trinken, ihre Kinder zum Cello-Unterricht bringen und jeden Apfel dreimal umdrehen, ob der auch ja keine Pestizide hat (...). Unsere neue gesellschaftliche Projektionsfläche ist bürgerlicher als all das, was ich unbedingt hinter mir lassen wollte, als ich mit 17 Jahren aus Wetzlar weg bin«, sagt Star-Werberin Karen Heumann. »Wir singen im Chor, cocoonen und schenken uns selbst gemachtes Quittengelee zu Weihnachten, während sich um uns herum alles beschleunigt: die Entwicklung von Ländern wie China, das Internet, die Kommunikation untereinander. Aber wohin führt das? Zu einer Eruption, einer neuen Zeit?«

Unsere Eltern zogen raus, wir ziehen rein: Allen modischen *Landlust*-Verklärungen zum Trotz treibt es die neuen Erwachsenen eindeutig in die Städte. Solcherlei langfristige Wanderungstrends werden etwa vom Bundesverband deutscher Wohnungs- und Immobilienunternehmen GdW beobachtet. Dessen Experten gehen davon aus, dass spätestens 2050 über 80 Prozent der Deutschen in »verdichteten Räumen« leben werden. All die Selbsterfahrungsberichte von Medienschaffenden, die in der Mitte ihres Lebens plötzlich in Gummistiefel umsteigen, um sich der Fasanenzucht zu widmen, sind eben Selbsterfahrungsberichte von Medienschaffenden, anhand derer graugesichtige Großstädter sich ein wenig wegträumen können. In ein bis maximal zwei Jahren wird die Bauernhof-Welle wieder vorbei sein. Ob die halbprominenten Neu-Landwirte auch mit 68 und dem Tattermann in den Gliedern noch per Hand die Rauke von ihren Äckern pflücken, wie Original-Kleinbauern es tun, bis sie eines Tages tot umfallen? Ich denke: nein. Die leben dann alle in einem klimatisierten Seniorenstift mit U-Bahn-Anschluss.

Gerade einmal 31 und 28 Jahre alt waren meine Eltern, als sie Ende der siebziger Jahre damit begannen, ein Häuschen für unsere Kleinfamilie zu bauen, mit zwei je zwölf Quadratmeter großen Kinderzimmern für meinen Bruder und mich, in einer Vordertaunus-Gemeinde, die das Wort »Dorf« im Namen trägt. Nach Frankfurt/Main-City waren es dreißig Minuten mit der S-Bahn oder zwanzig mit dem Auto. Gefördert mit allerlei bauherrenfreundlichen Krediten entstanden Tausende sogenannter Neubaugebiete an den Peripherien der Metropolen. Der soziologische Fachbegriff dazu lautet »Suburbanisierung«. Es war eine Phase, in der massenhaft Einkaufszentren nach Vorbild amerikanischer *Malls* auf der sprichwörtlichen *Grünen Wiese* entstanden, mit fußballfeldgroßen Parkplatzanlagen für die verstreut wohnende Kundschaft. Unterdessen gingen zahlreiche kleine Innenstadthändler ein und räumten unfreiwillig schon mal den Platz für die großen Ketten-Filialen, *Show-rooms* und *Flagship-Stores*, die ein paar Jahre später triumphal in die *Cities* einziehen würden. Die heutigen, modernen Stadtbewohner, die viel geschmähten »Porno-Hippie-Schwaben«, aber eben auch der F., die Ella und ich, entsprechen vom sozioökonomischen Typus her ziemlich genau dem Personal, das früher in Schachbrett-Siedlungen mit Vogel- oder Blumennamen leben wollte.

An der halbstaatlichen Hamburger *Hafen City*-Universität wurde 2009 ein eigener Studiengang »Kultur der Metropole« eingerichtet, und der Planungshistoriker und Dekan Angelus Eisinger (*1964) sagt über seine persönliche Wanderungsbewegung: »Ich bin – wie alle richtigen Städter – auf dem Land groß geworden. Ich glaube aus eigener Anschauung zu wissen, dass es zutrifft, was in der Literatur so übers Land geschrieben wird. Ich kenne soziale Kontrolle, ich kenne Unfreiheit, ich kenne Macht von Obrigkeiten, seien sie politischer oder religiöser Natur, von alteingesessenen Familien. Das sind Dinge, die die letzten Spurenelemente von Romantik wegwischen, wirklich auf dem Land leben zu wollen.« Den Städten sei seit jeher etwas Emanzipatorisches zu eigen, sie seien »als Räume der Freiheit entstanden. Als Räume der Imagination, als Räume der Selbstdefinition. Als Räume der Produktivität und der Innovation.«

Imagination und Selbstdefinition, Produktion und Innovation, Emanzipation und Freiheit: Das sind die Grundpfeiler vieler neuerwachsener Lebensentwürfe. Jedenfalls waren es einmal die Grundpfeiler Maikes und meines Lebensentwurfs.

● ● ●

»Habt ihr inzwischen mal das Hotel von Jessica Schwarz besichtigt?«, fragte ich Franz und Maike bei einer letzten Tasse Filterkaffee, bevor ich aufbrechen musste, um den späten Überlandbus zurück in die Zivilisation noch zu kriegen. Die Schauspielerin (*Buddenbrooks*, *Romy*) hatte im nahe gelegenen Örtchen Michelstadt gerade eine kleine Pension mit Café eröffnet, unter dem Namen *Die Träumerei*. »Ja, wir haben mal davor gesessen und Nusskuchen gegessen.«

»Und?«

»Wirklich nett«, sagte Maike. »Da versucht jemand mit viel Liebe, das Beste aus beiden Welten zu vereinen: internationales Design – und den Odenwald.«

Die Träumerei liegt direkt gegenüber dem Elternhaus der 1977 geborenen Schauspielerin. Vier Gästezimmer bewirtschaftet Schwarz gemeinschaftlich mit ihrer Schwester, wenn sie nicht gerade Filme dreht. Aufgewachsen ist sie in einer örtlichen Zeitschriftenhändlerfamilie. *Vogue*, *Elle* und *Cosmopolitan* habe sie schon als kleines Mädchen gelesen: »Da waren tolle Bilder drin, schöne Sachen für Mädchen, Kosmetik, Mode, Schminktipps. Es klang alles nach großer Welt, nach Abenteuer«, sagte sie einmal in einem *Zeit*-Interview. Aus der großen, abenteuerlichen Welt hat sie schließlich einiges in den Odenwald gebracht: Die Lampen im Café sind von *Der Lampenschirm* in Berlin, die Schlüsselanhänger der Zimmer sind Mitbringsel aus Afrika, die antiken Kinosessel stammen aus einem Brüsseler Lichtspieltheater, berichtete das Wohnmagazin *Home*. Das Beste aus beiden Welten – mittendrin die kosmopolitisierte Mittelgebirglerin. *Vanity Fair* notierte zur Eröffnung des Schauspielerinnenhotels: »Nun sitzt Jessica Schwarz auf einer Holzbank vor der elterlichen Hausbrauerei und sucht nach Worten. Kindheitserinnerungen und Gegenwart stehen in ihrer Geburtsstadt dicht an dicht; (...) Sie würde jetzt gern etwas Angemessenes sagen über ihre alte Heimat, ihre Schwester, ihre Familie und ihre Karriere. Aber sie findet keine Worte.«

Mein Besuch auf dem Planeten Heimatprovinz hatte gefruchtet. Endlich war ich wieder einmal anständig aufgewühlt. Und genau wie Jessica Schwarz vor ihrem Elternhaus fand auch ich nicht die richtigen Worte, um Maike beim Abschied zu sagen, was mir alles im Kopf herumging. Sie war keine Verräterin, sie war eine Gescheiterte. Genau wie ich, die zwar noch quasi-international lebte, aber langsam nicht mehr wusste, wovon. Die in Terrassenstühlen und Kuchengabeln manifestierte Nähe zur Vorgängergeneration: fremd und vertraut zugleich. Unsere Utopie eines neuartigen Weltbürgerinnenlebens: hier (von mir) mit allen Mitteln verteidigt, dort (von Maike) aufgegeben. »Du machst immer noch coole Sachen, ich beneide Dich«, hatte sie mir einmal gemailt. »Du hast einen Ehemann und zwei Kinder, die Du anbrüllen kannst, wenn Du wütend bist. *Ich* beneide *Dich*«, hatte ich geantwortet. Unbedingt wollte ich jetzt schnellstmöglich von dort weg. Gleichzeitig vermisste ich plötzlich *genau das*. Es war – womöglich war es so – der erste Moment in meinem Leben, an dem ich sofort zurückgespult hätte, weit in die Vergangenheit, hätte es eine Taste irgendwo im Bild gegeben, zurück an den Punkt, an dem wir gestartet waren, in genau so einer Gegend, in einem öden Grün am Rand des Großraums Rhein-Main, Maike und ich. Beide saßen wir halbwegs fest, und in beiden Fällen war Geld nicht gerade das kleinste Problem. Rückblickend würde ich sagen: Es war exakt jener Terrassennachmittag, an dem etwas in mir verrutschte. Es fühlte sich ein bisschen an wie Durst. Wenn es kein so schreckliches Wort wäre, würde ich »Heimweh« dazu sagen.

»Also dann ...«, nickte ich, »schöne Markise, übrigens«, und machte ich mich los von den beiden, die sich wirklich unfassbar verliebt gaben, dafür, dass sie schon neun Jahre verheiratet und komplett pleite waren und jetzt auf einem verwitterten Einödhof in einem abgehängten Kaff hausten. Wenn man es unsentimental betrachtete, war es ja doch die Hölle.

Als ich im Zug zurück nach Frankfurt saß, kam eine SMS von Maike, »Du hast die Marmelade vergessen!« In der Höhe von Seligenstadt, Hanau, Offenbach fuhr ich an den wirklich kritischen Wohnlagen vorbei, an drei- bis vierstöckigen Betonwürfeln in unmittelbarer Gleislage, an satellitenbeschüsselten *Komplexen*, in denen die wahren Abschreibungsobjekte lebten, diejenigen, die nie an einem Projekttreffen teilnehmen oder um eine Abfindung streiten würden. Und wie ich so aus dem Zweite-Klasse-Fenster schaute, mit einem Pappbecher mäßig wärmenden Rollwagen-Kaffees der *Deutschen Bahn* für 2,70 Euro in den Händen, dachte ich: »Himmel, hier möchte ich aber noch weniger wohnen. Nicht neben diesem Autoreifengroßmarkt im Nieselregen, nicht an jenem Autobahnzubringer mit dem zerschossenen Asphalt, und erst recht nicht hinter jenem Haustierzubehörshop auf vier Etagen, der vollgestopft ist mit Produkten aus menschenverachtender Kinderarbeit, zugeramscht mit unerträglich zynischem Sonderangebotsschrott aus Krebs erregendem PLASTIK!«

SHOPPING-DEMOKRATIE

»Bei Hertie haben sie
jetzt großes Latinum.«

Als Gerhard Schröder 1998 im Bundestagswahlkampf an die Wählergunst der *Neuen Mitte* appellierte, war ich 28 Jahre alt, hatte einen Politologie-Abschluss »mit Auszeichnung« in der Tasche und fühlte mich nicht angesprochen. *Trotz* der neuen Vokabel stimmte ich für die SPD, nicht *wegen* ihr. Ich dachte: »*Neue Mitte*, das ist Wahlkampf-Quatsch, das legt sich.«

Bei einer Kampagnen-Rede in Leipzig erklärte Schröder, wer aus seiner Sicht alles dazu gehörte: Facharbeiter, Angestellte, Handwerker – aber auch die jungen Existenzgründer und Freiberufler der digitalisierten Zünfte, diejenigen, »die sich trauen, etwas zu erfinden, und die für ihre Träume die eigene wirtschaftliche Existenz einsetzen«. Er sprach von mir – aber ich hörte nicht richtig hin. Den Begriff »Mitte«, ob »alt« oder »neu«, verband ich damals noch immer instinktiv mit *Suburbia* und Helmut Kohl, mit allem Strickjackigen, Furnierhölzernen, Festgezurrten. »Mitte« war gleichbedeutend mit »Mittelmaß«, es handelte sich um Leute mit polierten Autos und Festanstellungen auf Lebenszeit, solche, die sich mit wuchtigen »Wohnlandschaften« einrichteten, worunter ich mir großflächige Sitzgelegenheiten über Eck vorstellte, unverrückbare Riesensofas mit einem angewinkelten *Chaiselongue*-artigen Endstück. »Mitte«

waren diejenigen, die samstagabends *Wetten, dass ...?* schauten, *Best of Eighties*-CDs in der *Gold Edition* kauften, Musicals besuchten, Treuepunkte im Supermarkt sammelten und keine interessanten Fragen stellten. Vor allem waren es Menschen »mittleren« Alters, keine jungen. Es waren Leute, die fanden, dass Frauen naturgemäß schlechter im Einparken sind als Männer und ansonsten nicht viel zu erzählen hatten, außer, dass sie sich einmal im Jahr auf einer ausverkauften Mittelmeerinsel für zwei Wochen in die Sonne legten, mit Briten und Schweizern um die Strandliegen rauften und sich beim *Piña-Colada*-trunkenen Rumfummeln mit einem/r unterbezahlten Animateur/in eine Geschlechtskrankheit holten, aber auch das war ja alles völlig uninteressant. Nun machten eben auch jene Leute ein bisschen mehr mit Computern herum: Das war, aus meiner noch immer jugendlich-ungestümen Sicht, das einzige »Neue«. Am Begriff »Mitte« hatte ich alle arroganten Neigungen aufgehängt, die ich mir bis dahin gezüchtet hatte.

Da ist er wieder: der begriffsstutzige Umgang mit Geldfragen, die konsequente Missachtung der Ökonomie, der Kuschel-Fluch des *Postmaterialismus*. Wenn mir rund ums Jahr 2000, rund um meinen 30. Geburtstag, mein eigenes Leben, das der anderen oder »Deutschland allgemein« im Kopf herumging, dachte ich tatsächlich immer nur horizontal, stets in die Breite, an das verführerisch funkelnde »Chaos der Möglichkeiten« (Sören Kierkegaard). Arglos sortierte ich die Welt in zeitgleich nebeneinander her pumpernde Lebensstile – und empfand meinen eigenen *Style* als selbstbewusste Jung-Redakteurin und Multi-Jobberin sowohl als hochindividuell als auch als den einzig wahren. Den »Oben-unten-und-dazwischen-Charakter« des Wortes »Mitte« hatte ich so gut wie verdrängt.

Zu meiner Verteidigung möchte ich anbringen, dass ich nicht die Einzige war, die so dachte. Längst hatte ich mich in einem Spieleparadies aus »Sinuswolken«, »Schwärmen« und »Milieu-Clustern« verlaufen, wie so viele Geisteswissenschaftler meiner Jahrgänge, besonders solche, die einmal ein Praktikum in einem Marktforschungsinstitut oder mal ein Referat über »genderkritische Subtexte in der Jeans-Werbung« erarbeitet hatten. An den Universitäten waren in den Neunzigern vor allem allerlei Dekonstruktions-, Individualisierungs- und andere Flickenteppich-Theorien gelehrt worden. Auch in den Medien sprach damals so gut wie niemand (mehr) von »Klassen« und kaum (noch) jemand von »Schichten«. Vielmehr ging es um »Ziel«- und »Wählergruppen« mit spezifischen Geschmäckern, und im Sex-TV prägten Spaß-Aufklärer wie Lilo Wanders den kampferotischen Merksatz: »Alles kann, nichts muss.« Heute verstehe ich: So denken und sprechen Leute, die sich in Sicherheit wiegen.

»Wohlstand für alle« hatte in der Nachkriegszeit die Maxime des ersten Bundeswirtschaftsministers und späteren Bundeskanzlers Ludwig Erhardt (CDU) gelautet. Und der einflussreichste Soziologe der jungen Bundesrepublik, Helmut Schelsky (1912–1984), hatte eine »nivellierte Mittelstandsgesellschaft« skizziert: Soziale Mobilität bedeutete seinem Verständnis nach, dass die Unterschicht stetig wachsende Chancen zum Aufstieg haben und im Gegenzug die Oberschicht moderat absteigen und ein paar Privilegien abgeben müsse – sodass die überwältigende Mehrheit sich schließlich in einer breiten, angenehm zu bewohnenden »Mitte« treffe. »Mitte« in jenem traditionellen Sinne bedeutete auch: Sohn und Tochter erzielen aller Wahrscheinlichkeit nach einen höheren Bildungsabschluss als Papa und Mama und werden schon mit Anfang zwanzig Teile von der Welt bereist haben, die die Alten nur aus den Fotobänden des Buchclubs kennen. Das größte Glück, das einem Menschen in jenem Modell widerfahren kann, ist es, zum »Aufsteiger« zu werden.

Eines der wichtigsten Instrumente für den Interessenausgleich zwischen Oben, Unten und Mitte hieß »Sozialpartnerschaft«: Die

Besitzenden, etwa die Eigentümer von Unternehmen, erklärten sich bereit, einige Spielregeln mit den Nicht-Besitzenden, etwa den Arbeitern und Angestellten, zu vereinbaren und auch einzuhalten. »Tarifvereinbarungen« lautet der beinahe schon anachronistisch klingende Fachbegriff dazu. Das Prinzip war übersichtlich und einigermaßen fair: »Ihr arbeitet für uns, helft uns mit eurer Fingerfertigkeit und eurem Gedächtnis, Gewinne zu erzielen und unseren Wohlstand zu mehren. Dafür bezahlen wir euch dies und das an Löhnen und Gehältern (ihr könnt euch darauf verlassen) und beteiligen uns – genau wie ihr mit euren Steuern und Sozialabgaben – zuverlässig an den Kosten fürs Gemeinwohl, schließlich brauchen wir gut ausgebildete Leute, die lesen und schreiben können, Kräfte, die nicht ständig krank sind, und Busse, die die Leute pünktlich in die Fabriken und die Büros bringen.«

Von einem gesellschaftlichen »Fahrstuhleffekt« sprach in den achtziger Jahren dann, nicht mehr ganz so blauäugig wie Schelsky, der Soziologe Ulrich Beck: Zwar hatte das Wohlstandsniveau sich insgesamt über drei Jahrzehnte erhöht, doch hatte dies keineswegs zu einer »nivellierten« Gesellschaft geführt, in der es allen ähnlich gut ging. Vielmehr existierten »neu sich einpendelnde oder durchgehaltene Ungleichheiten«, konstatierte Beck. Allerdings waren jene Ungleichheiten nicht mehr so eindeutig zu entziffern wie noch in Wirtschaftswunderdeutschland, die Lebensstile hatten sich stärker ausdifferenziert, im Beck-Jargon: »individualisiert«. Einfache Angestellte konnten mit etwas Geschick und ein paar cleveren Einkaufsentscheidungen ein bisschen Oberschicht spielen, und das Großbürgertum eignete sich mitunter alternative Stilelemente an – wenn etwa Gunilla von Bismarck und andere Jetset-Bewohner barfuß und mit hippiesken Fußkettchen rauschende Feste in Marbella feierten und sich dabei von der *Yellow Press* fotografieren ließen. (Anmerkung für die jüngeren Leser: Falls ihr Gunilla von Bismarck nicht kennt, lasst euch von dem donnernden Namen nicht allzu sehr einschüchtern. Stellt euch einfach eine späte Daniela Katzenberger im übernächsten *Seventies-Revival* vor.) »Fußkettchen« bedeutete schon in den Siebzigern nicht mehr »Fußkettchen«. Die *Hare-Krishna*-Jünger trugen es auf ähnliche Art wie Krankenkassenmitarbeiter im Freibad, in autonomen Wagenburgen war es ebenso zu Hause wie auf den Zwölf-Meter-Yachten vor St. Tropez. Das Fußkettchen der Jetztzeit ist das *Tattoo* auf der rechten Schulter der Bundespräsidentengattin Bettina Wulff.

Als »Demokratisierung der Warenlandschaft« bezeichneten Konsum-Soziologen der achtziger und neunziger Jahre schließlich die Tatsache, dass die Güter, die der »normale Mensch« selbst produziert hatte, zunehmend günstiger für ihn wurden, »erschwinglicher«, wie es etwas altmodischer heißt: *Ikea* und *Habitat*, *Zara* und COS, geschickt kopierte *Luhi-Wittong*-Taschen, Prosecco statt Schomponier, Billigflieger und *Outlet-Stores*. Einige Modemagazine waren in den neunziger Jahren dazu übergegangen, die jeweils aktuellen Looks je in einer *Budget-*, einer *Economy-* und einer *Business-Class*-Variante vorzustellen, für den kleinen, mittleren und dicken Geldbeutel. Show-Prinzessinnen und andere *Celebrities* bekannten jetzt öfters: »Ich kombiniere einzelne Designer-Stücke gern mit ausgefallenen Second-Hand-Sachen oder Teilen von *H&M*, ich pflege meinen ganz eigenen Stil.« Tausendfach wurde jene Aussage seither zitiert, als anschauliche Beschreibung und glaubhafter Beleg für die Durchlässigkeit der *Shopping*-Demokratie – und für das selbsterfinderische Kreativitäts-Potenzial, das in *uns allen* steckt.

Dies ist die unbestrittene Stärke des Kapitalismus: Er entwickelt sich ständig fort und lädt auf immer neuen Kanälen – man könnte auch sagen: Vertriebswegen – zur Teilhabe ein. Und: Er findet immer Leute, die die passenden Geschichten dazu erzählen. Die sogenannte Diversifikation ist für den Kapitalismus in etwa das, was für den Menschen die Zellteilung ist: Er muss seine Palette immer wieder erweitern, spezialisieren, umgestalten, um zu überleben. Dabei wird er immer klüger (wie im Idealfall der Mensch). Er begrüßt es, wenn Menschen sich verändern, er fordert sie sogar dazu auf, mehr als das: Er bettelt um Geschmeidigkeit in allen erdenklichen Bereichen des Lebens, vor allem in der Arbeitswelt, und ein angenehmer Nebeneffekt (jedenfalls für den Kapitalismus) ist es, dass die Menschen mit jeder Veränderung neue Dinge brauchen, mit jedem Umzug neue Vorhänge, mit jedem neuen Liebhaber frische Dessous, mit jeder neuen Generation von Empfangsgeräten neue Apps und Pipifax-Adapter. »Change or die« lautete eine in den nuller Jahren oft zitierte Schlagzeile aus dem US-Wirtschaftsmagazin *Fast Company* – »Verändere dich oder stirb« (2005). »Der Kapitalismus hatte kein Interesse mehr an Anpassern, Ordnungsfanatikern und Leuten, deren Weltbild spätestens mit dreißig schön gerahmt und hinter dickem Glas an der Wand hing und nicht mehr verrückt und verschoben werden durfte«, schrieb Claudius Seidl in seinem Essay *Schöne junge Welt. Warum wir nicht mehr älter werden.*

D er Konsum bringt den Frieden in das Treiben. Mit der sozialen Technik des Einkaufens lassen sich Bürgerkriege vermeiden. Eine Menge wird da sublimiert. Das berühmte »revolutionäre Subjekt« – »in der Fußgängerzone ist es jedenfalls nicht zu finden«, stellte Hans-Magnus Enzensberger im Wutbürger-Winter 2010 wieder einmal fest. Solange der Mensch die Dinge kaufen kann, die er für schön und angemessen hält, solange er die bescheidene *power* seiner kleinen *purse* spürt, solange er den Eindruck hat, eine selbstbestimmte Produktauswahl treffen und sich bildhaft damit ausdrücken zu können, verleiht der Kapitalismus ihm eine gefühlte Würde.

Ein Schlüsselbegriff ist dabei der »Mythos«: Nach Stanislaw Ossowski (1893–1963) bieten klassische Heldenmythen eine vereinfachte Sicht darauf, wie Menschen einst die Machtverteilung in ihrem sozialen Raum wahrgenommen haben. In seiner berühmten

Aufsatzsammlung *Mythen des Alltags* hat der französische Soziologe Roland Barthes (1915–1980) den Gedanken für das 20. Jahrhundert fortgeführt. Mythen seien eine Sprache, sagt Barthes – und die Überschriften seiner Essays verraten, welche Art »Mythen« er dabei im Sinn hat: *Beefsteak und Pommes frites, Schockphotos, Strip-tease, Der neue Citroën.* Ins Jetzt übertragen, könnten die Barthes'schen »Mythen« zum Beispiel *Apple, Air Berlin, Marc Jacobs* und *Facebook* heißen. Die »Fixierung« des »Kleinbürgers« auf einen möglichst höherwertig erscheinenden Lebensstil führe zu einer »Verarmung des Bewusstseins«, schrieb Barthes 1955 – und zu einer »illusionistischen Undifferenziertheit der sozialen Klassen«. Wiederum ein halbes Jahrhundert später, nämlich 2010, knüpfte die Wirtschaftsjournalistin Ulrike Hermann an jenen Gedanken an: »(Man muss) der Mittelschicht das Gefühl geben, dass sie ebenfalls zur Elite gehört. Man muss die Mittelschicht zum Selbstbetrug animieren«, schreibt sie in ihrem Buch *Hurra, wir dürfen zahlen. Der Selbstbetrug der Mittelschicht.*

Die »Mitte« ist das gutgläubige Mädchen, mit dem der verflucht gut aussehende Schlawiner Kapitalismus geht, sein Liebelein, dem er ab und an ein Röslein schenkt. Weder kann der Kapitalismus die Armen gebrauchen, noch ist er auf die Superreichen angewiesen. Er kommt mit Lieschen Müller und Otto N. ganz gut zurecht – solange die beiden als Arbeiter(innen) die Dinge willig herstellen, sie als Angestellte eifrig bewerben und vertreiben und sich als Verbraucherinnen das eine oder andere Stück nach Hause holen. Merke: Jedes Produkt zieht ein weiteres Produkt nach sich. Egal, was du kaufst, früher oder später brauchst du ein Ersatzteil, eine Nachfüllpatrone, ein *Upgrade* oder sehnst dich bald nach einem *Extra*, und manchmal kommt es dir tatsächlich so vor, als brauchtest du dasselbe noch einmal in Grün.

Wenn ich meine eigene Mittelschichtigkeit zurückverfolge, wenn ich meinen sozio-ökonomischen Erinnerungsgenerator anwerfe, schleudert er mich tatsächlich zuerst in ein Einkaufszentrum. Meine Eltern, mein Bruder und ich, wir gehörten zu den Leuten, die ihre Konsumgüterreservoirs zu den festgelegten Sommer- und Winterschlussverkaufszeiten auffüllten. Das waren immer Wahnsinnswochen: Wenn der SSV oder der WSV anbrach und sich der Verkehr trotz Wochenendes schon frühmorgens staute, auf den Autobahnausfahrten zum Main-Taunus-Zentrum, einer *Shopping Mall* vor den Toren Frankfurts; und wenn dann in einem Zug, in einer Zehn- bis Zwölfstundenschicht, alles zusammengekauft wurde, was sich im Halbjahr zuvor als Bedarf ergeben hatte, ein neuer Fernsehapparat, ein Schreibtischstuhl, Daunenjacken für die Kinder, Bettwäsche für die Eltern, neue Saftgläser und festes Schuhwerk für alle. Wenn SSV oder WSV anstanden, lag zu Hause stets eine große Ernsthaftigkeit in der Luft, die Mutter machte in den Tagen zuvor Kleiderschrank-Inventur und schrieb konzentriert Listen, der Vater wurde still und stiller, seine Lippen schmaler, und wir Kinder sahen mit einer Mischung aus Spannung und Sorge dem nahenden Samstag entgegen, an dem wir wieder zu viert durchs Zentrum hetzen würden, die Mutter mit *dem Plan* im Kopf vorneweg, der Bruder und ich fasziniert bis verängstigt hinterher, der Vater wortlos bis pampig hintendrein, um uns als gestaffelte Vier-Köpfe-Einheit den Weg freizuboxen und andere Drei- bis Achtkopf-Einheiten wegzuschubsen von Umkleidekabinen und Sonderangebotsständern, Kundenklos und Gratisverkostungen. *Ganz Deutschland* kam zum verabredeten Termin im Einkaufsparadies zusammen, nie heulten irgendwo so viele Kinder wie dort, öfters ging mal eins verloren, im Gewühle und Getrampel. Die auf der Strecke gebliebenen Opfer wurden per Lautsprecher verlesen, und das war vermutlich die schlimmste Horrorvorstellung in der Seelenwelt eines vier- bis elfjährigen westdeutschen Mittelschichtskindes: beim Schlussverkauf hängen zu bleiben, von den Eltern abgedrängt zu werden, weit zurückzufallen in die feindliche Menge der Fremden und jämmerlich zu ertrinken in einem Restpostenstrudel aus Badematten, Frotteewaren und Teppichvorlegern.

M eine Eltern waren junge Eltern und der Populärkultur stark zugeneigt, *Beat*-Musik, *Pardon*- und *Stern*-Lektüre, und sie ermöglichten meinem Bruder und mir jede erdenkliche Art von Aus- und Fortbildung. Geduldig beantworteten sie die Fragen, die sich etwa für eine Neunjährige ergeben, die sonntagvormittags Werner Höfers *Internationalen Frühschoppen* mit ansieht oder das Wort »Ölkrise« aus der *Tagesschau* aufschnappt. Sie schickten uns ins Ferienlager, in Blockflöten-, Turn-, Sing- und Ballettkurse, ohne uns je zu etwas zu zwingen, wir durften jederzeit aufhören, wenn wir keine Lust mehr hatten. Es waren, selbstverständlich, anstrengende Eltern, und, natürlich, die besten; solide, grundschlaue Leute ohne nennenswerte politische Vergangenheit und mit mäßig spannenden Berufen – mein Vater war Versicherungskaufmann, meine Mutter damals Hausfrau.

Später besuchte ich ein Gymnasium in der nächstgrößeren Kreisstadt, als erste Fremdsprache lernte ich dort Latein, noch heute spreche ich es fließend. (Letzteres ist ein lauwarmer *Running Gag*, den ich seit Jahrzehnten reiße, die meiste Zeit mit bescheidenem Erfolg. Seit Kurzem gibt es aber erstaunlicherweise Leute, die mir das fließende Latein auf Anhieb glauben. Die Sehnsucht nach einer Elite scheint wirklich groß zu sein.) »Speckgürtel« nennt man ein Millionärsareal wie meine Heimatregion. Im Raum München ist es zum Beispiel der Starnberger See. Schon in den Achtzigern gab es eine globalisierte Führungskaste, Managerfamilien, die frisch aus Hongkong kamen oder eben erst aus Boston zurückversetzt worden waren. Verdient wird *downtown*, Platz für angemessene Domizile und Fuhrparks gibt es weiter draußen. Doch leben am Starnberger

See genau wie im Vordertaunus immer auch ein paar urwüchsige Originalanwohner. Ungefähr so jemand war ich. Bis in die fünfte Klasse hinein sprach ich breites Hessisch. Statt Latein hätte man an unserer Schule auch Altgriechisch zum Einstieg lernen können, wie Karl Theodor zu Guttenberg es an seiner Schule tat. Es gab drei Orchester, ebenso viele Theatergruppen, zwei Turnhallen, einen Sportplatz, einen Informatikkurs, einen Schüler-Investment-Club für Börsen-Planspiele und eine Ethik AG. Pures Anwohnerglück ermöglichte mir eine durch und durch bourgeoise Schulerziehung. Erst viel später wurde ich mir dieses Schicksalsgeschenks bewusst: Dass ich gemeinsam mit echten, originalen *Barbour-Jacken*-Jugendlichen aufwachsen und sie ein wenig studieren konnte.

Mein erstes großbürgerliches Wort lernte ich mit ungefähr zwölf. Ein Mitschüler veranstaltete ein Sommerfest für die Klassenkameraden, es war eine der »von Soundso«-Familien, und wie alle »von Soundso«-Familien waren es sehr freundliche Leute. Das Haus hätte gut in eine *Derrick*-Episode gepasst: nicht ganz eine Villa, aber so gut wie. In den Fenstern standen Zwillingslampen mit dunkelroter Seidenbespannung und massiven Messingfüßen, denen man die Schwere von Weitem ansah, der Rasen war so grün, wie ein Rasengrün sein sollte, die Veranda aus weißem Holz mit ebensolcher Balustrade, streng geometrisch angeordnet wuchsen ein paar artig beschnittene Büsche auf dem Grundstück (erst später merkte ich mir das Wort »Buchsbaum«), und im Garten wurden *Canapés* gereicht, von schwarz-weiß gestreiften Dienern. Noch nie hatte ich echte Diener gesehen. Eigentlich hatte ich Diener für historisch gehalten, damals hätte ich gesagt: »aus dem Märchen«. Vielleicht waren es auch nur Leih-Kellner gewesen. Bei uns zu Hause sagte man jedenfalls »Häppchen« oder »Brot«. Ein *Canapé* war für mich ein altmodisches Sofa gewesen. Jetzt wusste ich es besser.

Verlangten mein Bruder oder ich nach größeren Extras, nach einem *Dolby-Surround*-Plattenspieler oder einer *Polaroid*-Kamera, erklärten unsere Eltern, dass wir dafür »arbeiten gehen« mussten. Heute denke ich, die Aufforderung, »arbeiten zu gehen«, war eher eine pädagogische Maßnahme als eine wirtschaftliche Notwendigkeit, sonderlich groß waren unsere Kinderwünsche eigentlich nicht. Meinen ersten Job erledigte ich mit 15 in den Sommerferien, untertage, in der Lebensmittelabteilung des örtlichen Kaufhauses *Hertie*. Vier Wochen lang schob ich im Souterrain die Einkaufswagen zusammen, die die Kunden an den Kassen zurückgelassen hatten, es war die Zeit vor den Einkaufswagen-Chips. Ab und an wurde ich auch zum Aufräumen oder Kistchen und Tütchen Umschichten hinter die Kulissen gerufen. Das Warenlager befand sich direkt hinter der Frischfleischtheke und neben der Kühlkammer, und die Klimaanlage schaffte es nicht, das Odeur geronnenen Schweine- und Kälberblutes zu vertreiben. Noch Jahre danach kroch sofort der süßliche Geruch verdorbenen Fleisches in meine Erinnerung, wenn jemand den Namen *Hertie* erwähnte (was kaum noch geschieht, seit der Konzern abgewickelt ist). Später wurde ich in der Spielzeug-, der Kurzwaren- und der Unterwäscheabteilung eingesetzt, und das Verrückte war: Als tapsige Aushilfe verdiente ich mit spitzen Fingern binnen vier Wochen deutlich mehr als die gelernten Einzelhandelskaufleute, denen ich stümperhaft zur Hand ging. Eine dreijährige Ausbildung hatten die hinter sich, mit Berufsschule, Abschlussprüfung, allem Pipapo. Dennoch holte ich als Gymnasiastin auf Erwerbsbesuch viel mehr heraus, noch dazu erhielt ich via Lohnsteuerjahresausgleich am Ende des Jahres sämtliche Abgaben zurück. Möglicherweise liegt hier die Saat für meinen späteren Freiberuflerinnen-Drang verborgen. »Angestellt sein lohnt sich nicht«: Das war meine erste Lektion in der Arbeitswelt. Das künstliche Licht, die künstliche Luft, das Sperrholz in der Kantine, das dort aufgewärmte Dosengulasch, der Plastik-Efeu, die quietschenden Warenständer, achteinhalb Stunden netto jeden Tag die »Jetzt bin *ich* aber mal dran!«-Kundschaft auf Mundgeruch-Nähe: Seit jenen Tagen weise ich Menschen, die über unfreundliches Personal im Einzelhandel herziehen, harsch zurecht. Ich bin die, die immer auf der Seite der Verkäuferin steht. Es ist nämlich ein fürchterlicher Job, da draußen, an der Frontlinie der Grundversorgungssicherstellung, an den Pforten der Umtauschhölle, in den Auspuffgasen der Traumerfüllung, im gemeingefährlichen Zirkus der Bedürfnisbefriedigungsenttäuschung.

Selbstverständlich gab und gibt es weit schlimmere Tätigkeiten, Jobs, bei denen es nicht ein Viertel so gesittet zugeht wie in einem Kleinstadtkaufhaus. Ein Mitschüler verbrachte seine Ferien damit, menschenhohe Bottiche in einer Glasfabrik von nicht näher benannten chemikalischen Rückständen zu reinigen, mit Handschuhen, Atemmaske, Spezialbrille, unter allerlei beunruhigenden »Schutzauflagen«. Vier Wochen Ferienbuckelei brachten ihm einige neue Ersatzteile für seinen Motorroller und sechs Wochen stechende Kopfschmerzen, wer weiß, welche Erbgutschäden er davongetragen hat. Heimlich hatte er Fotos von der Halle, den Bottichen und sich selbst in voller Montur gemacht, und die Aufnahmen wirkten wie *film stills* aus einem *Science-Fiction*-Epos. Manche Leute machen solche Sachen bekanntermaßen vom Anfang bis zum Ende: in dubiosen Bottichen herumkriechen. Wieder andere haben vielleicht noch nicht einmal einen Kaufhauskittel angefasst, sondern kennen solche Sachen, wenn überhaupt, nur von den *Mood*-Fotos der Sozialreportagen des *Spiegel*.

Lustigerweise sah ich mich den nicht arbeitenden *Barbour-Jacken* damals, in der Schulzeit, tendenziell überlegen. »Ihr wisst doch gar nichts von der Welt«, dachte ich, wenn die anderen sonnengebräunt aus ihren Ferien an der Côte d'Azur, in Kitzbühel oder auf Menorca zurückkehrten. Es war nicht so, dass ich die *Barbour-Jacken* »hasste«. Meine engste Schulfreundin trug eine, der Unternehmensberater-T. fing natürlich auch irgendwann damit an, und beide habe ich bis heute ziemlich gern, auch wenn die Berührungspunkte spürbar weniger werden, über die Zeit. Doch hielt ich die Mehrheit der wohlhabenderen Söhne und Töchter für weitgehend lebensuntüchtig und war sicher, dass sie in der Zukunft, wie ich sie mir vorstellte, nicht allzu viel würden zu melden haben. Vermutlich auch aus diesem Grund habe ich überwiegend Einsen geschrieben. Mein Kapital für den Aufstieg hieß eben nicht D-Mark, sondern Bildung.

An der Universität lernte ich später, dass ebenjene »Aufsteiger-Mentalität«, insbesondere der latente Neid auf Reiche, als »kleinbürgerlich« einzuordnen ist, dass all dies autoritäre Züge trägt, dass bei jemandem wie mir eine totalitäre Disposition vorliegt, die unter bestimmten Umständen eine Schnellstraße zu faschistoidem Gedankengut ebnen kann. Ebendies hat man mir über mich selbst beigebracht – es leuchtete mir ein – ich nahm es an – baute es in meine Hausarbeiten und Klausuren ein – schrieb damit noch mehr Einsen – und war der festen Überzeugung, mich mit jedem Sternchen ein paar Meter weiter von zu Hause zu entfernen.

M eine Jugend in der *alten Mitte* endete dann nicht mit dem Fall der Mauer, sondern drei Wochen danach: Am 30. November 1989 sprengte die RAF *Deutsche Bank*-Chef Alfred Herrhausen etwa 500 Meter von unserer Schule entfernt in die Luft. Es war ein halbes Jahr vor meinem Abitur, kurz nach halb neun in der Früh, ich saß im Unterricht, Herrhausen in seinem Dienstwagen, und als sein Chauffeur die Limousine an einer von den Terroristen installierten Lichtschranke vorbeilenkte, explodierte am Straßenrand eine Bombe. An den Knall kann ich mich nicht mehr erinnern, auch wenn ich es manchmal anders erzähle, aber ich weiß noch, dass der Unterricht sofort unterbrochen und wir Schüler über Umwege aus dem Viertel geleitet wurden, überall Polizei, Auto-Kofferräume und Ranzen wurden durchsucht, und mein Schulweg war von da an ungefähr eintausend Mal im Fernsehen zu sehen: der Bad Homburger Seedammweg, auf dem der zerfetzte Macht-*Mercedes* quer stand, direkt vor dem Hallenbad, in dem ich schwimmen gelernt hatte.

Jener Vorfall hat mich weit mehr geprägt als die Wende. Mittlerweile bin ich sicher: Am Tag, als die RAF den Vorstandssprecher der *Deutschen Bank* in die Luft jagte, hat die alte BRD sich tief in meine DNA gebrannt. Sie hat sich noch einmal aufgebäumt, mit ihren Antipoden, quasi direkt vor meinen Augen. Ich bin nicht nur westdeutsch, ich bin extrem westdeutsch.

● ● ●

Jetzt sitze ich wieder einmal mit den bekannten Knautschgesichtern in unserer *Neue-Mitte*-Bar – und mir fällt auf, dass auch zwanzig Jahre nach der Wende kein Ostdeutscher dabeisitzt. Absicht ist das nicht. Woran liegt das? Bestimmt zehn oder fünfzehn DDR-sozialisierte Menschen kenne ich und kann sie gut leiden, keinen Unterschied wüsste ich spontan zwischen uns zu benennen. Aber keiner ist so richtig zum Vertrauten geworden. Mehr habe ich mit Zürchern zu tun oder Wienern. Doch verliere ich diesen Gedanken gleich wieder, denn Frank hat einen Hustenanfall, schrecklich trocken bellt er herum, es klingt wirklich bedenklich, neuerdings raucht er wieder, aber er verträgt es nicht. Ich kriege ja auch schon graue Haare.

Vor ihm steht sein viertes oder fünftes Bier an diesem Abend. »Schröder hat mir alles kaputt gemacht«, sagt er, nachdem er wieder Luft geschnappt hat.

»Oh, Bit-te! Bitte, bitte hör' doch endlich auf mit dieser Leier!«, stöhnt Anne und wirft auf dramatische Weise den Kopf in den Nacken.

»Lass' ihn doch!«, springe ich diesmal Frank zur Seite. Der Mann ist gerade sehr traurig, warum auch immer, man sieht es ihm deutlich an.

»Nein, ich lasse den nicht in Ruhe!«, erwidert Anne. »Seit Jahren erzählt er immer wieder dasselbe: Wie erst Gerhard Schröder ihm das Herz gebrochen hat, dann diese Frau. Ich kann es einfach nicht mehr hören!«

Agenda 2010: die *no-go area* bei uns am Bartisch. Immer wenn wir an diesen Punkt kommen, ergeben sich kommunikative Engpässe. Einst hatten wir stundenlange Gefechte darum ausgetragen, hatten über Nützlichkeit beziehungsweise Zynismus gestritten, uns erregt, aufgespielt und manchmal fast geprügelt. Nun, da die Agenda seit bald einem Jahrzehnt installiert ist und angewendet wird, ist unser Eifer erlahmt. Jetzt kann man nichts mehr dagegen tun, Deutschland hat begonnen, sich daran zu gewöhnen, nur über die Details kann man noch streiten. Es sei denn, Nils und Anne bringen das bedingungslose Grundeinkommen wieder ins Spiel. Aber dafür ist die Stimmung gerade zu schlecht.

»Das war schon toll, wie die damals aufgetreten sind, der Gerd und der Joschka«, sagt Ella, und ich merke, wie sich alles in mir zusammenzieht. »Der Gerd« und »der Joschka«: Wie ekelhaft das klingt! Wie falsch vertraut, völlig unangemessen und nach Parteibuch. Vielleicht meint Ella es aber auch hintersinnig, womöglich sarkastisch. Sie hat das »E« in »Gerd« auffällig in die Länge gezogen und das »A« in »Joschka« beinahe ausgesprochen wie ein »O«, ungefähr so wie Frank bei seinen Claudia-Roth-Parodien. Bei Ella bin ich mir nie so sicher.

Nils war der Einzige, der von Anfang an eine gewisse Skepsis verspürte, aber die anderen vier und ich, wir waren aufrichtig begeistert, als 16 Jahre Saumagen-Kanzlerschaft doch noch ein Ende fanden – und die neuen unterhaltsamen Männer antraten.

Mit Schröder und seinem Vizekanzler Fischer war eine zünftige Variante des Lebemann-Modells auf Regierungsebene vorgedrungen, mithin die Genuss-Prinzipien »Italien – Männermode – Fußball« und »Turnschuhe – Humor – Sinnlichkeit«. All dies war zwar weiterhin mit viel Testosteron gespielt, bot aber ein ganz neues Identifikationsangebot mit dem politischen Apparat. Der Regierungsbetrieb wirkte nicht mehr auf so altbackene Art männlich wie vorher. Und bei all dem penetrant zur Schau gestellten *savoir-vivre* schien doch eine gewisse Erdverbundenheit gegeben zu sein, bei Gerd »Acker« Schröder, der früher als Arbeiterkind ein paar Freizeit-Tore geschossen hatte, und bei Joschka, dem Turnschuhträger, der einst für den Erhalt der hübschen Altbauwohnungen in den Städten und gegen die Abrisswut der Spekulanten gekämpft hatte. Die Tatsache, dass die *FAZ* als konservatives Leitmedium Joschka Fischer beharrlich *Josef* Fischer nannte, machte die Angelegenheit noch attraktiver: Sieh an, die Großkopferten schmollen! Zwar traten Schröder und Fischer ebenso polternd auf wie die meisten anderen Staatsmänner zuvor, zwar waren sie keineswegs frei von patriarchalischem Gehabe. Aber wenigstens konnten sie einigermaßen Englisch, hatten eine Vergangenheit, die einleuchtete, wählten »junge« Gesten und sahen halbwegs nach etwas aus.

Als 1999 herauskam, dass »Birne«, der im Rückblick oft so gemütlich und gutmütig wirkende dunkle Onkel, tief in die Spendengeld-Affäre seiner Partei verstrickt war, wirkte Rot-Grün erst recht wie ein Aufbruch. Mit seiner beharrlichen Weigerung, die Hintergründe aufzudecken, hatte Kohl im Ruhestand zu erkennen gegeben, wem er sich die ganze Zeit über in Wahrheit verpflichtet gesehen hatte: nicht den Wählern oder Regierten, weder dem deutschen Michel noch *Zonen-Gabi*, sondern seinen Hinterzimmer-Kumpels. Eine interessante späte Wendung der Kohl'schen »geistig-moralischen Wende«: Ein »Ehrenwort« war nach Ansicht des sturen alten Mannes etwas, das sich hinter schusssicher gepolsterten Türen in holzgetäfelten Räumen zwischen Männern in silbergrauen Anzügen abspielte und ansonsten niemanden etwas anging.

Unser Demokratieverständnis sah anders aus.

Unsere Vorstellung von der Sozialdemokratie allerdings auch.

Tatsächlich erscheint es von heute aus betrachtet noch absurder, als es in den frühen Nullern wirkte: dass ausgerechnet ein Sozialdemokrat den Spitzensteuersatz von 50 auf 42 Prozent senkte, mehrere Gesetze zur »Förderung der Finanzmärkte« erließ und schließlich die Agenda 2010 durchsetzte. Das im Volksmund geführte »Hartz« ist ja nicht einmal der gravierendste Punkt dabei. Als viel wirkungsmächtiger hat sich die Aufweichung der Leih- und Zeitarbeitsgesetze erwiesen. Auch ich habe das damals nicht kapiert: dass die »Sozialpartnerschaft« fortan verstärkt einseitig aufgekündigt werden würde, dass die »Arbeitgeber« nicht mehr in dem Maß bereit sind, die Fürsorge mitzutragen, für ihre Leute, für ihre Umgebung, wie es in den ersten fünfzig Jahren der Bundesrepublik noch der Fall war. Dass der Ausstieg aus der »Sozialpartnerschaft« nun gesetzlich legitimiert war – grundsätzlich zwar für beide Seiten, aber natürlich mit einem klaren Machtgefälle zugunsten der großen Akteure. Auch ich fand Hartz IV von Anfang an interessant, übersah Hartz I bis III aber beinahe. Auch mir war zunächst nicht klar, dass damit Teile der Sozialgesetzgebung quasi in vor-bismarcksche Zeiten zurückgebaut wurden – und dass sich hinter modischen und marktgängigen Selbstbenennungen wie Ich-AG, *Freelancer* oder *Micropreneur* im Wesentlichen Wanderarbeiterschicksale und Tagelöhnerei verbergen würden. Ironischerweise bemüht sich nun eine schwarz-gelbe Bundesregierung um Schadensbegrenzung, etwa indem nachträglich Mindeststandards und Mindestlöhne verhandelt werden.

Mit der Agenda 2010 hat sich das politische Koordinatensystem so massiv verschoben, dass heute keiner mehr weiß, wofür das politische Farbenspektrum steht, oft ja die Parteien selbst nicht mehr. Die Agenda ist, neben dem Bekenntnis zu Kriegseinsätzen unter Rot-Grün, die große Zäsur. Schleichend hat sie das befördert, was Demoskopen häufig sorgenvoll als »Politikverdrossenheit« bezeichnen.

Mehr als jeder Vierte ist der jüngsten Bundestagswahl ferngeblieben, gerade einmal siebzig Prozent der Wahlberechtigten gaben ihre Stimmen ab. Eine *Haltung* im parteipolitischen Sinne zu haben und als Wähler treu durchzuziehen, ist seit Gerhard Schröder unmöglich. Die Sozialdemokraten sind, mit Unterstützung der Grünen, damals auf Ideen gekommen, die den Liberalen endlich einmal zu Bedeutung verholfen und teilweise auch den Konservativen gut zu Gesicht gestanden hätten. Auch politische Entscheidungen sind zunehmend vom *Pragmatismus* verseucht, werden »von Fall zu Fall«, öfter auch »Knall auf Fall« getroffen, und gelegentlich werden die unberechenbaren Ad-hoc-Entscheidungen dann barsch als »alternativlos« bezeichnet. »Politik« ist im Wesentlichen »Wirtschaftspolitik« – sie bietet jedenfalls keinen Schutzraum, keine Pufferzone, keine Ordnungsinstanz, die mit ruhiger Hand vermittelt, sondern lässt sich treiben vom Quartalsdruck aller möglichen Bilanzen. Die Politik macht es wie Lieschen M. und Otto N., »Deutschland« ist einer von uns – Hauptsache, man kommt irgendwie durch, wenn auch plan- und atemlos. Gelegentlich gibt das von uns am Bartisch mitalimentierte Politik-Personal den Wählern deutlich zu verstehen: »Ich pfeife auf euer Vertrauen und schmeiße jetzt gerade mal alles hin. Rücktritt *now*, ich such' mir was anderes.« Im Grunde ist eine Partei heute etwas Ähnliches wie eine Fußballmannschaft. Es existiert noch ein kollektiver Erinnerungsrest an einen Gründungsmythos – »Schalke ist der Arbeiter-Verein« –, es gibt feststehende Vereinsfarben und einen harten Kern von Traditions-Fans. Doch handelt es sich dabei um eine Treue zum Mythos. Die Spieler und Trainer wechseln ständig, wer heute bei Schalke spielt, kann schon morgen beim Gegner auf der Ersatzbank sitzen, im schlimmsten

Fall sogar bei Bayern München, und das Stadion gehört im Zweifelsfall einem Energiekonzern.

● ● ●

Als ich nach Hause kam aus der Bar, etwas später als geplant, fand ich wieder einmal nur eine einzige E-Mail in meinem Elektro-Postfach. Leider war es weder eine Job-Anfrage noch ein Liebesbrief, sondern bloß ein Massensammelkettenschreiben. Ein paar Jahre lang war es recht still gewesen um die Kettenbriefspambranche, aber irgendwann ging es wieder los, war das 2007? 2009? Oft sind solche Zuschriften heute sehr ernst gemeint, dann geht es um Blut-, Organ- oder Geldspenden für einen schwerkranken armen Menschen, eine Internet-Petition für den Schutz bedrohter Tiere, für die Freilassung politischer Häftlinge, gegen Giftkatastrophen, stets für unzweifelhaft gute Zwecke. Nimmt man die Unterschriftensammlungen hinzu, zu denen der *Facebook*-Freundeskreis einen einlädt, rauschen wöchentlich im Schnitt 14 bis 23 weltpolitisch höchst brisante Themen zur Abstimmung über den eigenen Bildschirm, und wer weiß: Vielleicht sollte man alles anklicken und unterschreiben. Vielleicht sind das wirklich Ansätze zu einer Welt-Basisdemokratie. »Es gibt einem wenigstens ein bisschen das Gefühl, etwas getan zu haben und nicht bloß dumm vor dem Bildschirm zu sitzen«, sagt Anne.

Nicht selten handelt es sich aber doch um klassischen Kommunikations-*Trash*, wie eben neulich, als ein mir gänzlich unbekannter Glückskeks namens Jim mich anmailte, und vermutlich auch Hunderte weiterer Internetnutzer, die versehentlich mal einen falschen Link angetippt hatten und seitdem von Trojanischen Pferden und anderen Würmern belästigt werden.

Glückskeks Jim war, natürlich, gelb und lächelte so, wie Fünfziger-Jahre-Cartoonisten einen Chinesen zeichneten, mit einem rassistisch überzeichneten Pferdegebiss und Äuglein, die Striche waren, und er schrieb, dass er mir eine wichtige Frage stellen wolle. Die Antwort möge ich nicht nur an ihn zurücksenden, sondern, zusammen mit der Frage, auch an zwölf Freunde weiterleiten, und zwar binnen 24 Stunden. Wenn ich alle Auflagen erfülle, käme das Glück zu mir, ich fände es innerhalb der nächsten sieben Tage in meinem E-Mail-Postfach.

Was für ein Arsch von Keks, dachte ich und las die Frage.

»Worin besteht der Sinn Deiner Existenz?«

Der konnte seine Antwort haben, und zwar aus der *Mitte* der Gesellschaft. Ich schrieb: »*Well*, ich nehme an, dass mein Lebenssinn im Kaufen, Kaufen, Kaufen besteht. Etwas anderes ist jedenfalls nie ernsthaft von mir erwartet worden. Und es sieht ganz so aus, als ob das auch so bleibt. *Let's face it*: Wir müssen Sächelchen *shoppen* und Dienste buchen, damit der Laden weiter läuft. Nie ging es um etwas anderes.« *Send!*

Selbstverständlich hätte ich den Keks dann vergessen.

Hätte er sich nicht, wie angekündigt, sieben Tage später erneut gemeldet. Obwohl ich den Frage-Antwort-Quatsch gar nicht weitergeleitet hatte. Ich hatte exklusiv dem Keks geantwortet. Und: Wie kann ein chinesischer Keks eigentlich »Jim« heißen?

Wieder bestand seine Botschaft nur aus einer Zeile: »Und nun: Mach' was draus.«

»Aber was?«, mailte ich zurück.

Diesmal kam seine Antwort binnen Sekunden: »Lass' Dir keine Angst einjagen, von niemandem. Das ist das Wichtigste.«

Danach hat er sich nie mehr gemeldet.

KEIN BIER
FÜR DIE BOURGEOISIE!

»Jetzt am Mikrofon: der linksliberale, feministische,
sozialstaatsfixierte
Multikulti-Wischiwaschi-
Mainstream.«

D er Fahrstuhl ist stecken geblieben. »Heute hat es etwas Antizyk-
lisches, über Deutschland als ›Aufsteigerrepublik‹ zu reden«,
stellt etwa Ralf Fücks, Vorstand der Heinrich-Böll-Stiftung, zur
Neuen Mitte fest. Männer, die in den vierziger Jahren des 20. Jahrhunderts geboren wurden, hatten eine doppelt so hohe Chance
»aufzusteigen« wie heute Männer, die um 1970 zur Welt kamen,
zeigt eine Studie der Uni Mainz. Die *Mitte* ist keine Hüpfburg mehr,
sondern ein ängstlich umkämpftes Floß. Auch die rasierklingen-
kühlen Prognostiker von *McKinsey* gehen davon aus, dass bis ins
Jahr 2020 weitere zehn Millionen Deutsche aus der Mittelschicht
»abgestiegen« sein könnten. Weniger als die Hälfte der Bevölkerung
würde dann ein Einkommen auf Durchschnittsniveau erzielen, so
die Berater im Jahr 2010. Wie man so hört, spielt sich ringsum in
Europa Ähnliches ab, und in den US-Metropolen lässt sich die Zukunft aus breit angelegten *Charity*-Speisungen der *working poor* und
der gänzlich Abgehängten, aus unbezahlbaren *medical treatments*
und Stadtvierteln, von denen es heißt: *You better don't go there after
dark,* längst besichtigen. Allerdings hat es dort nie einen Sozialstaat
gegeben, wie manche von uns Älteren ihn noch kennen.

Befristete Verhältnisse in allen Segmenten des Lebens, Leiharbeit, Zeitarbeit, Kurzarbeit, Dumping-Honorare, Mietpreis-Erpressungen, sich selbst auf allen möglichen »Märkten« immer wieder aufs Neue unterbieten: Leute wie wir am Bartisch litten unter einer »Erwartungsenttäuschung« (Heinz Bude) – und müssten gefälligst damit klarkommen, sagt man uns. Die Ära der »Vollkasko-Individualisierung« (Ulrich Beck) sei vorbei – und wir sollten uns endlich daran gewöhnen, herrscht man uns an. Das »Goldene Zeitalter« (Eric Hobsbawm) sei eben abgelaufen, und immerhin: In anderen Teilen der Welt geht es den Leuten *wirklich* schlecht – also mögen wir doch, bitteschön, zufrieden sein. Eifrig machen die Gewinner der »neuen Zeit« sich daran, das traditionelle Sozialstaatsmodell als »Hängemattenstaat« wegzulästern. Doch war es genau jene »soziale Sicherheit, die zum ersten Mal in der Geschichte es auch den lohnabhängigen Jugendlichen erlaubte, andere Lebensformen auszuprobieren, also reale Freiheit zu praktizieren, was bis dahin ein Privileg des Bürgertums war« (Volker Stork).

Wer behauptet, dass es »so nicht mehr weitergeht«, und warum sollten *wir* das glauben? Wer stimmt eilfertig zu, wenn der »Versorgerstaat« zurückgebaut werden soll? Es sind diejenigen, die sich als Vertreter eines »neuen Bürgertums« begreifen – und die unter »Bürgertum« leider mehr verstehen als *augenzwinkernd* Königsberger Klopse zu kochen oder Bach-Kantaten an eine *Facebook*-Pinnwand zu hängen. Leider meinen sie ihre »Bürgerlichkeit« ganz und gar nicht ironisch. In unterschiedlicher Schärfe und auf unterschiedlichem Reflexionsniveau hetzen sie gegen eine imaginiert wirkungsmächtige *Achse des Guten*, gegen die allgemeine *Cosyness* (»kuschelige Verhältnisse«), gegen Gewerkschaften, Betriebsräte, »Multikulti«, »Blockierer« und »Bedenkenträger«. Sie faseln von einer »Sozialdemokratisierung« Deutschlands, obwohl es sich doch eher um eine »Brasilianisierung« (Ulrich Beck) handelt.

Wer heute nicht mitkomme, sei »lebensuntüchtig«, sagt etwa

Norbert Bolz, der sich als einer der Chef-Anheizer der neuen Kampf-»Bürgerlichkeit« mittlerweile einen Hans-Olaf-Henkel-artigen Stichwortgeber-Status erworben hat und wollüstig über eine »Tyrannei der Wohltaten« und einen »demokratischen Despotismus« herzieht.

Einen ganz allgemeinen neoliberalen »Fortschritt« im Abbau der Sozialsysteme sieht auch Wolfram Weimer. Nachdem er die Leitung des »bürgerlichen« Magazins *Cicero* abgegeben hatte und zu *Focus* gewechselt war, berichtete das Münchner Nachrichtenmagazin über »Debatten-Anzettler« – und schimpfte über »viele Jahre des wohlfeilen Gutmeinens, Beschwichtigens und Problemezurechtbiegens durch die Vertreter eines linksliberalen, feministischen, sozialstaatsfixierten Multikulti-Wischiwaschi-Mainstreams«.

Und der neu-erwachsene Medienjournalist Steffen Burkhardt (*1968) predigt seinen Altersgenossen allen Ernstes ins Gewissen: »Die einst generationell sinnstiftende Gattung der Popmusik wird abgelöst durch ein Faible für zeitgenössische Kunst.« Unter der Überschrift *Mit uns zieht die neue Zeit – so lebt und liebt die neue ›Generation Mitte‹* zeigt er sich erfreut, dass die »fast schon sozialistisch anmutende Uniformität bundesdeutscher Wohnungen mit *Billy*-Regalen, in denen Genossen ihre *Blechtrommel* aufbewahrten« neuerdings »durch Designerunikate aus dem Antiquariat oder vom Schreiner ersetzt« werde. Unklar bleibt, was man sich unter einem »Designerunikat aus dem Antiquariat« vorstellen muss – vielleicht einen mumifizierten Buchhändler? Sehr klar wird indes etwas anderes: Die »fast schon sozialistisch anmutende Uniformität« des *Billy*-Regals – anschaulicher kann man die Überheblichkeit der Bourgeoisie gegenüber Lieschen Müller und Otto N. kaum formulieren.

Von den Vorständen der einhundert größten deutschen Unternehmen stammen 85 Prozent »aus dem gehobenen Bürgertum und dem Großbürgertum«, hat Elitenforscher Michael Hartmann herausgefunden. Doch stellt jene Gruppe nur 3,5 Prozent der Gesamtbevölkerung. Rund 80 000 Euro müsse ein wohlmeinendes Elternpaar hinlegen, um dem Sprössling etwa ein fünfjähriges Studium an der privaten Kaderschmiede *European Business School* im Rheingau zu finanzieren, wenn man Unterkunft und Verpflegung mitrechne, so die Journalistin Julia Friedrichs (*1979) in ihrem Buch *Gestatten, Elite* (2008). »Und damit hat der Sohn noch keinen BMW-Cabrio vor dem Campus parken«, notierte sie. »Minderleister« werden in jenem Kosmos Menschen genannt, die mit einer 40-Stunden-Woche ganz zufrieden sind. Eine Lehrkraft eines bayerischen Nobelinternats, auf dem ein Schuljahr ohne Extras an die 30 000 Euro kostet, wird mit den Worten zitiert: »Das eigene Verhalten möglichen Idealen anzupassen, das sehe ich nicht oder zumindest bei den allerwenigsten. Man denkt da eher an sich selbst, an das eigene Leben, das man sehr wohl arrangieren und anzupassen weiß und wo man die Rahmenbedingungen für sich so gestalten kann, dass das sehr gut passt und dass man weiterkommt.«

Tatsächlich reiche das Spektrum der Neu-Bürgerlichen von »altfränkisch bis exzentrisch, lokal bis global« – von verbindlichen »Werten« keine Spur, konstatiert auch der Berliner Ethnologe Wolfgang Kaschuba. Es handele sich um eine »Bourgeoisie ohne Bürgerlichkeit«, die gezielt ihre Eigeninteressen verfolge und bei Charity Events gelegentlich ihre »gepamperten Egos« zur Schau stelle.

Fast wie eine Bestätigung wirkt eine Studie der *University of California* aus dem Jahr 2010: Gravierende Defizite in Sachen »emotionaler Intelligenz« weisen demnach vor allem »Reiche« auf – ganz egal ob »konservativ«, »liberal« oder »ökologisch« gesonnen. Ein klares »Empathiedefizit« stellten die US-Wissenschaftler bei Menschen fest, die am oberen Ende der »sozio-ökonomischen Skala« lebten. Wörtlich heißt es: »Drei Studienreihen haben gezeigt, dass Menschen, die einer niedrigeren Schicht angehören, im Vergleich zu Oberschicht-Individuen eine deutlich höhere Trefferquote in Sachen Mitgefühl und Menschenkenntnis zeigten. Sie konnten die Emotionen eines Gesprächspartners besser einschätzen und insbesondere die Blicke ihres Gegenübers akkurater einschätzen.« Einer von mehreren Interpretationsansätzen der Wissenschaftler: Menschen aus weniger privilegierten Schichten erlebten ihr eigenes Leben stärker als »abhängig von externen Umständen« und seien daher viel besser darin geübt, die Zeichensprache ihrer Umgebung zu lesen. Der Umkehrschluss lautet, auf eine einfache deutsche Redewendung eingedampft: Je saturierter du bist, je gleichgültiger dir die »allgemeinen Verhältnisse« sind, desto seltener gelingt dir der Blick über den eigenen Tellerrand.

Doch gibt es auch eine *Low-Budget*-Variante der »neuen Bürgerlichkeit«. De facto reichen die Fantasien von ganz oben bis weit in die *Neue Mitte* hinein. Aus der Überheblichkeit der Geldelite wird ein paar Stockwerke tiefer ein garstiges Gegreine von »Minderleistern« und »Wutbürgern«.

Was die Oberschichts- und die Mittelschichts-»Bürgerlichen« verbindet: Sie kreieren jeweils ein Ausschluss-»Wir«. Nur in der Feststellung, wer alles *nicht* dazu gehört, lässt das zeitgenössische »bürgerliche Wir« sich fassen, nur in der Benennung eines Anti-»Wir« funktioniert es. In der über Jahre entwickelten Logik Thilo Sarrazins zählen zum Anti-»Wir« zum Beispiel »Menschen, die öffentlich in Trainingsanzügen rumschlurfen« (2002), junge Leute, die gegen Studiengebühren protestieren (»Ihr seid doch Arschlöcher!«, 2003), Langzeitarbeitslose (»Sie sind erstens mehr zu Hause; zweitens haben sie es gerne warm, und drittens regulieren viele die Temperatur mit dem Fenster«, 2008), schließlich weibliche Hartz-IV-lerinnen, die sich zwar fortpflanzen, aber warum wohl ... (»durch Kinder ihren Lebensstandard verbessern«, 2009), und letztlich die berühmten »Kopftuchmädchen« und deren »Vettern und Cousinen«. So aufdringlich nölte der misanthrope Mann sich durchs Jahr 2010, dass beinahe vergessen ging, wer sich zuvor öffentlich Sorgen um den genetischen Fortbestand des deutsch-bürgerlichen »Wir« gemacht hatte: Es war der FDP-Bundestagsabgeordnete Daniel Bahr, der Mitte der nuller Jahre den Satz geprägt hat: »In Deutschland bekommen die Falschen die Kinder.«

Die »Falschen«: Sie sollen nach Willen der neuen »Bürgerlichen« für ihr »falsches« Leben zur Rechenschaft gezogen oder vielmehr *umerzogen* werden. Geld für Alkohol oder Zigaretten? Bei der Neufestlegung der Hartz-IV-Regelsätze hat man es herausdefiniert – beides taucht in dem Warenkorb, der als »sozio-kulturelles Existenzminimum« bezeichnet wird, nicht mehr auf. Einerseits ist dieses Herausrechnen fantastisch, denn es kann ja (noch) niemand überwachen, für was ein Hartz-IV-Empfänger tatsächlich sein Geld ausgibt. So wäre es ja möglich, dass ein Nichtraucher das »Zigarettengeld« in Rollschuhe für sein Kind investiert, oder dass, umgekehrt, ein anderer das Geld, das von der Politik für Körperhygiene angesetzt ist, für Eis am Stiel ausgibt.

Dennoch ist die Angelegenheit ernst, beunruhigend, unverschämt – vor allem widerspricht sie der *bürgerlichen* Verfassung der Bundesrepublik Deutschland: Artikel zwei des Grundgesetzes garantiert jedem Einzelnen das Recht auf freie Entfaltung der Persönlichkeit, so lange nichts Illegales geschieht. Alkohol und Zigaretten sind nicht verboten. Die Definition des »soziokulturellen Existenzminimums« ist nirgends gesetzlich festgelegt, es obliegt allein der Politik, wie sie den Sozialstaatsauftrag umsetzt. Und derzeit geschieht diese Umsetzung nicht in einem sozialpolitischen, sondern in einem moralischen Diskurs. Die individuelle »Entfaltung der Persönlichkeit«: Dem Hartz-IV-Empfänger wird nämliches *Bürger*-Recht – unter großem Applaus der »Bürgerlichen« – offiziell abgesprochen. Das ist nur eine der vielen bitteren Facetten der »Freiheit«, von der heute so viel gesprochen wird. »Welche Folgen Rauchen und

Alkohol während der Schwangerschaft haben, ist vorzüglich dokumentiert, wird aber, je nach sozialem Stand, sehr unterschiedlich beherzigt«, schreibt der Journalist Jan Fleischhauer (*1962) in seinem Buch *Unter Linken. Von einem, der aus Versehen konservativ wurde.* Fest geschlossen ist das Weltbild des bekennenden Konservativen in den besten Jahren. Rauchen und Alkohol seien Angelegenheiten des »sozialen Stands«, ekelt sich der Bonmot-Produzent mit festem Posten beim *Spiegel*, wo der Pausenkaffee bis vor nicht allzu langer Zeit noch in Porzellankännchen von echten Serviererinnen in die Büros gebracht wurde. Darauf ein Glas Jahrgangs-Bordeaux und vielleicht noch eine herb nach Vanille duftende Cubana! Und sollte die makellos mani- und pedikürte Gattin eines erfolgreichen Medienmenschen einmal Migräne schieben, wird fix eine Ladung *Mother's Little Helpers* bei einem diskreten kalifornischen Privatdoktor geordert (oder bei unseren Freunden in der Schweiz).

Der ewige Spießer heißt ein berühmter Roman von Ödön von Horváth (1901–1938), der 1930 erschien, und der heute erstaunlich modern klingt. Im Vorwort schrieb der Österreicher: »Wenn ich mich nicht irre, hat es sich allmählich herumgesprochen, dass wir ausgerechnet zwischen zwei Zeiten leben.«

Und wenn man weiterliest, scheint es oft so, als ob er lauter Bekannte aus unserer Gegenwart beschreibt – zum Beispiel eine mittelschichtige »Neue Bürgerliche«, die Angst vor dem eigenen Abstieg hat und befürchtet, dass »die Falschen« zu viele Kinder bekommen: »Und je ärmer sie wurde, um so stärker betonte sie ihre gesellschaftliche Herkunft, mit anderen Worten: je härter sie ihre materielle Niederlage empfand, um so bewusster wurde sie ihrer ideellen Überlegenheit. Diese ideelle Überlegenheit bestand vor allem aus Unwissenheit und aus der natürlichen Beschränktheit des mittleren Bürgertums. Wie alle ihresgleichen hasste sie nicht die uniformierten und zivilen Verbrecher, die sich durch Krieg, Inflation, Deflation und Stabilisierung begaunert hatten, sondern ausschließlich das Proletariat, weil sie ahnte, ohne sich darüber klar werden zu wollen, dass dieser Klasse die Zukunft gehört.«

Leider war es dann eine fürchterliche Zukunft.

»Integrationsprobleme« von »Ausländern« und Hartz-IV-Empfängern: Das Negativ-»Wir« der Neu-»Bürgerlichen« ist im Kern dasselbe wie das niederländische Geert-Wilders- oder das Schweizer SVP-»Wir«: Es ist nur eine spezielle Verpackung für den Abscheu der westeuropäisch Gesettelten gegenüber den globalen unteren Klassen, gegenüber den wandernden Massen heimatlos gewordener Broterwerbssucher, den Verweigerern und Gescheiterten. Jenes »bürgerliche Wir« formuliert vor allem das Entsetzen über die Ausfallerscheinungen, die unter verschärften Marktbedingungen in wachsender Zahl auftreten, europaweit, weltweit. Jenes »Wir« sieht sich bedroht von »einer weitgehend funktions- und arbeitslosen Unterklasse«, die sich »verfestigt« und »vermehrt« (O-Töne Sarrazin).

Ungeduldig drücken die Gewinner aufs Gas, quengelig und garstig, in ihren mokkafarbenen Speerspitzen-Autos, die so angenehm schnurren, wenn man sie nur wertvoll genug betankt und auch sonst gut behandelt. Oh mögen euch eure vergifteten Aktienportfolios schnellstmöglich unter den Fingern zerbröseln, oh mögen eure antiken Schränkchen zusammenkrachen und auf eure Ming-Vasen fallen, eure *Fabergé*-Eier und Murano-Glas-Sammlungen zerschlagen, oh mögen eure Leipziger-Schule-Sammlungen zu Staub verfallen, die Privatschulen eurer weltgewandten Kinder wegen Asbestbefundes auf unbestimmte Zeit geschlossen werden und Eure Art-déco-Sessel unter der Last eurer gebildeten Gesäße kollabieren, auf dass ihr mit Bandscheibenvorfällen in Krankenhäuser eingeliefert werdet, die Privatpatienten aus Prinzip nicht behandeln, und falls doch, dann mögen sie euch zur Rekonvaleszenz ein Sechs-Bett-Zimmer anbieten, auf dessen Fernsehapparat, per Mehrheitsbeschluss, 24 Stunden am Tag ein Tiernamen-Bingo-Kanal läuft, Lautstärke-*Volume* 12.

● ● ●

W as die *Neue Mitte* denkt oder fühlt, ist völlig unerheblich. Alles, was zählt, ist ihr Arbeitsleistungs- und Kaufkraftvolumen. Noch immer trägt sie Strickjacken wie der alte Oggersheimer, nur dass die Strickjacke jetzt ebenfalls ein Fußkettchen ist. Sie kann retro-modern oder eins-zu-eins getragen werden, aus Kältegründen oder *Fashion*-Erwägungen, mindestens jede fünfte *Neue-Mitte*-Strickjacke wird von ihrem Besitzer *Cardigan* genannt, und bei jeder dritten handelt es sich um das ausgefeilte Zitat eines berühmten Stilzitats. Manchmal sind die Strickjacken auch einfach nur sehr billig und hängen vor einem *Kik*-Schaufenster auf einem Ständer. Die *Neue Mitte* ist ein Nicht-Ort, zu ihr zählen alle und keiner, und zwar in all ihrer Verschiedenheit, oder, wie Cem Özdemir es einmal beinahe enzyklopädisch ausdrückte: »Zu ihr gehören der verbeamtete Lehrer ebenso wie die Elektronikfacharbeiterin, die Biologiestudentin ebenso wie der türkische Gemüsehändler oder der polnische Krankenpfleger, der freie Webdesigner genauso wie die freischaffende Künstlerin, das Doppelverdienerehepaar gleichermaßen wie die Landwirtschaftsfamilie mit drei Kindern, der Eigentümer eines Handwerksbetriebs genauso wie die Managerin.«

Während Ella, Anne, Frank, die Landschaftsgärtnerin, die anderen und ich noch immer überlegten, ob wir uns doch langsam mal dazuzählen sollten, und was dann daraus folgen würde, feierten die *Barbour-Jacken* ihr unerwartetes Comeback. Tatsächlich waren sie ja nie verschwunden, nur hatten sie sich – im Gegensatz zu uns – über das Nuller-Jahrzehnt etwas dezenter verhalten. *Der diskrete Charme der Bourgeoisie.* Während *wir*, geschwätzig, wie es für kleine Leute typisch ist, die »Herausforderung« annahmen, alle möglichen Varianten verhaltener Anders- und Neuartigkeit ausprobierten und es freimütig auch noch über alle Kanäle hinausposaunten, feilten *sie* an ihren schnurgeraden Traditionslaufbahnen. *Wir* haben den Begriff »Zukunft« wörtlich genommen und uns selbst ein paar Berufe erfunden, zum Beispiel den des *Screen Designers* – und haben noch jedes Friss-oder-Stirb-Honorar akzeptiert, um uns gegebenenfalls einen Folgeauftrag zu sichern, denn so funktionierte neuerdings angeblich ja der »Fortschritt«. *Wir* haben, weitgehend unentgeltlich, den größten Marktplatz der Jetztzeit (sie nennen ihn »Internet«) als *User* überhaupt erst erschlossen und als Konsumenten der populären Medien der Werbewirtschaft ein geeignetes Umfeld geboten – und uns vorgenommen, beim nächsten Mal *tougher* zu verhandeln. *Wir* haben versucht, die Einmann-Herrschaft in den Partnerschaften aufzubrechen und neue Formen der Liebe auszuprobieren, Bindungen, bei denen Versorgungsdruck nicht das stärkste Bindeglied ist und in denen Männer und Frauen sich vielleicht doch irgendwie entspannen können – und haben völlig übersehen, dass die feierlich getrauten *Barbour*-Jacks und -Jacquelines zwar genauso oft fremdgehen und sich genauso schnell wieder trennen wie *wir*, dabei aber bis heute Millionen Euro über das Ehegatten-Splitting einstreichen.

Sie sitzen nun auf den Sesseln, die die Verwandtschaft und die Freunde der Familie vorgewärmt haben. *Wir* sitzen in einer muffigen Bar. Noch heute verfügen *sie* über genauso wenig Feingefühl für und Kenntnis von Stilsubtilitäten wie damals, auf dem Schulhof. *Sie* tragen jetzt *AC/DC*-T-Shirts im Wahlkampf, aber all unser gerechtfertigtes Amüsement über solche verzweifelten Schleimereien, über solch verheerende Bildungsrückstände in Sachen *Gegenwart*, nützt nichts, es bewirkt nichts. *Wir* haben uns alles Mögliche zusammengebastelt – nur keine Macht. *Sie* nennen noch immer zehn Vornamen ihr eigen – Maria Nikolaus Johann Jacob Philipp Franz Joseph Sylvester Karl Theodor – wir weiterhin nur einen oder zwei. *Sie* setzen jetzt vorerst die Maßstäbe.

»Möglicherweise ist Liberal-neokon-Sein einfach nur ein bisschen erwachsen«, schrieb der *FAZ*-Journalist Sascha Lehnartz, (*1969) vor ein paar Jahren in seinem Buch *Global Players. Warum wir nicht mehr erwachsen werden.* »So erwachsen, wie es eben gerade geht. Und das macht uns Angst. Denn so erwachsen wollen wir dann auch wieder nicht sein. Wir waren doch so gerne dagegen.« Möglicherweise ist »Liberal-neokon-Sein« aber auch einfach nur etwas für *Last-Minute*-Opportunisten.

Man muss nicht »extrem westdeutsch« sein, um das Machtgefälle zu erkennen. Auch Jana Hensel (*1974), ein selbstbewusstes *Zonenkind*, ist unterwegs erschrocken. Über die neue liberal-konservative Jung-Elite des Landes schrieb sie im *SZ-Magazin*: »Weder (Kristina) Köhler noch (Markus) Lindner, noch (Philipp) Rösler sind Schnell- oder gar Senkrechtstarter.« Ihre Karrieren bildeten »den Sieg der Tradition über die Postmoderne, der festen Rollen über das Patchwork, der Festanstellung über das Prekariat« ab. Zielstrebig, folgsam und ehrgeizig haben sie sich über 20 Jahren in ihren jeweiligen Apparaten hochgedient. Von der stets aufs Neue angemahnten »Offenheit«, von »Unternehmergeist« oder »Risikofreude« findet sich tatsächlich keine Spur in den Lebensläufen dieser Leute. »Die jungen Alten« hat der Jenaer Soziologieprofessor Stephan Lessenich die neuen Politiker um die vierzig genannt. So wenig, wie *sie* je in einen Bottich gekrochen oder in einen Kaufhaus-Kittel gestiegen sind, so wenig haben *sie* auch nur einen Zentimeter privater »Flexibilisierung« gewagt. Es ist, als hätten sie all die neunziger und nuller Jahre in einem Paralleluniversum gelebt – und wären nun aus einem Zeittunnel auf die Erde hinabgestiegen.

WIR NEHMEN DIE AMTSGESCHÄFTE AUF

»Sie müssen sich wirklich
nicht schämen.«

Eines Tages war es dann so weit, die Kalkulationen des Milch-
mädchens erwiesen sich als stimmig: Nichts ging mehr. Schulden hatte ich glücklicherweise keine. Nicht einmal einen Überzie-
hungskredit hatte ich für mein Girokonto vereinbart, denn »Schulden machen« ist nicht mein Ding, wie man so sagt. Auch das hatten
meine Kleine-Leute-Eltern mir glücklicherweise beigebracht: Nicht
auf Pump leben, Kind, du machst dich unglücklich. Tatsächlich
fühle ich mich schon unwohl, wenn ich mir nur ein Buch ausleihe;
nicht, weil ich mich davor ekle, sondern weil ich fürchte, etwas daran kaputt zu machen, fettige Fingertapse auf dem Papier zu hinterlassen, zum Beispiel.

Blöd war es momentan aber schon, dass ich mein Bezahlkonto
nicht ausnahmsweise einmal ein bisschen überziehen konnte. Sieben Jahre war es immer irgendwie gut gegangen. Nun war der längst
fällige *worst case* eingetreten. Zwei größere Aufträge waren kurz
hintereinander geplatzt, etwa 3000 Euro waren verpufft, mit denen
ich ziemlich sicher gerechnet hatte und mit denen ich gut und gern
über die nächsten sechs Wochen gekommen wäre. Ob es in wenigstens einem der Fälle ein Ausfallhonorar für die Vorrecherche geben
würde, war vorerst unklar. Doch stand schon eine Woche später wie-

der die Miete an, und per Papierpost waren die üblichen Jahresendrechnungen für die großen Versicherungen eingetroffen. Einen kleinen Vorschussrahmen von Seiten der Bank hätte ich nun wirklich einmal gut gebrauchen können. »Nur ausnahms- und übergangsweise«, wollte ich vorschlagen. Als ich mich bei einer Hotline-Telefonistin des Online-Instituts vorsichtig danach erkundigte, sagte sie: »Ich stelle fest, dass Sie über kein festes Einkommen verfügen. Ein solches ist derzeit aber Bedingung für einen Kredit.« Die Details könne ich in den aktualisierten AGBs nachlesen.

»Ich will ja gar keinen ›Kredit‹, ich will nur kurzzeitig ein bisschen überziehen.« Das sei prinzipiell dasselbe, erklärte die Hotline-Frau, und mir war, als hörte ich sie lächeln. Sie war nicht schuld. Sie war auch nicht unhöflich, sie klang sehr gut erzogen. Man merkt den Menschen so etwas an, sie hatte bestimmt zwei, drei Auslandssemester im angelsächsischen Raum hinter sich. Vielleicht trug sie einen Doktortitel der Archäologie, der Astronomie oder der Amerikanistik. Jetzt verdiente sie ihr Geld in einem Callcenter damit, Versagern wie mir das Einmaleins des Girokontenbankings darzulegen. Ich bat sie, mein Sparkonto aufzulösen und die letzten dort befindlichen Kröten auf das Girodings zu überführen, auch, um die doppelten Kontoführungsgebühren zu sparen, die sich kontinuierlich erhöht hatten, seit der Vertrag lief. Allein 24 Euro zahlte ich inzwischen jeden Monat, um die beiden Konten zu unterhalten, hatte ich bei Schock-Durchsicht meiner Buchführung festgestellt. Dies komme einer Kontenkündigung gleich, nehme, wegen der vertraglich vereinbarten Frist, bis zu dreißig Tage in Anspruch und müsse postalisch, mit eigenhändiger Unterschrift, angefordert werden, antwortete die Frau. So legte ich irgendwann auf. So zog ich die Vorhänge zu. So würde ich erstmals in meinem Leben meine Miete nicht zahlen können. Darüber hinaus musste ich mich entscheiden: *Entweder* einen Teil der eingegangen Rechnungen *oder* die Lebensmittel für die kommenden Wochen finanzieren. Oder etwas tun, was ich wirklich niemals hatte tun wollen und *so* auch noch nie getan hatte: irgendjemanden um Hilfe bitten.

Rückblickend kann ich mir nicht ganz erklären, warum ich in jenem Moment zur Abwechslung nicht mal einen Sturzbach heulte, warum ich mir nicht einmal das gönnte. An dieser Stelle hätte ich doch wirklich einmal ausrasten, kurz etwas zertrümmern können.

Auch hätte ich versuchen können, meine Eltern anzupumpen. Doch erlaubte ich mir das nicht. Ein unbestimmtes Gefühl – erst später fiel mir ein, wie es heißt – hielt mich davon ab. Ich war erwachsen, ein *kreatives* Individuum, ich würde jetzt ja wohl auf eine *Idee* kommen, nicht wahr?

So ging ich quasi-professionell mit der Situation um. An meinem frei im Raum stehenden freiwillig angeschafften Freiberuflerinnenschreibtisch erkundete ich das Terrain der kurzfristig in Frage kommenden Notlösungen, googelte nach Informationen, nach Zuschussvarianten, nach der nächstgelegenen *Stelle*, die für Fälle wie den vorliegenden zuständig sein könnte. Irgendetwas musste es da geben. Ob eine kurzfristige, zügig rückzuzahlende rückwirkende Existenzgründerspritze in Frage käme, wollte ich wissen, ein KfW-Kredit vielleicht, ich meine: *Kreditanstalt für Wiederaufbau* – da gehörte ich jetzt ja wohl hin. Förderkredite für alles Mögliche gab es dort, für altersgerechtes Umbauen des Wohnraums, energieeffizientes Sanieren, Studienkredite, sogenannte Startgelder für Freiberufler, »die weniger als drei Jahre am Markt« waren, und auch Unterstützung für Unternehmen mit »positiven Zukunftsaussichten«, las ich. »Nicht gefördert werden Unternehmen in Schwierigkeiten und Sanierungsfälle«, hieß es, auch die »Nachfinanzierung bereits begonnener oder abgeschlossener Vorhaben« sei nicht vorgesehen. Gut. Schuldenmachen war mir ja eh nicht geheuer. Es müsste doch aber ein Spezialnotgeld für kurzfristig pleite gegangene Freiberufler geben, die früher einmal ganze Kindergartengruppen mit ihren Steuern finanziert hatten und jahrelang in die quasi-staatliche Künstlersozialkasse (KSK) und freiwillig in das Presseversorgungswerk eingezahlt hatten, dachte ich, wie war denn bloß der offizielle Name für so etwas? Bei all dem klammerte ich mich an eine Tatsache: Nirgendwo hatte ich eine Rechnung offen. Was immer nun kommen mochte, eine Privatinsolvenz wäre es nicht.

Nach einer Weile im Internet hatte ich herausgefunden, was ich wissen musste, hatte verstanden, wie ich jetzt vorzugehen hatte, schaltete die Maschine aus, auch mein Mobiltelefon, und legte mich auf mein Wohnzimmersofa im Spät-Adenauer-Stil. Dort schwor ich mir als Erstes, die Sache für mich zu behalten. Dann ging ich im Kopf die letzten zwei, drei Jahre noch einmal durch. Jeder voreilig abgelehnte Nonsens-Auftrag, jede verpatzte Kurzgeschichte, jeder verweigerte Marketingtext, jedes fehlgeschlagene Kontaktgespräch, jeder flüchtige, desinteressierte, überhebliche Blick auf meine Kontoauszüge, jede überflüssige Taxifahrt, jeder nur zur Hälfte ausgetrunkene Gin Tonic flog noch einmal vorbei. Ich erkannte: Verdrängung war gar kein Ausdruck für meine Seelenleistung. Meine Existenz: ein *Blindspot*. Das Fischgrätparkett zwinkerte mir bösartig zu, die Kassettenflügeltüren winkten ironisch, die Fenstergriffe aus Original-Jahrhundertwende-Messing kicherten leise.

Ich betrachtete meine sechs Meter breite Angeberinnen-Bibliothek und stellte fest, dass ich einfach zu viele der Bücher gelesen hatte, die darin standen. Etwa Rainald Goetz' Erzählung *Dekonspiratione* (2000). Darin ist der Entwurf eines selbst geschaffenen Ideal-Arbeitsplatzes anschaulich beschrieben: »Martin hat zu Katharina gesagt: Er muss das Gefühl haben, wenn er am Schreibtisch sitzt, das würde sexy aussehen. (...) Er muss sich lässig angezogen fühlen, das Zimmer muss aufgeräumt sein, der Schreibtisch, der Computer, die Bücher um ihn rum, der Kaffee, den er trinkt. Er würde sich selber immer in einer Filmszene sehen, beim Arbeiten.«

Weiter links, unter »F«, stand Marieluise Fleißer: »›Seit drei Tagen bist du selbstständig, mein Sohn‹, sagt die Mutter herb, ›bist du schon Millionär geworden?‹«

Ein Regalbrett höher befand sich »E« wie »Emin, Tracey«: »Ehrlich gesagt, es ist nur ein Häuschen aus Pappe, das ich mir einmal in einem Hotelzimmer in Istanbul gebaut habe. Die Wände sind aus Pappkarton, die Möbel aus diesem und jenem – das Bett ist ein Päckchen Marlboro, das Bad eine Hotelseifenschachtel.«

Nun lag ich da, in meinem eigenen Traumhaus aus Pappe, und versank in einer klebrigen Melange aus Agonie, Angst und Amüsement. *Tristesse Royale*. Was für ein Pathos. Was für ein absolut lächerliches und unnötiges Pseudo-Drama hier vorlag. Ich sagte es mir selber vor: Ich lebte in einer extrem befreiten Gesellschaft, die es mir gestattete, eine Individualentscheidung nach der anderen zu treffen, niemand hatte mich zu irgendetwas gezwungen, niemand hatte mir Vorschriften gemacht oder mir etwas verboten.

Ein Gespräch mit einer schriftstellernden Kollegin fiel mir ein. »Aber warum hast du nie ein Stipendium beantragt?«, hatte sie mich einmal mit großen Augen gefragt. »Alle machen das doch irgendwann.«

»*Kulturproduktionsbürokratie*!«, hatte ich gerufen und so getan, als schüttelte es mich.

In der Tat gibt es Dutzende staatlicher und halb-öffentlicher Stellen, die Mittel in unterschiedlicher Höhe bewilligen, wenn man sich als freie Autorin zum Beispiel mit einem aufwendigen Rechercheprojekt dort bewirbt, zum rechten Zeitpunkt und mit etwas Glück. Die Kulturförderung mit öffentlichen Geldern ist eine deutsche Spezialität, die ganze Welt beneidet D darum. Manchmal muss man sich für das Geld, vielleicht 500 oder 1500 Euro im Monat, oder fünf- bis zehntausend auf einen Schlag, physisch erkenntlich zeigen und für drei Monate oder ein halbes Jahr eine »Präsenzpflicht« erfüllen. Es kann passieren, dass man die Zeit in einem gottverlassenen, denkmalgeschützten Turm in einem großen, dunklen deutschen Wald absitzen und sich mit den Honoratioren des Landkreises fotografieren lassen muss; oder dass man wochenlang in einem faden »Gästehaus« in einer zugigen Gemeinde ausharren muss, über die man später Hassgedichte schreibt. Ist das Schicksal besser gelaunt, kann es einen auch ins Warme und Prächtige verschlagen, zum Beispiel an ein herrliches Pazifikanwesen an der kalifornischen Küste, in die *Villa Aurora*, in der Lion Feuchtwanger einst lebte.

»Nie würde ich das tun!«, sagte ich zu der Kollegin. »Ich kann es nicht ausstehen, wenn Leute, die Bücher schreiben oder sonst wie in Kunst machen, ellenlang ihre Stipendien und Förderpreise auf ihren Homepages auflisten, als wären es Orden. Ich bin doch keine *Staats-Schriftstellerin*! Und das ist nicht nur eine Frage der Ehre, des Stils und des Stolzes, es ist vor allem eine Frage der *Haltung*. Ich bin *totally independent* – und das bedeutet mir sehr viel, verstehst du?«

Dass ich wohl irgendwo in der Zeit stecken geblieben sei, erwiderte die Kollegin trocken.

Doch sah ich die Sache genau umgekehrt. *Ich* war der Fortschritt, *sie* hing fest. Und das mit der *Haltung* meinte ich vollkommen ernst.

»Nimm das Geld doch einfach, wenn es da ist!«, rief die Kollegin.

»Nein!«, rief ich.

Dann fragte ich sie: »Weißt du, mit wem ich mir das Geburtsdatum teile?«

»Westerwelle?«

»Um Himmels willen, nein. Ich denke an den hoch verehrten Hessen und Kollegen Jörg Fauser .«

»An das frauenfeindliche Schreiber-Würstchen? Den abgebrochenen Wondratschek? Den Siebziger-Jahre-Junkie, auf den die ganzen Pop-Schnösel neuerdings wieder so abfahren?«

»An genau den«, antwortete ich. »Als man Fauser in den frühen Achtzigern einmal fragte, als was er sich eigentlich selbst sehe, als Schriftsteller, Journalist, Publizist oder gar als Künstler, da antwortete er: ›Ich bin Geschäftsmann.‹ Ebendies ist die einzige Sichtweise, die dich garantiert *totally independent* macht. Es hat mit *Gegenkultur* zu tun, *you know*.«

Die Kollegin runzelte die Stirn. »Vielleicht teilst du mit dem Westerwelle ja den Aszendenten?«

Erst jetzt, pleite und verängstigt, begriff ich, dass sie Recht gehabt hatte: Neoliberaler als ich konnte man sein Leben kaum führen – obgleich ich mit dem Neoliberalismus doch nie etwas zu tun haben wollte. Ich schrieb für *Emma* und *taz*, nicht für *Cosmopolitan* oder ein *Lufthansa*-Magazin – und führte doch die ganze Zeit eine lupenreine FDP-Existenz. Als Erstes musste ich die Rest-Adoleszente in mir töten, diesen altklugen Teenie mit seinen bescheuerten Hauptstadt-Träumen. Dann musste die Schnöselin in mir dran glauben, die feige Schickse, die in Wahrheit nur zu gern im *Grill Royal* mit Prinzessböhnchen um sich geschmissen hätte. Wo hing mein verdammter weißer Anzug? Ich wollte Blut darauf sehen. Ich lag. Und lag. Mal auf der linken Seite, dann auf der rechten. Ab und an trank ich einen Schluck Wasser. Ungefähr vierzehn kaltblütige Stunden vergingen, bis endlich der nächste Morgen anbrach. Um sechs Uhr dreißig stand ich auf, duschte, putzte meine Zähne, zog irgendetwas an und verließ gegen sieben Uhr fünfzehn das Haus. Es war so weit: Statt zur Bank fuhr ich zur Arge.

●   ●   ●

Wie soll es schon riechen auf einem solchen Flur, wie soll es schon aussehen? Das kann man sich inzwischen sehr gut vorstellen. So, wie es in den *Stern*- und *Focus*-Reportagen fotografiert ist, genau so ist es. Als ich der zuständigen Sachbearbeiterin gegenübersaß, mit einem Gefühl, das zwischen Vorstellungsgespräch und Arztbesuch changierte, kam mir die Szene merkwürdig vertraut vor: Sie war der Staat, ich ein Fall. Umständlich holte ich aus, um meine Lage zu schildern, schnell unterbrach sie mich, höflich, aber bestimmt. Ich solle doch einfach mal meine Unterlagen herzeigen.

Etwas in mir hatte gehofft, dass die Frau bei meinem Eintritt ins Behördenzimmer laut loslachen würde: »Was wollen *Sie* denn hier? Haha, das ist ja lustig, dass jemand wie *Sie* zu jemandem wie *mir* kommt! Liebe Frau Kullmann, so sehen sie doch ein, dass Sie sich verlaufen haben! Nun gehen Sie mal schön wieder heim und tun Sie, was Sie sonst immer tun. Und hören Sie auf, so blöde Witze zu machen.« Stattdessen untersuchte Sie, augenscheinlich unbeeindruckt, meinen Vermögensstand, checkte meine Kontoauszüge der vergangenen sechs Monate, stellte einige formale Fragen, erklärte mir, welche Papiere ich nachzureichen hatte und auch, dass ich schon viel früher hätte kommen können, zu einem Zeitpunkt, da mein Rest-Erspartes, an das ich vorerst nicht herankam, noch mehr gewesen wäre. Dann sagte sie, warum auch immer, dass ich mich nicht schämen müsse. Das hätte sie nicht tun sollen. Ganz gegen meine Erwartung schossen mir da Tränen in die Augen. Ich hatte immer gedacht, Scham beträfe mich nicht. Jetzt heulte ich vor einer Fremden. Die Fremde reichte mir eine Papiertaschentuch-Box, die griffbereit auf ihrem Schreibtisch stand. »Sogar richtige, echte Schauspieler zählen zu unseren Kunden«, versuchte sie mich zu beruhigen. Einer sei schon im *Tatort* aufgetreten. Das wiederum war beinahe lustig. Ein Teil in mir – der besserwisserisch belesene Teil, der zwangsironische Scherzkeks mit seinem *Summa cum laude*-Komplex – begann unmittelbar, einen Songtext daraus zu stricken, ein Lied über den *Tatort*-Kommissar auf Hartz IV. Der andere Teil jedoch, den ich gerade erst kennenlernte (beziehungsweise wiederentdeckte), hatte ein riesiges Bedürfnis, sich zu erklären oder besser:

sich zu entschuldigen. Dass ich eigentlich jemand sei, der sich stets geschickt und unversehrt durchzuschlängeln wüsste, hätte ich ihr gern gesagt. So schnell, so leicht und schlau sei ich, dass kein »System« und keine »Verhältnisse« mich jemals dauerhaft in die Knie zwängen. Es handele sich bei meiner Person um einen rasend erfindungsreichen Trafo, einen Atomkern von Mensch, ein Kraftwerk der Regenerationsfähigkeit. Doch blieb ich stumm. Ich ahnte, dass sie schon genügend solcher Geschichten gehört hatte.

Sie begann, mehrere graue Formulare auszudrucken, und reichte mir als Erstes ein fast leeres Blatt, mein Name stand darauf und ein langer Zahlencode. Dies sei meine BG-Nummer, ich möge das Papier gut aufbewahren, »betrachten Sie das als Ihre persönliche Kundennummer.« Wofür das »BG« stehe, fragte ich, und sie erklärte, das sei die Abkürzung für »Bedarfsgemeinschaft«. Da dachte ich kurz, es läge ein Missverständnis vor. »Ich bin aber Single.« Sie lächelte nachsichtig. Im gesetzlichen Sinne handele sich alles um eine Bedarfsgemeinschaft, was sich hinter einer Wohnungstür abspiele, ob da nun vier Personen wohnten oder nur eine. Das Wort »Bedarfsgemeinschaft« hatte in meinen Speichern sofort Fernsehbilder von einem einsamen Paar Herrenschuhe in einer ansonsten weiblich dekorierten 1,5-Zimmer-Wohnung abgerufen: Scheinehe – Sozialbetrug – vier Kinder, die siebzig Mal in der Minute »Ficken!« brüllen, von neun verschiedenen Vätern – doppelt abkassiert – und nebenbei auch noch auf den Strich gegangen. Wie entlarvend. Auch in mir saß die *Sozialschmarotzer*-Propaganda fest.

Von nun an würde das Amt, das inzwischen Agentur hieß, wie ich immer wieder vergaß, vorerst meine Miete und meine Krankenversicherung übernehmen, außerdem stünden mir die berühmten 359 Euro monatlich zum Leben zur Verfügung. Ich war erstaunt, dass alles so schnell ging, und spürte eine Art von Erleichterung, die mir bis dahin unbekannt gewesen war. Eine trockene, erdnahe

Dankbarkeit. Andererseits verwies das, was da gerade passierte, auf das Gegenteil all dessen, was ich bis dahin als mein Selbst begriffen hatte, auf einen gewaltigen, beängstigenden Irrtum.

Wir vereinbarten mehrere Folgetermine, Beratungsgespräche, Formularfristen. »Fürs Erste« könne ich in meiner Wohnung wohnen bleiben, sagte die Frau, ohne diese Zeitangabe näher zu erläutern. Zügig hatten wir zudem eine sogenannte Wiedereingliederungsvereinbarung abzuschließen. Diese Begrifflichkeit schnitt sich ganz schön scharfkantig in meine Ohren. Eine Vereinbarung zur »Wiedereingliederung«: Das hieß, dass ich vorläufig ausgegliedert war. Ausgegliedert aber aus was? Aus der Arbeitswelt? Der Gesellschaft? Aus dem Abendland, der Realität? Mit meiner Unterschrift unter besagte Vereinbarung würde ich erklären, mich engagiert darum zu bemühen, baldmöglichst wieder ohne staatliche Hilfe auszukommen, erfuhr ich. Dies wiederum entsprach den Tatsachen, auch wie ich sie sah. Baldmöglichst wieder ohne staatliche Hilfe auskommen: Das wollte ich wirklich.

»Ich danke ihnen«, sagte ich zum Abschied und hielt ihr meine rechte Hand hin, doch die Frau deutete hinter sich an die Wand, auf ein Informationsschild im DIN-A4-Format, darauf stand etwas Ähnliches wie: »Bitte haben Sie Verständnis dafür, dass wir aus hygienischen Gründen vom Händeschütteln absehen.« Ich nickte und sagte: »Ich werde nicht lange hier sein, ganz bestimmt nicht.« Sie lächelte, auf eine Art, die weise wirkte, und antwortete fest: »Auf Wiedersehen.«

● ● ●

Der Vormittag war fortgeschritten, als ich durchs Agentur-Treppenhaus vier Stockwerke nach unten lief, es war jetzt vielleicht halb zehn und roch nach Ammoniak, ich brauchte eine Zigarette. Das Gebäude hatte sich gefüllt, auf den Fluren lehnten Menschen an den Wänden, andere liefen hin und her, die meisten mit einem Mobiltelefon am Ohr, wieder andere saßen auf fest installierten Plastikschalen und wippten ungeduldig mit den Knien. Unten, in der Eingangshalle, kam man kaum durch. An die 120 Menschen standen vor den Anmeldeschaltern Schlange, dunkelblau gekleidete *Security*-Männer mit *Headsets* winkten diejenigen, die raus wollten, an den Rand der Menge. Die Agentur an der Grenze von Schöneberg nach Kreuzberg war sicherlich eine der bestbesuchten des Landes.

Auch draußen war es voll, auf den Stufen und auf der abgetretenen Grünfläche. Beinahe wirkte es wie eine Schulpause. Ich stellte mich neben einen Busch, um mir in dessen Windschatten eine anzustecken. Sofort fragte ein junger Mann, ob er auch eine haben könne, ich sagte »klar« und hielt ihm die Schachtel hin. Ein zweiter kam, ich sagte, warum auch immer: »Nehmen Sie zwei, eine für Ihre Frau.« Er antworte: »Kann ich drei haben, für meinen Kumpel noch?« Und ich sagte: »Sicher, hier!«

D a waren sie: 4,5 Millionen Hartz-IV-Empfänger und ihre benachteiligten Kinder. Und ich mittendrin. Die Menschen vor der Schöneberger Agentur erfüllten, jedenfalls auf den ersten Blick, zahlreiche Klischees. Augenringe, raue Stimmen, Kippen, Kippen, Kippen. Enttäuschend, es nicht anders erzählen zu können als eine *RTL-Reality*-Doku. Vielleicht handelte es sich auch um einen tiefenpsychologisch verankerten Selbstschutz-Mechanismus, dass sie mir so *anders als ich* vorkamen, vielleicht fand hier Verleugnung oder Verblendung statt. Einigen sah man an, dass sie vermutlich erst 26 waren, obschon man ihnen auch die 48 geglaubt hätte. Es waren auch viele ganz Junge dabei, Dutzende von Mädchen mit toupierten Haarspray-Frisuren, in bonbonfarbenen Leggings, Plastikballerinas, einem Lackgürtel knapp unter den Busen gebunden, eine PVC-Handtasche am Handgelenk jonglierend, in Grüppchen beieinanderstehend, die sich hektisch, hart und laut unterhielten. Automatisch musste ich an *Cindy aus Marzahn* denken. Es war mein Pressemenschengehirn, das einen rasend schnellen Film abspulte: Welche Reportagen man hier schreiben könnte! Ganz bewusst würde man sich dafür an einen Ort wie diesen begeben und fix eine weitere Wallraffiade daraus stricken: »Mein Erstkontakt mit den Urbewohnern der Unterschicht.«

Aber erstens waren schon genügend Zoogeschichten über Verlierer im Umlauf, staunende Stil-Exkursionen in die soziale Peripherie, und zweitens fiel der unvermeidliche Pierre Bourdieu mir wieder ein, mein Lieblingssoziologe, den auch so viele andere Besserwisser meiner Jahrgänge gern und oft zitierten. Zu *symbolischen Formen* hatte er angemerkt: »In der Tat erscheinen die unter ökonomischem Gesichtspunkt unterprivilegiertesten und am härtesten betroffenen Klassen (im) Spiel von Verbreitung und Distinktion (...) nur als Kontrastmittel, das heißt als der zur Hervorhebung der anderen notwendige Gegensatz.« Etwas schlichter ausgedrückt: Jemand wie ich war es gewohnt, die sogenannten Armen entweder als Prozentpunkt in irgendeiner Statistik zu betrachten beziehungsweise als politisches »Argument« zu verwenden – oder eben als ästhetisches »Kontrastmittel« seiner selbst. *Porno-Chic* hatte man das phasenweise genannt, *Prolo-Style, Jogginghosen und Spuckefäden* (Moritz von Uslar) oder *Hartz-Couture*. Letzteres war ein Ausdruck, den der F. gelegentlich benutzte, um *Outfits* und *Stil-Aussagen* zu markieren, die, seiner Ansicht nach, leicht neben der Spur lagen. Zwar hatte auch der F. sicher nicht sonderlich viel Geld zur Verfügung, doch trug er fast ausschließlich Jeans des schwedischen »Design«-Fabrikats *Acne*, selbst oder gerade wenn wir uns beim Kreuzberger *Möbel Olfe* auf ein Glas trafen. Auf die Hosen legte er viel Wert, die Hosen *machten ihn aus*. Es liege an der *Glaubwürdigkeit* der Firma, eines Stockholmer *Kreativ*-Konglomerats, außerdem »am Schnitt«, hatte er mir einmal erklärt.

Die pinkfarbenen Agentur-*Cindys* und ich – unsere Welten hatten völlig andere Bezugsorte, und man sah es uns auch sofort an: dass wir uns – »unter normalen Umständen« – nur selten begegneten, als Fahrgäste der U-Bahn, als Passanten an einer Fußgängerampel, als Einkäuferinnen in einem *Ein-Euro-Shop* vielleicht. Wobei ich den *Ein-Euro-Shop* tendenziell aus kulturanthropologischem Interesse und einem ironischen Impuls heraus betreten hätte, die anderen wohl, um dort ernsthaft ein paar Dinge zu besorgen. Und während ich nun gleich in meinen Dreizimmerpalast, nur einen Katzensprung von der berühmten *Paris Bar*, vom Hotel *Kempinski* und vom Prominenten-Haarsalon des *Udo Walz* entfernt, heimkehrte, würden sie, so sah es wohl aus, woanders hinfahren. Während ich jederzeit als Nachhilfelehrerin, Übersetzerin von Gebrauchsanweisungen oder Honorar-Demografin weitermachen konnte, unter falschem Namen schwülstige Vampir-Sex-Stories, »Warum Frauen nicht gern kochen und Männer auf dem Rücken Pickel haben«-Ratgeber oder eben doch PR-Texte verfassen konnte – ich hätte es wenigstens einmal versuchen können –, gab es wohl tatsächlich nicht so sehr viele Möglichkeiten mit einem abgebrochenen Hauptschulabschluss. Ich hatte alle Möglichkeiten dieser royalblauen Welt. Was ich anzupassen – oder gegebenenfalls zu verteidigen hatte –, war zunächst einmal nur meine Bequemlichkeit, einige lieb gewonnene Gewohnheiten. Und eben einen gewissen »Stand«: Ich wollte versuchen, meinen Beruf zu behalten. Ich wollte nicht alles aufgeben, was ich über die Jahre aufgebaut hatte, eine Mischung aus Ruf, Routine und Know-how. Das ist sehr eindeutig etwas sehr anderes, als nichts zu verteidigen zu haben.

Ich konnte die Leute auf der Wiese beobachten, aber es kam mir so vor – ich bin mir nicht sicher –, als könnten sie es umgekehrt nicht. Es gab keinen Grund, anzunehmen, wir befänden uns nun auf Augenhöhe. Es war nicht so, dass wir uns jetzt irrsinnig viel zu erzählen hatten. Auch diese Wiese war kein Zuhause. Weder gehörte ich in mein Schloss Charlottenburg noch hierher. Die Agentur-Leute und ich, wir hatten vorläufig einheitlich 89 Euro wöchentlich zum Lebensunterhalt zur Verfügung. Mit dem Unterschied, dass ich diesen Status, wenn ich mich nicht ganz ungeschickt anstellte, nicht nur würde verstecken und irgendwie überwinden, ich würde mich sogar darüber lustig machen können – erst recht über mich selbst. Und ebendies schien mir in jenem Augenblick – und scheint mir seither – das Entscheidende zu sein: Genau in dem Moment, in dem ich »unten« angekommen war, empfand ich mich zum ersten Mal seit langer Zeit wieder als unendlich reich.

BUCHSTABIEREN SIE
»AUTHENTIZITÄT«

»Ich weiß, es ist spießig, aber ...«

Nicht weit von meiner Charlottenburger Wohnung entfernt gab es ein Geschäft von *Manufactum*. Es befand sich zwei Häuser neben einer Filiale von Vanessa Kullmanns Café-Imperium *Balzac*. Wenn ich von zu Hause zur U-Bahn lief oder von dort zu meiner Wohnung, kam ich unweigerlich an den beiden Geschäften vorbei.

Manufactum ist eine Ladenkette für Haushaltswaren. Spezialbesteck wie Fischmesser und Spargelschäler wird dort angeboten, kleine Gartengeräte, manchmal auch Größeres, etwa Gartenstühle, außerdem gusseiserne Pfannen, Blumenkübel, Kerzenständer und Kuscheldecken, die dort *Plaids* heißen. Vor allem kann man dort Gefühle kaufen. »Es gibt sie noch, die guten Dinge«, lautet der Werbespruch. Aus Neugier war ich einmal drinnen gewesen. Tatsächlich sieht das meiste dort so aus als entstammte es dem gut erhaltenen Nachlass einer grundgütigen Großmutter, irgendwie alt, aber intakt, verlässlich wirkend und auf beinahe schon wütende Art *echt*. Grundsätzlich sind die Geschirrtücher rot-weiß kariert, das Holz unlackiert und alle Dinge schwer. Es ist ein merkwürdiger Effekt: Da stehen zum Beispiel Wassergläser in einem Regal, und man denkt: »Das ist aber ein schön schlichtes Glas«, und fasst es, auch wenn man es gar nicht kaufen möchte, unverbindlich einmal an, hebt es vom

Bord – und die Gesetze der Schwerkraft scheinen aufgehoben, allerdings nach unten aufgehoben. Man erwartet von einem einfachen 0,2-l-Wasserglas vielleicht ein Gewicht von 200 Gramm, doch das *Manufactum*-Glas wiegt bestimmt 500. Auch mit Suppenlöffeln und Salatschüsseln habe ich es probiert – derselbe Effekt. Häuslichkeit ist hier aus Blei, es handelt sich um Solidität zum Anfassen, und obschon die *Unaufdringlichkeit* der *Manufactum*-Waren beinahe penetrant wirkt – das meiste sieht auf sehr rechthaberische Art nach *nichts Besonderem* aus – sind die Dinge ziemlich teuer, ich schätze: Für ein *Manufactum*-Küchensieb aus naturbehandeltem Edelstahl mit Sandelholz-Umrandung, aus welchem *Mother-Nature*-Material auch immer, bekommt man beim *Woolworth* auf der Wilmersdorfer Straße siebzehn knallbunte Kunststoff-Siebe, eine abwaschbare Tischdecke und noch ein Sechser-Set goldglänzender Mokkatassen dazu.

Als ich nun vom Amt nach Hause zurückkehrte, mit meiner neu erstandenen BG-Nummer, einer Menge Fragen an mich selbst und dem Schild »Kein Händeschütteln aus hygienischen Gründen« im Kopf, fiel mir der *Manufactum*-Laden zum ersten Mal seit langer Zeit wieder auf. Sie buken jetzt Brot dort, mit Dinkel und Nüssen, Voll-Natur, ein Laib kostete so um die fünf Euro. Eine Frischwaren-Theke hatten sie neu eingerichtet, und ins Schaufenster hatten sie Flechtkörbe gestellt.

Brot.

»Es gibt sie noch, die guten Dinge.«

Es war schwer zu verkraften, an meinem Showdown-Tag: Wie lächerlich die Welt ist, in der ich mich zu bewegen pflegte – und an der ich doch unbedingt weiter festhalten wollte. Denn auch wenn ich nie so verzweifelt war, auch nur einen Packen Papierservietten bei *Manufactum* einzukaufen, so wohnte ich doch um die Ecke und war, vor allem, im *Manufactum*-Sprachsystem zu Hause.

D er Name *Manufactum* ist selbstverständlich vom Teufel. Wann immer es in einem Feuilleton-Artikel auf kritische Art und Weise um das Thema »Neue Bürgerlichkeit« geht, liegt die Wahrscheinlichkeit, dass das *M*-Wort fällt, bei etwa 87 Prozent. Die Laden-Kette gilt als »Bobo«-Marke, als Signet für den Lebensstil »bourgeoiser Bohemiens«, wie der amerikanische Essayist David Brooks einmal Leute nannte, die viel Geld zur Verfügung haben und Erfolgsbiografien leben – aber auch einige Versatzstücke von *Alternativkultur* in ihrem Alltag genießen möchten, ein paar gebrauchsfertige Module von *Widerstands*-Ästhetik und »Zeitlosigkeit«, um sich bei deren Betrachtung oder Gebrauch wieder einmal zu »erden«. Die *Manufactum*-Schelte läuft so ähnlich wie das Latte-Macchiato-*Bashing*: Wenn ein Journalist, Blogger oder Passant sein Unbehagen über »Yuppies« oder »Porno-Hippie-Schwaben« ausdrücken möchte, kommt der Milchkaffee ins Spiel – alternativ die *Bionade*: Von der *Bionade-Bourgeoisie* (*Zeit*) ist dann die Rede, von den »Macchiato-Müttern« (*Frankfurter Rundschau u.a.*) oder von der *Bionadisierung der Gesellschaft* (*FAZ*). Es schillert zwischen Klischee, Alltagsbeobachtung und Vorurteil. Meist spricht aus solchen, an Symbolen aufgehängten Verdächtigungen nur das Misstrauen der *Mitte* gegen sich selbst. Anders ausgedrückt: Ich persönlich glaube nicht, dass es sich bei jedem *Manufactum*-Kunden um einen steuerbetrügenden Ausbeuter und Zyniker handelt. Ich glaube, es trifft nur auf jeden dritten zu.

Die Namen – *Bionade*, Latte Macchiato, *Manufactum* – haben eine Textmarker-Funktion im Durcheinander der sozialen Wahrscheinlichkeiten. Sie sind Teil einer Zeichensprache, der Versuch einer Freund-Feind-Markierung – ein stotteriges Esperanto des Sozialen, dasselbe wie mit den *Barbour-Jacken* hier in diesem Buch. Und doch ist diese Zeichensprache oft unbeholfen, vor allem, wenn sie handfest von Politischem erzählen soll, von Herrschaft und Unterlegenheit. Eine »inflationäre Zeichenproduktion« hat zur Folge, dass die Machtverhältnisse nicht mehr richtig gelesen werden können, schrieb der französische Philosoph Jean Baudrillard (1929–2007). Je mehr Budenzauber, desto deutlicher manifestiert sich das *Ende des Sozialen*: Jede Textmarker-Benennung ist gleichzeitig eine Verschleierung. Zwar lässt eine Inszenierung Rückschlüsse auf ihren Regisseur zu, doch erfordert es eben ein Um-die-Ecke-Denken(-Können), ein Hinter-die-Kulissen-Schauen. Im Grunde müsste jede Selbstdarstellung mit einem Schwanz von Fußnoten versehen sein, um Missverständnisse zu vermeiden. Das Schwierige ist: Schon in dem Moment, da wir vor die Haustür auf die Straße treten, mit *irgendeiner* Bekleidung am Leib, beginnt die Show, ob beabsichtigt oder nicht.

Mit der Zeichenvielfalt wächst das Misstrauen. Das Prinzip greift in alternativen Zusammenhängen genauso wie in traditionell-bürgerlichen. So wie die *Jogginghosen* (»aus Fake-Kunstfliegerseide!«) im gebildeten Milieu als Markierung für eine fest verwurzelte Anti-Bürgerlichkeit und Unterschichtzugehörigkeit gelesen werden, so fände ich mit meinem Nadelstreifenzeugs nur schwer Anschluss im Kreuzberger *Möbel Olfe*, der hübsch trashigen Kneipe am Kottbusser Tor. »Ich bin auf eurer Seite«, könnte ich singen und ein zackiges Drei-Akkord-Riff dazu anschlagen, »ich habe viel mehr Original-Garagen-Punk-Singles zu Hause als ihr alle zusammen! Und außerdem: bedingungsloses Grundeinkommen JETZT!« – und müsste wohl doch damit leben, die *Bitch* für einen Abend zu sein. Man würde mir – mit Sonntagspumps, Bügelfalte und Haarspray im Schopf – vermutlich ebenso wenig glauben, wie ich Henkels Achtundsechziger-Saga traue. Merkte man sich neben den Nadelstreifen auch mein Gesicht, hätte ich vielleicht sogar längerfristig ein Problem bei *Möbel Olfe*.

Bei *Tchibo* gab es 2010 das »Herren-T-Shirt *Ramones*« zu kaufen, für 17,90 Euro, reine Baumwolle: »Ein bisschen Rock'n'Roll steht jedem gut. Leichte Vintage-Optik durch innovative Enzym-

Waschung.« Jenes Guttenberg'sche AC/DC-Modell, jener Abklatsch-Modus, entwertet das Original. *Ramones* kann spätestens seit *Tchibo* alles Mögliche bedeuten. Die gute Nachricht ist: Ein T-Shirt allein sagt noch lange nichts über den sozialen Stand oder eine *Haltung* aus. Die weniger gemütliche Erkenntnis lautet: Wie soll man dann aber jemandem noch irgend etwas glauben können?

Die Sehnsucht nach einem Ausweg aus all den Charaden ist groß. Sie zieht sich quer durch dieses Buch – und schlägt sich in der zeitgenössischen *Authentizitäts*-Obsession nieder. Je öfter und je lauter die Menschen nach *Authentizität* rufen, desto klarer wird, wie anstrengend, ermüdend, ärgerlich das Zeichen-Theater auf Dauer wirkt – sowohl der konstante Interpretationsdruck als auch das mühselige Verständlichmachen seiner selbst.

Und doch ist die *Authentizität* oft nichts anderes als eine besonders gelungene Inszenierung. Wo *Authentizität* draufsteht, kann jedenfalls keine drin sein. Zum Wesen der *Authentizität* gehört ja, zumindest nach klassischer Definition, dass sie einfach *ist* und sich nicht, in der Logik einer »Marken-Qualität«, *ausstellt*.

Eine gängige zeitgenössische Definition von *Authentizität* liefern die amerikanischen Sozialpsychologen Michael Kernis und Brian Goldman. Vier Bedingungen müssen ihrer Meinung nach erfüllt sein, um von *authentischer Authentizität* sprechen zu können: Wille und Fähigkeit zur Selbsterkenntnis – Ehrlichkeit gegenüber sich selbst (die Selbsterkenntnis annehmen, auch die weniger beglückenden Einsichten) – Treue zu den eigenen Prinzipien halten (sich nicht bestechen lassen) – und letztlich: einen aufrichtigen, unverstellten Umgang mit den persönlichen Eigenheiten und Prinzipien auch vor anderen pflegen (notfalls gegen Widerstände und aller Ablehnung zum Trotz).

»Eine Pokerface-Haltung ist unendlich anstrengend. Authentisch sein ist gesünder«, sagt Katrin Matyssek, Mitglied des Berufsverbands Deutscher Psychologen, in einem Gespräch mit der FAZ. Erst in »echten« Kontakten »blühe« eine Persönlichkeit auf, in all ihrer »Kraft«.

Alltagserfahrungen verweisen aber oft auf eine gegenteilige Wirkung.

»Weißt du was, du redest mir immer viel zu kompliziert daher. Sei doch einfach mal *authentisch*«, hat etwa einmal ein Mann zu mir gesagt, mit dem der Flirt nicht allzu lange andauerte. »Aber ich *bin* doch *authentisch*, in all meiner ungelenken Umständlichkeit. Je länger ich brauche, um zum Punkt zu kommen, desto ehrlicher meine ich es. Wirklich!«, hatte ich geantwortet. »Trotzdem. Du benutzt mir zu viele Fremdwörter. Das nervt«, hatte er gesagt und dann nie mehr angerufen – was mir letztlich doch entgegenkam. Ich hatte nämlich gar keine Lust darauf, mich verstellen und fortan eine Kurze-Sätze-*Inszenierung* liefern zu müssen wie: »Hunger.« – »Pizza.« – »Sofort.« Doch hat mich seine Bemerkung verletzt, wenigstens verunsichert. Er hat mir eine Pose unterstellt, während ich – im fortgeschrittenen Flirt-Modus – doch gerade dabei war, mich »locker zu machen«, »zu öffnen« und »fallen zu lassen«. Je *echter* ich zu sein wagte, je weniger Kennenlern-*Strategie* ich an den Tag legte, desto *falscher* kam ich ihm vor. Das eröffnete ganz neue, ungeahnte Problemfelder.

Ähnlich scheint es dem Songschreiber und Sänger Maximilian Hecker (*1977) öfters zu gehen. Im Frühjahr 2010 brachte Hecker – manche nennen ihn etwas garstig den »deutschen James Blunt« – ein neues Album heraus, es trug den Titel *I Am Nothing But Emotion, No Human Being, No Son, Never Again Son* (»Ich bin nichts als Gefühl, kein Mensch, kein Sohn, nie mehr Sohn«). Für seine emotionalen Texte war er da bereits hinlänglich bekannt. Der Berliner *Tagesspiegel* etwa stellte fest, »so viel Kitsch traut sich hierzulande sonst niemand«, es handele sich um »Musik, die eigentlich verboten ist«. Im Gespräch mit dem Leipziger Musikblog *alternativmusik.de* erklärte Hecker selbst: »Das Aussprechen der Wahrheit, das Zeigen meiner Verletzlichkeit, dieses hat für mich etwas unglaublich Befreiendes. Denn wenn ich mich offen, verletzlich und nackt zeige, dann fällt der ganze narzisstische Ballast von mir ab, dann spiele ich mit offenen Karten und hoffe zu bewirken, dass mein Publikum beziehungsweise mein Gegenüber genauso mit offenen Karten spielt; dass keine Gefahr im zukünftigen Umgang mehr lauert, dass keine Machtspielchen mehr gespielt werden können.« Eines seiner Videos zeigt ihn in hochmelancholischem Zustand, kurz vor einem Tränenausbruch. Wenn Menschen in Berlin ihn darauf ansprächen, knufften sie ihn meist in die Seite, zwinkerten »und sagen ›Cool‹, als hätten sie die Ironie kapiert«, erzählte der Musiker dem *Tagespiegel*. Doch um »Coolness« sei es ihm nie gegangen. Er habe einfach nur ungeschützt von Traurigkeit gesungen. »Ich kann machen, was ich will, die Leute denken immer, ich will sie verarschen!«

Die Psychologie nennt solche Übertragungsvorgänge »Projektionen«: Man sieht im anderen, was man sehen will. »Tatsächlich empfinden viele ihr Gegenüber schon dann als glaubwürdig, wenn sich der- oder diejenige ihren eigenen Vorstellungen entsprechend verhält«, schreibt der Wirtschaftsjournalist und *Karriere-Bibel*-Autor Jochen Mai (*1968) in seinem Blog. »Menschen mit Ecken und Kanten dagegen sind latent verdächtig, etwas im Schilde zu führen. So kommt es zu der grotesken Situation, dass am Ende diejenigen als besonders authentisch empfunden werden, die ihre Rolle lediglich überzeugend darstellen.«

Von der Schwierigkeit, Glaubwürdigkeit zu versuchen, ohne dadurch automatisch als unglaubwürdig zu gelten, berichtet auch Rocko Schamoni (*1967). Der Musiker, Autor von *Dorfpunks* und Mitglied des Ironie-Ensembles *Studio Braun,* hat in diesem Zusammenhang kein ganz einfaches Los – sondern steht in den Augen mancher im Dauerverdacht, traditionelle Indiekultur-Ideale zu verraten, allein mit seinem Erfolg im kommerziellen Sinne. Schamoni sagt: »Authentisch sind für mich Zusammenhänge, die nicht den Verpflichtungen einer Veräußerung unterliegen – wo es nicht um kommerzielle Interessen geht. Gehe ich in eine Fernsehsendung, weiß ich, es geht um Verkaufbarkeit, um Kernsätze und lautes Gebaren. Es gibt aber Situationen, da weiß ich, es geht um das Menschliche – zumindest nicht um veräußerbare Inhalte. In solchen Zusammenhängen passieren Dinge, die glaubhaft und ehrlich sind.« Frei und etwas waghalsig in die Metaphern der Arbeitswelt übersetzt: Im Fernsehen trägt Schamoni den Blaumann – jenseits der großen Kameras die Jogginghose. Und doch bekommt er es hin, immer und überall erkennbar der *Schamoni* zu sein. Er geht mit dem *Schamoni* so *pragmatisch* um wie eben nötig und so liebevoll wie irgend möglich. Wäre er auf abgekochte Art *pragmatisch*, würde er vielleicht versuchen, den *Schamoni* als Punk-Comedian, Suppenkasper und Späßlemacher auf die erfolgreichen Sendeschienen zu drücken, noch in jeder Quiz-Show mitzuraten und dabei größtmöglich abzuschöpfen. Mit einem geschickten Management müsste das hinzukriegen sein, der Mann sieht ja nicht schlecht aus. Doch ist das eben der Luxus, den ein *Postmaterialist* sich gönnt (erst recht natürlich ein halbwegs prominenter): sich für bestimmte Dinge nicht herzugeben, wenn es sich irgendwie vermeiden lässt. Es ist die Gegen-*Haltung* zum Dieter-Bohlen-Prinzip, »aus Scheiße Gold zu machen«. Auch wenn *Schamoni* selbst es vielleicht nicht so nennen würde: Er verteidigt einen *Wert*. Es ist nur eben kein *Wert*, der einer bürgerlichen Kleinkrämerseele entspringt oder dem Gehirn eines gewinnmargenvernebelten Top-Performers.

Die gelegentlich ans Manische grenzende Durchforstung der Welt nach dem *Echten* und *Glaubwürdigen*, der große, gesellschaftliche *Authentizitäts-Porno* (Diedrich Diederichsen) bildet das Heimweh nach einem unschuldigen Alltag ab, der jenseits eines Marktgesetzes funktioniert. Dabei ist auch die *Authentizität* längst ein marktwirtschaftliches Instrument, ein werblicher Terminus, eine

Funktionsweise – mithin eben oft eine bloße Behauptung. Bis in die niederen Personalebenen der Betriebe wird sie heute nicht nur toleriert, sondern verlangt. In entsprechenden Seminaren können Angestellte und Freiberufler die *Authentizität* sogar auf Firmenkosten trainieren. »Dieses Performativ-Werden von Berufen, sprich: dass man eben nicht nur bestimmte Fähigkeit ausführt, sondern sie zugleich mit der ganzen Person verkörpert, stimmt für alle Branchen«, sagt Diedrich Diederichsen. »Man verwertet weniger das objektive Erlernte als das subjektive Höchstpersönliche: Charme, Aussehen, Spontaneität.« Die Firmen erwarteten vom »Lohnarbeiter«, dass er sich »identifiziere«, statt nur »zu gehorchen« – gewünscht ist die volle Kontrolle, über Haut, Haar und Herz des Beschäftigten. Gibt man bei *Amazon* im Warensegment »Bücher« das Schlagwort *authentisch* ein, erhält man über 22 000 Treffer – Ratgeber, Gebrauchsanleitungen, Erfahrungsberichte. Immens ist der Beratungsbedarf, wie man sich selbst zum *authentischen* Wesen erzieht, notfalls auch: sich entsprechend verbiegt. Letztlich suchen die Menschen einen Ausweg. Im *Authentizitäts*-Wahn drückt sich der Wunsch aus, nicht (mehr) als *Human Resource* betrachtet zu werden, nicht als menschlicher Rohstoff.

In einer Welt, die auf *natürliche Echtheit* einen Strichcode klebt, bestünde das Höchstmaß an *Authentizität* in vollkommener Künstlichkeit. Um auch nur ansatzweise *authentisch* zu existieren, müsste man sich so *unauthentisch* geben wie irgend möglich.

W enn der Druck, sich *authentisch* oder *echt* geben zu müssen, so ansteigt, dass Explosionsgefahr besteht, wird mitunter das Wörtchen »spießig« aufs Spielfeld gekegelt, zur Ablenkung und Verausgabung. »Ich weiß, es ist spießig, aber ...«, entschuldigen sich manche neuen Erwachsenen, wenn sie Untersetzer auf dem Esstisch verteilen, bevor sie Wein- oder Wassergläser daraufstellen. »Es mag spießig sein ...«, werfen sie ein, wenn sie von ihren Urlaubsplänen erzählen und herauskommt, dass die kommende Kuba-Tour mit Frühbucherrabatt und Reiserücktrittsversicherung laufen wird. »Spießig« ist, in jenem beiläufigen Gebrauch, fast dasselbe wie »Hallo!«, es wird sofort verstanden: als gut abgehangene Gruß- und Fußnote, als ironische Identitäts-Erläuterung und charmant-eilfertige Selbstbezichtigung. Ein verständnisvolles Lächeln aus der Umgebung ist hochwahrscheinlich.

Wer den Begriff »spießig« auf sich selbst anwendet, versucht, die Komplexität seiner Persona mit möglichst wenigen Worten zu umreißen. Es handelt sich um eine rhetorische Krücke, es ist viel einfacher, als zu erklären: »Sieh' mal, dieser Esstisch ist das ideelle Herzstück meiner Wohnung, mein innenarchitektonischer Lebensmittelpunkt, die Kirche in meinem Dorf. Schon fünf Umzüge, zwei Bankrotts und eine Menge anderer Scheidewegssituationen hat er mitgemacht, und in all dem Gezischel vermittelt er mir das Gefühl einer eigenen Geschichte. Er war nicht sonderlich teuer, er mag nicht besonders hübsch sein, wenn man es nüchtern betrachtet, ist es ein 08/15-Tisch, aber er gibt mir Halt, auch wenn das natürlich vollkommen lächerlich klingt. Ich mag ihn wirklich. Er ist so schön groß, zwei, drei Mal hatte ich Ausnahme-Sex auf ihm und kam mir dabei vor wie in einem Film. Er ist mein eigenes Erbstück, das ich mir noch zu Lebzeiten vermacht habe, ich erkenne mich an ihm wieder. Und nun habe ich Angst, dass du beim Nippen ein Tröpfchen des Barolo von deiner Unterlippe abperlen lässt, dass das Tröpfchen an deinem Glas herunterläuft, den Stiel entlang, und sich unten, auf dem Fuß, in ein Flussbett verbreitert, sich schließlich auf die Tischplatte ergießt und sich dort, aus welchen physikalischen Gründen auch immer, kreisförmig um den Glasboden legt, sodass ein rundes Mal auf der Ebereschenoberfläche zurückbleibt, ein blutroter Ring, der sich nach und nach ins Braune verfärben und mich jeden kommenden Tag an diesen unseren Abend jetzt erinnern wird, was vielleicht gerechtfertigt wäre, wenn es ein *besonderer* Abend wäre.

Dann wäre es *wirklich* in Ordnung. Aber, ehrlich gesagt, gehe ich nicht davon aus, dass diese Stunden hier sich noch zu einem historischen Moment entwickeln; eher glaube ich, dass wir einfach nur diesen späten Dienstag verschwatzen und uns gegen 23.45 Uhr verabschieden werden, wie immer. Also bitte, sei so gut und leg' dieses Korkding drunter, versau' mir nicht wegen nichts meine *authentischen* Symboliken.«

Einmal hörte ich jemanden sagen: »Ich weiß, es ist spießig – aber um nicht spießig zu wirken, erlaube ich immer jedem Besucher, seine Schuhe anzulassen, egal, wie viel Matsch oder Sand an den Sohlen klebt, ich dulde auch Hundedreck. Lieber putze ich später zwei Stunden lang alles durch, als mir von irgendjemandem eine anale Persönlichkeitsstruktur andichten zu lassen. Das machen die neuen Rechten ja gerne, dass sie einen für ihre Propaganda vereinnahmen wollen, und die alten Linken hängen's dir sowieso an. Darauf falle ich bestimmt nicht herein.«

Die Leute sind wirklich sehr vorsichtig heute.

Wenn jemand sich selbst als »Spießer« bezeichnet, drückt er damit ein hohes Maß an Selbst-Bewusstsein aus – bei gleichzeitigem Mangel an Selbst-Vertrauen. Er umreißt sein feinsinniges Leiden an seiner Massenhaftigkeit, die leichte Scham darüber, genauso unverwechselbar zu sein wie alle anderen auch. Jede(r) ein Gesamtkunstwerk – aber alle aus derselben Fabrik. Auch bringt der Verlegenheits-»Spießer« einen gewissen Grundschmerz über seine Heimatlosigkeit zum Ausdruck. Den Eigenverdacht auf »Spießigkeit« zu äußern bedeutet sehr oft, dass man sich von »neuer Bürgerlichkeit« deutlich distanzieren will. Gerade mit der Selbstbezichtigung als »Spießer« drückt man aus, dass man *nicht* intolerant ist (oder sein will). Man macht es damit doppelt deutlich – und überholt sich mitunter selbst. »Nur noch Spießer verwenden heute das Wort ›Spießer‹«, hat ein Freund einmal gesagt.

»Der Spießer: Gegen alles, was er nicht gewohnt ist, ist er zur Stelle, jederzeit.« So hat der Philosoph Ernst Bloch ihn einmal charakterisiert. Doch ist der »Spießer«, der sich heute selbst als solcher benennt, ein ganz anderer als der »Spießer«, den auch Ödön von Horváth vor achtzig Jahren schilderte – und auch ein anderer als derjenige, der vor der Achtundsechziger-Bewegung herrschte. Wie ein »spießiges« Land aussieht, das den Namen verdient, schildert Christian Rickens (*1971) in seinem Buch *Die neuen Spießer. Von der fatalen Sehnsucht nach einer überholten Gesellschaft*: »Ein Land, in dem es draußen nur Kännchen gab, in dem man Beat-Musik nur nach vorherigen Warnhinweisen im Fernsehen sendete. Ein Land, in dem noch 1966 das ehemalige NSDAP-Mitglied Kurt-Georg Kiesinger Bundeskanzler wurde, während sein späterer Gegenkandidat, der ehemalige Widerstandskämpfer Willy Brandt, als Vaterlandsverräter diffamiert wurde. Ein Land, in dem die spätere Bundesfamilienministerin Renate Schmidt vom Gymnasium flog, weil sie schwanger war, und Gesundheitsministerin Ulla Schmidt dort gar nicht erst aufgenommen wurde. Schließlich war sie die Tochter einer alleinerziehenden Arbeiterin.«

Der Verlegenheits-»Spießer« von heute ist nicht zwingend gefährlich, sondern oft nur überfordert – aber zur Selbstironie willens und in der Lage. Der »Spießer« sei inzwischen »entkriminalisiert«, schrieb einmal die *Süddeutsche Zeitung*, und die *taz* machte mehrere Untergattungen aus, etwa den »Alternativspießer« oder den »Traditionsspießer«. Vom »Aufklärungsspießer« spricht der Soziologe Gerhard Schulze, und der *Stern* erfand den NDS, den »Neuen Deutschen Spießer«, der *Nordic Walking* betreibt – und was wohl am liebsten zu sich nimmt? (Hinweis für die Minderleister unter den Lesern: Das Getränk ist lauwarm und sein Name besteht aus zwei Wörtern.)

Manchmal dreht die Landschaftsgärtnerin mit einem *Coffee-to-go*-Becher aus Pappe eine kleine Runde durch Berlin-Mitte, nicht als *Young Urban Professional*, sondern als *Almost Old Urban Social Problem*. Sie weiß genau, was sie tut, und sie macht sich extra ein bisschen zurecht dafür, nicht zu sehr natürlich, nicht so aufwendig wie nachts. Sie läuft mit dem Kaffeebecher in der Hand über die Rosenthaler Straße, die Alte und die Neue Schönhauser entlang, wenn das Wetter gut ist, nimmt sie auch die August-, die Gips- und die Linienstraße noch mit. Meist wählt sie eine Zeit am späten Vormittag, zwischen 11 und 13 Uhr, aber auch der späte Nachmittag ist möglich, 17.15 Uhr ist ein guter Termin. Oft ist gar nichts (mehr) drin in dem Becher, aber er hat ja einen Deckel, man sieht es nicht.

Ein paar Wochen bevor ich überraschend meine Amtsgeschäfte aufnahm, war ich ihr zufällig bei einem solchen Rundgang begegnet. Ich kam gerade von einem Recherche-Termin, der sich nicht gelohnt hatte, sie stromerte, erstaunlich frisch wirkend, am helllichten Tag in der Gegend herum. »Oh, zur *business hour* unterwegs?«, fragte ich, im uns vertrauten, liebevollen Sarkasmus-Modus.

»Ich mache meine Macchiato-Performance.«

»Bitte?«

Sie erklärte mir ihr Unternehmen ein bisschen.

»Aber warum tust du das?«

»Nur so. Um nicht rauszukommen.«

»Das ist doch albern«, sagte ich. »Nur weil du wie eine Erwerbstätige herumstolzierst, kriegst du doch keinen Job.«

»Die Übung ist es«, antwortete sie. »Wenn es so weit ist, will ich gleich wieder für alles bereit sein.«

Ich schüttelte meinen Kopf, und zwar so, dass sie es nicht übersehen konnte.

Wir liefen ein Stück weiter, und nach ein paar Metern warf sie den Pappbecher in einen zufällig herumstehenden Mülleimer. Worauf wir beide grinsten, im vertrauten, zärtlichen Besserwisserin-nen-Modus.

● ● ●

In den ersten zwei Tagen nach meinem Amtsantritt saß ich he-rum und tat nichts. Ich wartete ab, bis die Lage in meinem Innern sich einigermaßen beruhigt hatte. Es galt, einen Aufstand niederzuschlagen. Das war sehr anstrengend.

Als ich damit fertig war, rief ich die Landschaftsgärtnerin wie-der an. Ich musste ja. Sie war die Einzige, die ich um ein paar Instruktionen bitten konnte. Die Leistungsempfänger-Diplomatie: Seit zweieinhalb Jahren war die Gärtnerin dabei, niemand hatte es ihr angemerkt, und genau so wollte ich es auch erst einmal halten, zumindest bis ich die Dinge sortiert hatte. Ich lud sie zu mir nach Hause ein, da lief im Hintergrund immer gute Musik, der Service war noch in Ordnung und der Instant-Kaffee günstig. Ziemlich auf-geregt war ich, als ich meine Schätze vor ihr auf den Tisch legte: »Ich bin jetzt übrigens auch von Amts wegen reich.«

»Willkommen im Club«, war erst einmal alles, was sie dazu sagte. Wofür ich ihr bis heute sehr dankbar bin.

So fragte ich nach den *Dos and Don'ts*, unter besonderer Berück-sichtigung des zwischenmenschlichen Bereichs.

»Es gibt nur zwei Regeln«, sagte sie. »Erstens: Du wirst die Sache für dich behalten. Zweitens: Du wirst niemandem davon erzählen.«

»Ja, das hatte ich erst einmal vor. Wobei … der Familie Bescheid sagen?«

»So spät wie möglich. Warte erst einmal ab, vielleicht bist du schneller wieder raus, als du denkst, du kannst deinen Eltern viel-leicht viel Kummer ersparen, und dir selbst auch.«

»Glaubst du denn wirklich, es wäre schlimm, wenn es doch he-rauskäme?«

»Ja. Sie werden in dir eine mögliche Variante ihrer eigenen Zukunft sehen und sich gruseln, sie werden fürchten, dass es ansteckend ist. Jedes von dir vergessene Komma werden sie dir als weiteren Beleg dafür nehmen, dass es dich wohl komplett aus der Bahn gekegelt hat, und, wer weiß, vielleicht werden sie stolz darauf sein, dass sie endlich auch einmal etwas aus erster Hand zum *Gossip* beitragen können. Jeden Themenvorschlag, den du anbringst, werden sie als Betteln um Geld interpretieren. Und sie werden dir *noch* weniger bezahlen als vorher – wenn sie dich, wie gesagt, *überhaupt* noch beschäftigen.«

»Das ist doch Quatsch, das ist ja völlig übertrieben, wir sind hier in Berlin, ich meine ...«

»Berlin ist groß, und du treibst dich in den falschen Kreisen herum. Deine Leute sind zu *gesettelt*, jedenfalls tun sie so – genau wie ich, genau wie du. Sie werden es zum Psycho-Problem umdeuten, sie werden sagen, dass du säufst, dass du zu viel kokst ...«

»Aber ich kokse doch gar nicht! Und ich vertrage kaum Alkohol, ich bin schon nach zwei Weißweinschorlen blau, das weiß doch jeder!«

»... dass du eine schwere Depression hast oder eine Borderlinerin bist. Dass man es schon an deinem Lachen merkt, werden sie sagen.«

»Du bist ja völlig verrückt.«

»Nein, bin ich nicht. Du hast mich am Anfang auch behandelt, als sei ich gestört.«

»Stimmt nicht!«

»Doch! Du hast gedacht, dass ich mich mal nicht so anstellen soll und dass ich viel zu *wählerisch* bin!«

»Habe ich nicht!«

Hatte ich natürlich doch. Aber nicht *so*, wie sie das jetzt darstellte. Glaube ich jedenfalls.

Alle zwanzig Jahre mache der Mensch eine Art *Authentizitäts-Häutung* durch, schreiben die amerikanischen Soziologen James H. Gilmore und Joseph Pine in ihrem Buch *Authenticity: What Consumers Really Want* (»*Authentizität*: Was Konsumenten wirklich wollen«). »Die Menschen befreien sich von Dingen und Verhältnissen, die nicht mehr ›sie‹ sind, und treffen neue Entscheidungen, die besser zu ihrer umgestalteten Identität passen.« Die zwei entscheidenden Altersphasen für den inneren und äußeren Komplettumbau lägen zwischen dem 35. und 40. sowie zwischen dem 55. und 60. Lebensjahr, berichten zwei andere US-Wissenschaftler, die Kultursoziolgen Margaret Kind und Jamie O'Boyle. Von einer automatisch einsetzenden, schier unausweichlichen »Neubewertung« der *Authentizität* sprechen sie.

13 Euro am Tag. Ich weiß nicht, ob es enttäuschend ist für diese kleine Geschichte, dass ich nicht im Windfang des *KaDeWe* übernachtet habe, in einem Schlafsack, wenigstens einmal auf Probe. Dass ich keine Romanze mit einem Langzeitarbeitslosen aus Moabit angefangen, mir keinen Stammplatz am PVC-Tresen eines Hühner-Grills erkämpft und auch nicht ausprobiert habe, wie es als Straßen-Jongleurin mit Hut so ist. Womöglich wären das passende Inszenierungen gewesen. *Authentisch* war ich indes darin, ein Mimikry aufzuführen. Nicht einen Gedanken verschwendete ich in jenen Tagen an die *Authentizität*. Ich hatte Angst und Angst, dass man mir die Angst anmerkt. So nutzte ich mein *Unechtleben* als Rüstung und begann, mir selbst und den anderen meine gewohnte Normalität vorzuspielen. Millionen anderer Menschen betreiben tagein, tagaus Mimikry. Sie gönnen sich Extrem-Hightech-Anlagen, Katamarane, Wasserbetten oder Fernreisen auf Pump. Oder sie spielen sich eheliche Treue vor. Es gibt Stress-Vortäuscher in den Büros, *Extensions*

und gekaufte Adelstitel, Heiratsschwindler auf den Standesämtern, Anlagebetrüger am Telefon und falsche Doktoren in den Kliniken. Endlich gehörte ich zur Mitte der Gesellschaft.

Körperlich hatte sich schon binnen weniger Tage einiges verändert. Von quälenden Schlafproblemen hatte ich bis dahin nur gelesen. 36 Stunden am Stück am Rad drehen, dann für zwölf Stunden in einen traurigen, komatösen Zustand fallen: Das war jetzt mein Rhythmus. Unmengen kalten Schweißes produzierte meine Maschine. Ich fröstelte Tag und Nacht, schwitzte dabei aber wie ein Metallwerker am Hochofen, selbst wenn ich mich stundenlang reglos unter eine Decke gewickelt aufs Adenauer-Sofa zurückzog, um mal zu testen, wie Apathie sich anfühlte. *Etwas* in mir arbeitete rund um die Uhr und leitete die dabei entstehenden Spaltprodukte durch meine Poren nach außen. Das riecht. Von einem Billig-Deo stieg ich auf die nächsthöhere Deodorant-Klasse um.

Mein Zigarettenkonsum verdoppelte sich. Aufs Ausgehen und Leutetreffen wollte ich auf keinen Fall verzichten. Das ist bekanntermaßen einer der schlimmsten Effekte von Geldknappheit: die soziale Verarmung. Wäre ich zu Hause hocken geblieben, hätte ich vielleicht doch mit dem Trinken angefangen oder mit einer anderen Art der Selbstsabotage. Also sparte ich am Einzigen, was mir vorübergehend disponibel erschien. Ich trank Leitungswasser und lernte die vielfältigen Möglichkeiten kennen, die ein Laib Toastbrot bietet. Vorgeschnitten, in einer Plastiktüte gekauft, kommt man sehr gut eine Woche damit aus, vorausgesetzt, man knibbelt die Tüte ordentlich immer wieder zu, damit es sich hält. Man kann eine gesalzene Tomate dazu essen, später ein Stück Käse, dann noch einen Apfel, schon ist der Tag herum, und man hat, zusammen mit dem, was man an den vorigen drei Tagen nicht verfressen hat, am Abend 30 oder 35 Euro zur Verfügung, um die alten Bekannten wiederzusehen und sich zu benehmen, als wäre nichts. Keine Hungerattacke ist so schlimm wie die Sorge, nicht mehr dazuzugehören. Nudeln sind natürlich billig. Auch Pellkartoffeln mit Quark gehen immer und machen einigermaßen satt, hatte die Landschaftsgärtnerin mir verraten. Worauf ich außerdem kam: Ein Beutel Reis, mit Curry gewürzt, kann nach richtig viel schmecken. Manchmal habe ich gedacht (und mich sofort für diesen Gedanken verachtet): »Mist, mein Leben mit seinen hochgetuneten Codes ist so viel teurer als das eines Menschen, der von Anfang an jenseits der Codes lebt, dass ich nun deutlich weniger zu essen habe als der. Müsste ich nicht so viel ins Posen investieren, wäre ich satt(er). Geld ist ein Spanferkel mit Sahnesoße, und mir ist etwas schwindelig.«

Wenn ich jetzt meinen Körper berührte, beim Duschen oder Eincremen, ein, zwei Wochen nach meinem Amtsantritt, fühlte er sich beinahe wieder so an wie der Körper einer gut trainierten 22-Jährigen. Fast wurde ich ein bisschen wuschig, wenn ich über meine kessen Hüftknochen strich.

⬤ ⬤ ⬤

Je länger mein letztes Steak mit Champagner zurücklag, desto schwieriger wurde es dann mit Ella, meiner – an sich – superextremsonnigen Bio-Bürgerinitiativen-Freundin, die vorläufig von Alimenten des Kindsvaters, Kinder- und Elterngeld, dem zwei Jahre zurückliegendem Verkauf ihres *Saab* und gelegentlichen Übersetzungsaufträgen lebte.

Ella sagt, wenn sie sauer auf mich ist, Sachen wie: »Du bist kühl.« Oder: »Du hast ja keine Ahnung.«

Ich sage, wenn ich sauer auf Ella bin, Sachen wie: »Du bist völlig fanatisiert.« Oder: »Ich lasse mir mein Schnitzel nicht verbieten!«

Ja, Ella ist Vegetarierin, ich liebe Fleisch. Es muss nicht mal gutes Fleisch sein. Ich bin der Typ, der, wenn unterwegs ein Wahnsinnshunger kommt und genug Geld in der Tasche ist, an die nächstgelegene Fettzeugs-Bude rennt und zwei Zwei-Euro-Stücke hinknallt, »einmal mit allem, schnell!«. Es ist mir völlig egal, wie das Schwein hieß, das dafür sterben musste, von mir aus könnte es auch ein Esel gewesen sein, ein Känguru oder ein Golden Retriever. Wenn ich es mir leisten kann, gönne ich mir tatsächlich alle paar Wochen eine Blutige-Steaks-Phase, manchmal auch sieben Hackfleisch-Tage in Folge. Das Gute an Schinkennudeln ist der Schinken, das Gute an Wien ist das Schnitzel, das Gute an Bologna ist die Bolognese, und Pizza mag ich am liebsten mit Salami. Ich rauche wie ein Dieselbus und trinke etwa anderthalb Liter *Coca-Cola* am Tag, nicht *light*, nicht *Zero*, sondern den Klassiker, mit 35 Zuckerwürfeln pro Liter, den puren Stoff, den fiesen Schlick, die reine Kunst.

Ich bleibe mir *authentisch* treu, und Ella sieht mein Leben in Gefahr. Ich weiß, dass sie es gut meint. »So viel weißer Zucker!«, sagt sie, wenn ich in einer Kneipe die Zitronenscheibe vom Cola-Glas reiße, das lästige Gemüse. »Wieso weiß, es ist doch braun«, antworte ich und schütte die *Cola* in einem Schwung in mich hinein. Dann rufe ich: »Der Ami hat uns von den Nazis befreit, und er hat uns den Rock'n'Roll geschenkt, der Ami ist mein Freund!«, und knalle das Glas auf den Tisch. Seit Obama an der Macht ist, widerspricht Ella in diesem Punkt nicht mehr. Doch folgt dann für gewöhnlich eine grob überschlagene Berechnung meiner aktuellen CO_2-Bilanz: Ella schlüsselt mir auf, welche ökologischen Kosten mein Glas *Cola* in der Vergangenheit verursacht hat, in der Gegenwart auslöst und in der Zukunft nach sich ziehen wird. Wo sie all die Formeln und Quotienten spontan immer hernimmt, weiß ich nicht, ich kann nicht überprüfen, ob das alles stimmt, was sie mir expertinnenhaft vorrechnet. Ergo kann ich auch nicht widersprechen (was mich, je nach Laune, mal mehr, mal weniger ärgert). »Prost!«, rufe ich dann meistens, oder: »Herr Ober, noch ein kleines Dunkelbraunes bitte!«

Ganz schlimm wird es, wenn es konkret an die Tiere geht. Da bin ich völlig aufgeschmissen. Die totale Ohnmacht. Die kleinen Kälbchen und Hühnchen. Neuerdings auch die Forellchen (Ella wagt sich weiter vor und führt sich selbst behutsam in den Veganismus ein, sie lässt jetzt auch alles weg, was Schuppen hat).

Ich habe gelernt: Vegetarier haben stets die besseren Argumente. Man findet keines, das überzeugt, denn eine Vegetarierin hat immer Fakten parat, die viel vernünftiger klingen als alles, was im Gehirn einer Fleischesserin in den Schubladen lagert. Man kann zum Beispiel sagen: »Selbstverständlich bin ich für artgerechte Haltung, idealerweise für die vollkommene Freiheit der Tiere, für die Freiheit aller Lebewesen! *Peace on earth!* Aber das Säugetier Mensch ist, biologisch gesehen, nun mal ein Allesfresser, wie eine Katze oder ein Hund, was weiß ich. Der Schnitzel-Appetit ist uns angeboren. Es ist vollkommen widernatürlich, sich das abzutrainieren.« Dann sagt Ella, ich solle ihr nicht mit »Biologismen« kommen, im Feminismus würde ich das schließlich auch nicht gelten lassen. Sie behauptet allen Ernstes, das wäre dasselbe, wie wenn man einer Frau sagte, nur weil sie, von der körperlichen Anlage her, ein Kind gebären *kann*, *muss* sie auch eins werfen. Und so steigern wir uns meist hinein und trennen uns irgendwann erschöpft.

Vegetarier haben, wie die Verfechter der Bio-Kost, oft nicht nur detaillierte Beweisketten, sondern stets auch die Moral auf ihrer Seite. Das macht sie – letztlich – unverwundbar. Vielleicht aber nicht zwingend zu den besseren Menschen.

»Sie bevorzugen klobiges Holzspielzeug, unhandliche Steingut-tassen und struppige, aber eigenwillige Wiesenblumen anstelle von Plastikspielzeug, Porzellan und Tulpen«, schreibt David Brooks über die »Bildungselite«, in die er die von ihm so benannten »Bobos« einordnet, die potenzielle *Manufactum*-Klientel. »Stofflichkeit und Struktur geben auch im Bereich der Ernährung die Richtung vor. Alles, was ein gebildeter Mensch trinkt, wird Spuren in Form von Ablagerungen im Glas hinterlassen: hefehaltiges Bier aus kleinen Brauereien, naturtrübe Fruchtsäfte, biologischer Kaffee. Gleiches gilt für Gewürze: je derber, desto besser.« Und: »Der Rohzustand verkörpert für die Bobos *Authentizität* und moralische Korrektheit.«

Von *Moral Credentials*, »moralischen Bonuspunkten«, sprechen die kanadischen Psychologen Benoit Monin und Dale Miller. Eine Studie der Universität von Toronto hat gezeigt: Bio-Einkäufer sind offenbar die unfreundlicheren, rücksichtsloseren Menschen. In mehreren aufwendigen Versuchsreihen hatten die Wissenschaftler Testpersonen beim Online-Shopping beobachtet. Diejenigen, die den zur Verfügung stehenden Betrag aus freien Stücken für besonders viel Bio-Ware ausgegeben hatten, erwiesen sich in den Folgetests, als es darum ging, Geld in der Gruppe aufzuteilen und in gemeinschaftlichen Spielen Fairness zu beweisen, als auffällig geizig, garstig und hinterlistig. Wer davon überzeugt sei, besonders moralisch zu handeln, leite daraus leicht das Recht ab, gegen andere Normen zu verstoßen und andere Menschen schlechter zu behandeln – wer moralische Überlegenheit empfinde, der rechne sich schnell ein paar *Credentials* zu, so das Fazit der Psychologen.

Eigentlich kommt Ella mir durchaus wie ein fairer Mensch vor. Nur dass sie mich erziehen will, geht mir auf den Geist.

»Früher haben wir uns möglichst giftfreie Nahrung direkt vom Erzeuger oder aus dem Bioladen gegönnt. Das haben wir eingestellt. Wir haben gegessen wie die Oberschicht, aber das Ganze spielte sich im unteren Segment der Mittelschicht ab«, sagt ein 50 Jahre alter Familienvater in *Focus*. Als Architekt hatte der Mann gearbeitet, bis er seinen Job verlor und sich notgedrungen auf seinen ersten Lehrberuf besann, die Schreinerei, aus der er aber eben ein paar Jahre heraus war. Mehr schlecht als recht kommt die Familie mit zwei Kindern heute durch, mit Gelegenheitsaufträgen des Vaters. Jetzt kaufe die Familie bei *Aldi* ein, heißt es in der Reportage. Sicher nicht, weil es dort ganz tollen Crémant schon für 18 Euro gibt.

»Teure Bio-Produkte, Kerosinaufschläge, Benzinpreiserhöhungen, höhere Parkgebühren in Großstädten, höhere Strompreise, höhere Mieten – wer arm ist, wird durch die Ökologie noch ärmer. Einen sozialen Ausgleich nämlich sehen all diese Maßnahmen nicht vor«, schreibt Malte Lehming im *Wall Street Journal Europe*. Mit dem kühlen Blick eines Wirtschaftsexperten seziert er die Lage: »Die Exportnation (Deutschland) will die Umwelttechnik zur Leitindustrie des 21. Jahrhunderts machen. In 15 Jahren soll sie die Automobilwirtschaft überholt haben. (...). Ein Milliardenmarkt ist entstanden, und Deutschland ist in zahlreichen Zukunftsbranchen Marktführer mit einem Weltmarktanteil von 15 bis 20 Prozent. Schon heute arbeiten etwa 1,5 Millionen Deutsche in der Umweltschutzindustrie.« Doch lasse sich bereits ablesen, »dass der ökologisch-industrielle Komplex nicht nur ein starker Innovationsmotor ist, sondern soziale Ungleichheiten mehr verstärkt, als es neoliberale Ideologien wohl je vermocht hätten.«

W as mich besonders an Ellas Einmischung in meine Ernährungsgewohnheiten stört, ist, dass ich die schrittweise Entwicklung ihrer Radikalisierung erschreckend plastisch mitverfolgen konnte. Vor einer Handvoll Jahren fing es an, dass wir plötzlich Schwierigkeiten hatten, uns auf ein Café zum Schwatz zu einigen, denn Ella duldete auf einmal nichts anderes als Sojamilch mehr in ihrem Kaffee, und Sojamilch hatten damals noch nicht alle. »Laktose-Intoleranz«, sagte sie. Das klang schrecklich, ich drückte ihr mein Beileid aus, und als ich fragte, woher das denn auf einmal komme, bislang hätten wir doch immer ganz gewöhnlichen Milchkaffee getrunken und Spaghetti-Eis gegessen und Käsehäppchen an den Feinkosttheken der Friedrichstraße genascht, da erklärte sie, es sei eine Nachwirkung ihrer Schwangerschaft, sie sei jetzt sensibilisiert.

Ein, zwei Jahre später mussten wir mehrere Asia-Imbisse von unserer Liste streichen, wegen Glutamat. Dann kam eine Überempfindlichkeit gegen Weißmehl hinzu.

»Alle weißen Stoffe sind gefährlich«, sagt Ella.

»Ja, vor allem Heroin«, sage ich.

Hanf-Mode – Holundersaft – Heimat-Tourismus. Ich denke ja: Ella ist eine Wutbürgerin. Bloß macht sie die Sache zwischen sich und der Wursttheke aus. Wenn sie eines Tages Frutarierin geworden ist, müssen wir uns dann ernsthaft überlegen, was wir noch gemeinsam unternehmen können. Essen und Trinken gehen ist dann definitiv passé. Ohne mich. Und ich möchte mich auch nicht anraunzen lassen, wenn ich bei einem Spaziergang im Park aus Versehen eine Haselnuss trete.

Was Ella einfach nicht verstehen will: Kaum jemand interessiert sich ernsthaft für unbedenkliche Kartoffeln oder schadstofffreie Süßigkeiten, wenn er oder sie 13 Euro am Tag zur Verfügung hat. Niemand, der offiziell in den Kundenkreis der großen Agentur aufgenommen ist, wirft auch nur einen Blick auf nachhaltig gefertigte Schuhe. Nicht jeder hat zudem die Muße, sich zur »mitteleuropäischen Mülltrenn-Monade« (Alex Rühle) zu erziehen. Ertragen und respektieren wir es doch, dass all die billigst und giftigst hergestellten Ramschwaren, all das Polyester und aller Kunstleder-*Fake*, der in der Welt ist, seine Produzenten und seine Käufer hat und bis auf Weiteres haben wird. *Sweatshop*-Waren und Kinderarbeitsprodukte: Respektieren wir, dass vorerst noch ein paar Millionen Menschen weltweit davon leben müssen und dass diese Dinge die Codes vieler Leute, die nicht *wir* sind, erfüllen. Lassen wir doch den Leuten, die nicht viel Geld haben und vielleicht nicht so schlaue Dinge lesen, deren Sächelchen. Knatschbunte Kunststoffverschalungen für Mobiltelefone sind jenen genauso wichtig wie anderen ihre Echtholzarmaturen. Wir können und müssen mit dem PLASTIK leben.

Oft bin ich stolz auf Ella. Sie ist eine der wenigen, die sich tatsächlich bei Wind und Wetter rauszwingen und mit Transparenten an eine Straßenkreuzung stellen, um sich für oder gegen etwas einzusetzen. Dadurch, dass ich mit ihr befreundet bin, bin ich ja quasi auch immer irgendwie mehr oder weniger dabei. Einmal hat sie mich zu einem Flashmob mitgenommen. Es ging um Etat-Kürzungen bei einem größeren Kultur-Sozial-Projekt. Das Lokalfernsehen war da und *Spiegel online*, und etwa 200 neue Erwachsene, die sich, auf Verabredung, schwarze Bärte aufgemalt hatten und vor der zuständigen Behörde eine abgewandelte Version von *Muss i denn zum Städele hinaus* sangen, in mehreren Loops hintereinander.

Selbst Ella war es peinlich. Sie hatte mich auf dem Weg dorthin, im Bus, gebeten, ihr einen Schnäuzer aufzumalen, und mich mit verschärftem Psychoterror dazu gezwungen, mir auch einen dranschminken zu lassen. Jetzt sang sie mit, lachte aber ganz unsicher und knuffte mich ein paar Mal in die Seite. Ich grunzte. Es war der erste Flashmob meines Lebens, ich betrachtete es als Recherche, fürs Archiv schon mal, oder als Freundschaftsdienst für die anstrengende Gelockte neben mir. Unbedingt wollte ich das alles ganz fürchterlich finden. *Cool* ist ein absolut hinrichtungswürdiges Wort, dennoch lag mir zeitlebens viel daran, einigermaßen so zu erscheinen: k.ü.h.l. Nun stand ich in einer Erwachsenenmenge, die sich wie zum Kinderfasching verkleidet hatte, und drehte meinen Kopf zur Seite, wann immer die Kameras in meine Richtung zielten.

Aber etwas geschah.

Argwöhnisch betrachtete ich die Leute neben, vor und hinter mir – und sah ihnen an, dass es ihnen genauso unangenehm war wie Ella und mir. Auch sie schämten sich und lachten verlegen und schubsten sich gegenseitig leicht an und hofften, dass schnellstmöglich irgendetwas *passiert*, damit der Schabernack aufhört. Sehr offensichtlich *überwanden* sie sich – daran bestand kein Zweifel. Sie teilten die Last der Selbstüberwindung, indem sie voreinander rot anliefen und sich dabei zuzwinkerten und eben einfach *mitmachten*. Und plötzlich stellte sich dann doch ein irritierend friedliches Gefühl bei mir ein. Noch während die albernen Gesänge liefen, ging mir auf, wie viel lieber mir Leute sind, die zweifeln und ausprobieren, als solche, die mit aggressiver Selbstgewissheit um sich schlagen, seitwärts und nach unten treten. Ich betrachtete diese Um-die-40-Jährigen mit ihren Kapuzenpullis und Turnschuhen, manche auch in schwer modische, asymmetrische Sachen gekleidet, einige mit Kindern, andere ohne, manche vielleicht 34, andere 46, und fand: Die Leute sind doch eigentlich ganz in Ordnung. Einige hatten sicher spannende Geschichten im Gepäck, andere führten irrwitzige Geschmäcker vor, und kein Einziger hatte hier sein doofes Auto mitgebracht, wahrscheinlich besaßen achtzig Prozent der *Flashmobber* nicht mal eines. Und ich dachte: Es ist gut, dass *wir* anders sind als unsere Eltern. Es ist gut, dass *wir* die Weisheiten aus Filmen, Büchern und Songs teilen, dass wir diese Sachen weitererzählen und einen zweiten Bildungskanon bewirtschaften, das Gegenwarts-Wissen übers *Populäre*, dass wir ein Internet haben und eine Stadt, in der *wir* uns, wenn's drauf ankommt, schnell zusammenfinden können, und sogar halbwegs spontan an einem ganz normalen Werktag, wo so viele den Faktor *Arbeit* doch eh simulieren oder nur noch phasenweise erleben oder sich die *Arbeit* nach Gutdünken frei einteilen können. Und es ist auch nicht schlecht, dass *wir* über das volle neu-erwachsene Medien-Know-how verfügen. Der *Mob* schaffte es tatsächlich in vier Fernsehsender und hatte eine Etat-Nachverhandlung zur Folge. Reinen Gewissens durfte ich mich nun eine Drei-Komma-Fünf-Prozent-Aktivistin nennen. Gleichzeitig wusste ich natürlich, dass ich hier bloß an der Durchsetzung eines minikleinen, singulären *gruppenegoistischen* Anliegens mitgewirkt hatte – an einem Wunschprojekt von ein paar staatlich subventionierten Kultur-Zauseln.

Nachdem Ella die Frechheit besessen hatte, ein Foto von mir mit *Flashmob*-Schnurrbart auf meiner *Facebook*-Seite zu veröffentlichen, 36 Stunden bevor ich mich wieder einmal dort einloggte, sodass es alle meine 333 Freunde anderthalb Tage lang hatten betrachten können, ohne dass ich davon wusste, sperrte ich ihr zwei Wochen lang den Zugang zu meinem Profil.

IRGENDEIN RECALL
IST IMMER

»Geile Preise, geile Leute.«

Je länger ich bei der Agentur beschäftigt war, desto besser kannte ich mich natürlich aus in dem Gebäude, das jetzt meine Fabrik war. Schnell hatte ich gelernt, dass man besser etwas zu trinken mitnimmt, wenn man zu einem Termin geladen wird, denn die Luft ist schlecht und die Wartezeiten sind oft lang.

Zu einer Art Aufstockerin war ich geworden. Wie alle Hartz-IV-Empfänger durfte ich bis zu 100 Euro im Monat dazuverdienen. Alles, was darüber liegt, wird sofort mit dem Miet- beziehungsweise Essenszuschuss verrechnet. Zwischendrin gab es immer mal wieder ein paar Wochen, in denen es etwas besser lief – was bedeutete, dass ich sofort aus dem »Leistungsbezug« herausfiel, mich also abmelden beziehungsweise das vom Amt zu viel überwiesene Geld umgehend zurückzahlen musste – um mich einen Monat später direkt wieder anzumelden.

Ich blieb dabei: Ich wollte meinen Beruf nicht aufgeben.

Doch gelang mir kaum noch ein solides Denken. Jeden Tag fielen mir vier Romane ein und sieben Blitzlichtgewitter-Reportagen, eine Idee unrealisierbarer als die andere. Abends war ich dann immer erschüttert über meine mangelnde *Produktivität*. Fahriger war mein Geist nie als unter der konstanten Sorge: »Was jetzt?« Die Fantasie, dass aus einer Hartzerin qua Geniestreich eine Millionärin werden kann: so realistisch wie ein Psychotest in *Bild der Frau*. Es legt sich sofort wie Beton um dein Leben. Du weißt, dass du fortan alle paar Wochen neue Termine, Nachweisfristen, Kontenprüfungen oder Aufforderungen zu »Maßnahmen« erhältst, deine Zeit läuft, du kommst dir vor wie auf Bewährung. Und vermutlich kann jemand wie ich noch nicht einmal ahnen, wie sich das anfühlt, wenn du da direkt hineingeboren wirst, wenn du schon so aufwächst. Du bist vom »Ermessensspielraum« deines jeweiligen Sachbearbeiters abhängig, und vielleicht macht es die Sache leichter, den oder die Sachbearbeiter(in) von Anfang an als ein ungeliebtes Familienmitglied zu betrachten, vielleicht bringen es deine Eltern dir gleich bei: Du wirst den Mann/die Frau vom Amt sowieso nicht mehr los.

Je nachdem, wie meine Sachbearbeiterin mein Zukunftspotenzial einschätzte, konnte sie mir einen weiteren Monat in meiner Wohnung gewähren oder mich zum Umzug binnen vier Wochen auffordern. Noch nie hatte irgendwer, außer während meiner Minderjährigkeit meine Eltern, eine solche Verfügungsgewalt über mein Leben. Und ich hatte Glück: Die Sachbearbeiterin schien so weit in Ordnung zu sein, sie ließ mir ein wenig zeitlichen Spielraum. Vielleicht lag es auch nur daran, dass sie mich alle paar Wochen wieder mal für ein Weilchen aus der Statistik los war. Es gibt Leute, die erhalten schon nach drei, vier Monaten die erste Ermahnung zum Umzug oder zur *Fortbildung*.

Rücklagen zu bilden ist auf Hartz IV unmöglich. Man kann sich kein Polster schaffen, von dem aus man eines Tages wieder guten Gewissens und halbwegs unbeschwert – »erhobenen Hauptes« – alleine starten kann, ohne den Druck, der sich durch all die Fristen ergibt und der die eigene Konzentrationsfähigkeit nicht gerade fördert. Zwar darf man, wenn man erstmals Hartz IV beantragt, noch ein Guthaben bis zu 4999 Euro besitzen (nachdem man seine Lebensversicherungen zwangsaufgelöst und verbraucht hat, was wiederum die Altersarmut programmiert) – doch darf man, wenn man mit weniger Guthaben oder gar nichts bei Hartz IV einsteigt, eben nicht so viel verdienen, dass man sich auf jene 4999 Euro hochsparen kann. Auch ist es unmöglich, die Stadt zu wechseln, um anderswo vielleicht mehr Glück zu haben, an einem Ort, an dem es mehr *zu tun* gäbe. Berlin ist mir zum Knast geworden, *Freiheit* ist auf Hartz definitiv *over*. Nur ein Lottogewinn holt dich da dauerhaft wieder raus. Oder eine Festanstellung. Was bekanntlich auf dasselbe hinausläuft.

D ie Sache ist die: Ich liebe meine Arbeit, das Denken und Schreiben. Manchmal tun wir uns schwer miteinander oder gehen uns auf den Geist; dann aber sind wir wieder richtig heiß auf- und sehr begeistert voneinander. Ich weiß, dass es ein großes Privileg ist, eine solche Zuneigung zur eigenen Arbeit empfinden zu können. Wenigstens in dieser Hinsicht zähle ich zu Deutschlands Superreichen. Dank meiner großen Liebe bin ich nie einsam. Es gibt immer etwas zu denken und aufzuschreiben, und wenn kein Supercomputer in der Nähe ist, nimmt man halt einen Notizblock.

Vor allem habe ich stets das bloße Handwerk gemocht, den klassischen, namenlosen *News*-Journalismus. Bei einer Nachrichtenagentur habe ich meine Ausbildung gemacht und habe auch später immer wieder gern für den Laden gearbeitet. Selten wird der Urheber einer Nachrichten-Agentur-Meldung namentlich erwähnt, meist steht nur etwas wie *dpa* drunter, oft sind es Kurztexte, Zehnzeiler, die nahezu unverändert in der *Tagesschau* vorgelesen werden. Allen *Kreativitäts*-Firlefanz kann man sich dabei sparen. Es geht um die entscheidenden drei bis fünf *What's new*-Zeilen, um einen einprägsamen *Leadsatz*, um eine – im Idealfall nicht ganz begriffsstutzige – Zusammenfassung der Hintergründe. *Das* ist der Kern meines Berufs.

Es ist so ähnlich wie beim Schreinern, stelle ich mir vor: Du kannst dir mächtig Mühe geben, Aufsehen erregende »Designer«-Tische zu bauen, mit einer »ganz eigenen Linie« ein bisschen bekannt zu werden – doch kannst du ebenso viel Freude daran empfinden, einfach einen soliden Tisch nach dem nächsten zu bauen, Möbelstücke, die nicht wackeln und auch sonst keinen Ärger machen, Gegenstände, die irgendwann einfach *fertig werden*, und dann *dastehen* und sich gut anfühlen, wenn du mit der flachen Hand drüberstreichst.

Ich glaube schon, dass es ein menschliches Bedürfnis ist: etwas zu *schaffen*. Es kann der handschriftliche Haken sein, denn man nach stundenlangem Aktensortieren unter eine Abrechnung setzt (»Endlich fertig!«), es kann das Blech Brötchen sein, das man aus einem Ofen zieht, die Spritze, die man einem Patienten setzt, ohne dass der heult, der letzte Pinselstrich an der Fassade eines neu gebauten Wohnhauses (»Geschafft!«), vielleicht das Gefühl, im Juni eines jeden Jahres wieder einen Jahrgang Grundschüler durchgebracht zu haben (»Puh – jetzt erst mal Sommerferien«). Womöglich hat nicht jeder diesen Drang, nicht jeder *muss* es ja so empfinden. Aber es sieht doch ganz so aus, als habe die Mehrzahl der Menschen schon immer eine gewisse Freude empfunden am Knirspeln und Herumbauen, lange bevor es den Kapitalismus gab, jenseits der feudalen Fronarbeit, abseits allen Sklaventums. Was hat wohl der- oder diejenige verdient, die auf die Idee mit dem Feuer gekommen ist? Und der, der das Rad erfunden hat?

Als »Flow« hat der ungarischstämmige Psychologe mit dem absolut unmöglichen Namen Mihály Csikszentmihályi das Aufgehen im Tun einmal bezeichnet – das zeitweise Versinken in eine Tätigkeit. Der »Flow« sei eine Form von Glück, sagt der Mann, dessen Nachname mit C. beginnt. Von der Freude an der »Selbstwirksamkeit« spricht Coach Svenja Hofert. Ich habe immer ein ganz einfaches Bild im Kopf, wenn ich darüber nachdenke, was es bedeutet, in seinem Tun »aufzugehen«: Ich sehe ein Kind vor mir, vielleicht vier oder sieben Jahre halt, das mit einigen Stöckchen und Steinen spielt, mit einer leeren Keksschachtel und zwei, drei *Playmobil*-Männchen. Die Keksschachtel ist die gefährliche Burg, die Stöckchen sind die darin gefangenen Kinder, der Stein ist ein dunkler Drache, die *Playmobil*-Männchen rufen schnell ein paar Schlümpfe zu Hilfe – und wenn es gut läuft, wenn es ein erfüllendes Spiel ist, kann man als Erwachsener das Kind beobachten, aus einigen Metern Entfernung, es bemerkt einen gar nicht, man kann lauschen, wie es »mit sich selber spricht« (dabei spricht da gar nicht das Kind, sondern die *Playmobil*-Leute beratschlagen ernsthaft mit den Schlümpfen, wie dem Drachen nun beizukommen sei), man kann genau sehen, wie unglaublich gefährlich der Drache ist und wie prächtig die Burg im Abendrot funkelt, man versteht dann vollkommen, dass das Kind seine Hausaufgaben vergisst oder vielleicht auch eine knallbunte Fernsehsendung – weil es in seinem selbst kreierten »Flow« schwimmt, weil es sozusagen auf Droge ist. Und es bekommt kein Geld dafür. Wenn ich im »Flow« bin, operiere auch ich jenseits aller Kosten-Nutzen-Erwägungen.

Vielleicht bedeutet mir meine Arbeit *gerade als Frau* besonders viel. Jedenfalls bin ich Astrid Lindgren und anderen sehr dankbar, dass ich nicht in einer pinkfarbenen *Lillifee*-Welt aufwuchs, in der alles mit süßen Zauberstäben, Simsalabim, herbeibestellbar ist wie bei *Amazon*, sondern mit Film- und Fernsehmädchen, die *Rote Zora*, *Ronja Räubertochter* oder *Lucy, der Schrecken der Straße* hießen. All diese Mädchen hatten nie etwas »gegen Jungs«, ganz im Gegenteil, sie bauten Hütten mit ihnen und entwickelten gemeinsam mit ihnen Maschinen, mit denen man durch die Zeit reisen konnte (das konnte man wirklich), sie wussten keineswegs immer alles besser als die Buben, sie waren einfach dabei, machten mit, als loyale Gefährtinnen, und überraschten gelegentlich die anderen (und sich selbst) mit einem Wahnsinns-Einfall. Während die Jungs auf einem

Bolzplatz herumkickten, trug ich meinen Ballett-Tütü. Aber ich besaß auch eine stattliche Sammlung von *Matchbox*-Autos, außerdem ein Miniatur-Parkhaus, das über drei Stockwerke ging und über einen kleinen Fahrstuhl verfügte, der »Ping« machte, wenn die oberste Etage erreicht war.

Das Parkhaus war vom Fabrikat *Fisher Price*, und ich weiß nicht, ob es heute noch hergestellt wird, und falls doch: Ob es den Fahrstuhl noch gibt?

●   ●   ●

E s tut mir leid, wir müssen noch einen Moment auf dem stickigen Behördenflur verweilen. Ich möchte doch noch einmal über meine dortigen Kollegen sprechen, über die anderen Mitarbeiter der Agentur, die alle »Kunden« genannt wurden, genau wie ich.

Es gibt dort eine Menge Leute meiner Sorte, ich würde sagen: Sie machen knapp zwei Drittel der Belegschaft aus. Man erkennt sie, wenn man seinen Blick auf die Umgebung eingestimmt hat, schnell. Es zeigt sich zum Beispiel an der Kleidung. Die Kleidung muss nicht teuer oder hochwertig sein, Qualität und Stil sind völlig unerheblich, es kommt allein darauf an, wie sie getragen wird. Die Körperhaltung ist es, wie jemand geht, sitzt, redet, und der Blick, die verraten, ob dieser jemand noch eine Chance haben könnte, einen anderen als den Agentur-Job zu finden. Man sieht den Menschen an, ob sie noch etwas *wollen*. Oder ob sie eben nichts mehr *wollen*.

Ich verstehe diejenigen, die nichts mehr *wollen*. Und ich sage: Man soll sie in Ruhe lassen. Es gibt welche, die haben das Wollen nie kennengelernt, und andere, die haben vergessen, wie es funktioniert. Jene Menschen *sind da*, es gab sie immer, wird sie immer geben. Es ist in Ordnung, freundlich und richtig, sie zu fragen: »Hey, magst du nicht ein bisschen mitmachen?« Man kann versuchen, ihnen einen Kurs vorzuschlagen oder so etwas. Vielleicht hat der eine oder andere ja doch Lust darauf. Aber man soll sie nicht hin-prügeln, nur weil *uns* die Idee von »Arbeit« Spaß macht.

Ich bin bereit, jene Leute mitzutragen. Ich finde es gut, in einem Land zu leben, in dem nicht die Hungerleichen frühmorgens von den Bürgersteigen gekehrt, die Kranken weggesperrt, die Verrück-ten ermordet, die Rauen versteckt und die Hässlichen mit Farbe übergossen werden. Ich finde es auch gut, dass man diejenigen *sieht*, die nicht können oder wollen. Sie sollen sich frei bewegen. Ich grüße sie, wie ich alle anderen grüße. Wenn mich ein Penner in der U-Bahn anrülpst, ist das auch nicht schlimmer, als wenn ein *High Potential* sein SUV-Vehicle mit laufendem Motor unter meinem Bal-kon parkt, weil er gerade sein Navi neu einstellen muss. Was geht mich der Penner an? Nichts. Was habe ich mit dem Besitzer eines 65 000-Euro-Wagens zu tun? Nichts. Sollen sie tun und lassen, was sie wollen, solange sie niemand anderem damit schaden.

Man muss die Menschen, die wirklich *draußen* sind, jenseits des *Wollens,* nicht rund um die Uhr beweinen. Man muss ihnen auch nicht dauernd ins Gesicht sagen, dass sie »Opfer« sind. Ich würde das nicht gern hören, den ganzen Tag. Man muss sie einfach nicht behandeln wie verwilderte Haustiere, sondern so, wie man selbst behandelt werden will. Man muss es nur akzeptieren: dass es eine Vielfalt gibt.

Die, die nichts (mehr) wollen, sind einfach ein bisschen anders. Sie reißen sich immerhin keine Millionen mit krummen Touren un-ter die Nägel und belasten dann die Gerichte mit Prozessen um Steuersünder-CDs, sie lassen nicht *die große Gemeinschaft* für ihre steuerlich absetzbaren Nizza-Affären aufkommen und lassen sich auch nicht den umweltgerechten Ausbau ihrer grundsanierten Reet-dachhäuser subventionieren, sie quängeln nicht so lange herum, bis die Kommune eine Tempo-30-Zone aus ihrer Anwohnerstraße in besserer Wohnlage macht, was wieder Zehntausende öffentliche Euro kostet für ein paar gekämmte Vorzugskinder mit lächerlichen

Vornamen-Kombinationen, und sie nehmen niemandem einen Platz an einer Uni weg, geschweige denn einen kostbaren A-A-Arbeitsplatz.

Es kann jedem passieren: dass ihm das Wollen entgleitet. Ein Jahr war ich auf Hartz. Wäre in dieser Zeit irgendetwas anderes noch schiefgegangen in meinem Leben – wäre jemand gestorben, den ich liebte – wäre ich angefahren worden und hätte fünf Wochen in einem Krankenhaus liegen müssen, und meine Nase hätte nie mehr so ausgesehen wie vorher – hätte ein Arzt einen Krebs bei mir diagnostiziert, mein Vermieter auf Eigenbedarf gekündigt oder hätte jemand mir das Herz gebrochen: Vielleicht wäre ich schon nach dieser kurzen Zeit nicht mehr hochgekommen.

Ausgegliedert und in weiten Teilen des Lebens so gut wie entmündigt zu sein macht dich wirklich *klein*. Du darfst die Stadt ohne Abmeldung eigentlich nicht mehr verlassen, nur zum Beispiel. Sie können dich, theoretisch und praktisch, zu Hause besuchen und mit Anrufen jederzeit kontrollieren, ob du tatsächlich *da* bist und grundsätzlich und potenziell *ansprechbar*. Du musst mit dem Rauchen aufhören, sagen sie, und du darfst auch keinen Wein mehr trinken, und um wenigstens deine Internet-Existenz am Leben zu erhalten, deine zweidimensionale Spiel-Persönlichkeit, dafür haben sie knapp zwei Euro im Monat für eine Flatrate vorgesehen. Es ist ein sehr dünner Faden. Ein Begriff, der in all diesen Zusammenhängen viel zu selten fällt, ist der der *Würde*.

W as Menschen meiner Sorte tun, wenn sie auf Hartz sind, ist, an ihrem *Wollen* zu arbeiten. Das ist der Rund-um-die-Uhr-Job, den du antrittst, in dem Moment, da du die Wiedereingliederungsvereinbarung unterschreibst: dein *Wollen* in Schuss zu halten. Es gibt deutlich bequemere Tätigkeiten. Sich neue Aromen für Coffee Pads auszudenken, Sandwiches zu belegen, Wahlkampf-Reden zu schreiben, Äcker zu pflügen, Flipcharts vorzubereiten oder in verspäteten *Deutsche-Bahn*-Waggons Dienstreisen nach Hannover zu unternehmen, zum Beispiel.

● ● ●

Im elften Monat kam der Brief. Die Umzugsaufforderung. Die neue Bleibe hätte nicht mehr als 345 Euro warm kosten dürfen. Für den Transport und etwaige Renovierungskosten in der alten und/oder neuen Wohnung wurden maximal 150 Euro bewilligt. »Damit können sie einen ganzen Tag einen Transporter mieten und etwas Farbe müsste auch noch drin sein, das schafft man«, sagte die Sachbearbeiterin.

In einer Wohnung, die 345 Euro kostet, hätte es ganz sicher kein Arbeitszimmer gegeben. Erst recht keinen Platz für mein Archiv, den Grundstock meiner Berufstätigkeit – einen sperrigen Hängeregisterschrank mit Fachartikeln und anderen Materialien aus Vor-Internet-Tagen – einen kleinen Vorrat der von mir selbst geschriebenen Bücher – und eben meine Bibliothek. Das Einzige, was mir sonst noch etwas bedeutete, war eine Sammlung zerkratzter Schallplatten, die keinerlei faktischen Wert hat, seit meinem 15. Lebensjahr aber zu mir gehört und stetig mitgewachsen ist. Ich hätte mich entscheiden müssen: Entweder die Hälfte der Bücher mitnehmen – oder die Schallplatten. Welchen Teil meines verdinglichten Lebens ich wegzuschmeißen hatte, war jetzt die dringendste Frage.

Und ich sah ein: Es war an der Zeit, den Flow abzuklemmen. Die Bemühungen einzustellen. Nicht weiter zu pokern um Zeilenhonorare. Keine Minute mehr ins *Am-Ball-Bleiben* zu investieren, sondern mich zurückzuziehen aus meinem Beruf. Und mir schnellstmöglich *irgendeinen* Job zu suchen.

Eine Tätigkeit müsste es sein, die mir so gleichgültig ist wie irgend möglich, überlegte ich. Vielleicht würde das sogar erfrischend wirken. Dann und wann abends, oder auch am Wochenende, würde ich ein wenig weiter schreiben, erst einmal ganz für mich, ganz losgelöst von der Frage des Gelderwerbs. Vielleicht einen vielschichtigen Jahrtausend-Roman, in vier Bänden und vielen kleinen Schritten, jede Woche zwei, drei Seiten.

Es ist ein Prinzip, das viele jetzt verfolgen: Gezielt einer *entfremdeten* Arbeit nachgehen, einem »Brotjob«, und das, was man eigentlich tun möchte und eigentlich auch am besten kann, unbezahlt weiter machen.

Der Soziologe und Autor Frank Hertel (*1971) hat in seinem Buch *Knochenarbeit. Ein Frontbericht aus der Wohlstandsgesellschaft* (2010) genau darüber berichtet: Ein Jahr lang hat er einen Bottich-Job in einer Fabrik verrichtet. Die zwölfmonatige Maloche war für ihn genauso wenig ein »spannendes Experiment«, wie es Hartz IV für mich war – auch bei Hertel war es pure Not, auch er sah sich vorübergehend außerstande, von seinem *eigentlichen* Beruf weiter zu leben. Hertel hat also von Anfang an einen anderen Weg gewählt – ist dabei zu Schlüssen gekommen, die ich nicht teile – und wählt mitunter harte Worte. Jede Gesellschaft setze sich nun mal aus »Herren« und »Knechten« zusammen, sagt er, und meint mit »Herren« alle, die von Geburt an Geld oder einen sauberen White-Collar-Job haben, aber auch die Hartz-IV-Empfänger, die, seiner Einschätzung nach, untätig herumsitzen. Als »Knechte« versteht er unter anderem die Hilfsarbeiter in den schlecht beleuchteten Ecken der großen Produktionsstätten. Auch Hertel ist ein akademisch gebildetes Kind der mittelprächtigen Mittelschicht, auch er beschreibt eine Desillusionierung – und die Rückkehr zu Tätigkeiten, die er und ich und viele andere Altersgenossen einst als Ferien- oder Studentenjobs kennengelernt haben: »Ich will Werbung machen für die Arbeit im Billigbetrieb. Geht doch mal hin, schaut es euch an, macht mit. Das ist besser, als dauernd Bewerbungen zu schreiben und arbeitslos zu Hause zu hocken. (...) Da verkaufe ich lieber Hamburger oder Bratwürste. Da klaube ich lieber Müll im

Park zusammen, als Nummer 489 auf dem Tisch eines arroganten Entscheiders zu sein. Wenn man dann sein Geld verdient, seine 1000 Euro im Monat, kann man ganz anders auftreten, viel cooler.« Und: »Widerstand hat viele Formen.«

I m Internet sah ich mich nach Sofort-Möglichkeiten um – und stellte fest: Fantasievoller denn je geht es heute zu, in der schönen neuen Arbeitswelt. *Kreativwirtschaft* ist der passende Oberbegriff. Fast könnte man manchmal glauben, die Redakteure von Harald Schmidt oder von *Titanic* denken sich die Dinge aus. So zahlte die Bio-Handelskette *Alnatura* ihren Verkäuferinnen Gehälter, die knapp 20 Prozent unter den einschlägigen Tariflöhnen lagen, einen Betriebsrat gab es nicht – dafür aber konzerneigene Theater- und Yogagruppen sowie eine »Bieneninitiative« für die rund 1300 Beschäftigten.

Geile Preise – geile Leute lautete der Slogan, mit dem die Leiharbeitsfirma *Discount-Zeitarbeit* warb. Sie hatte den Innovationspreis der *Initiative Mittelstand* dafür erhalten, und von der Webseite schlugen einem sagenhafte Tarife entgegen: »Kaufleute ab 16,49 €« hieß es, und »Hilfsarbeiter ab 11,59 €«. Beim Zeitarbeiter selbst kam davon freilich nur die Hälfte davon an, brutto, versteht sich.

Eine überzeugende Geschäftsidee liegt auch der *Firma Friendly Services* zugrunde: Null-Euro-Jobs für junge Leute! Vermittelt werden studentische Einpackhilfen für Supermärkte, kassiert werden 3 Euro pro Hilfskraft und Arbeitsstunde – doch erhalten die ausgeliehenen Hilfspacker davon keinen Cent. Schließlich nähmen die jungen Leute qua Vermittlung Trinkgelder von bis zu 15 Euro pro Stunde ein, erklärten die *Friendly Services* neugierigen Jung-Journalisten.

Weit vorausschauend, sicher extrem zukunftsträchtig ist auch das Tätigkeitsfeld des Internet-basierten Personalvermittlers *erento*: Hier bieten Leih-Demonstranten ihre Dienste an. Demonstrant/

Promoter »Andy« aus Wiesbaden ist für 145 Euro pro Tag »pauschal« zu haben. »Jan« aus Bielefeld kostet fünf Euro weniger und verspricht: »Ich vertrete Ihre Meinung auf Demos aller Art.« Ein anonymer Leih-Protestler aus dem Raum Köln gibt an: »Für eine gute Sache gebe ich alles« und ist schon für 100 Euro pro Einsatz buchbar.

Die italienische Modedesignerin Donatella Versace hatte die lohnendste Geschäftsidee überhaupt: Sie versteigerte im Internet ein Praktikum und versprach dem oder der Meistbietenden ein signiertes T-Shirt, einen Parfumflakon, ein halbes Jahr unbezahlte Arbeit sowie ein »persönliches Kennenlernen«. Fast 20 000 US-Dollar wurden innerhalb weniger Wochen geboten.

Unterdessen kündigte die Bundesagentur für Arbeit an, künftig auch die Teilnahme an Astrologen-Ausbildungen über Bildungsgutscheine zu finanzieren.

Ich entschied mich schließlich für ein Callcenter und meldete mich für ein Bewerbertraining an. Das war vorerst das Einfachste. Sechs bis acht Stunden Telefondienst täglich, nach Vereinbarung, auf freier Basis für 11,80 Euro brutto die Stunde. Das machte, wenn 35 Stunden zusammenkamen, 413 Euro in der Woche, rund 1650 brutto beziehungsweise vielleicht gut 1200 netto im Monat. Abzüglich Miete, Versicherungen und so weiter bliebe mir deutlich weniger zum Leben als via Aufstockerei, im Grunde bliebe gar nichts, aber wenigstens hätte ich meine Ruhe. Alles, was ich dafür würde tun müssen, wäre, in einem Großraumbüro in einem Stellwändeverschlag sitzen, vor einem Bildschirm, mit einem *Headset* auf dem Haar und fremde Menschen von deren Bildschirmen wegklingeln. Ein Luxusjob.

Ich hoffte lediglich, dass es nicht darum ging, den Leuten etwas anzudrehen. Ich betete, dass es nicht meine Aufgabe sein würde, verarmten Senioren überteuerte System-Spielscheine, Klingeltöne, tödliche Kreditverträge oder Immobilien auf Mallorca aufzuschwatzen. Einen tabellarischen Lebenslauf sollte ich mitbringen, Zeit für drei Tage unbezahlte Probearbeit und »gute Laune«, hatte es am Telefon geheißen.

»Tu das nicht«, sagte die Landschaftsgärtnerin.

»Wieso nicht? Ich habe früher schon mal in einer Art Callcenter gearbeitet, als Studentin, man kann es überleben.«

»Deinen Journalismus aufgeben, meine ich. Wenn du erst mal raus bist, kommst du nicht mehr zurück. Du wirst keine Zeit haben fürs Schreiben, vergiss' es, du wirst abends fertig sein, am Wochenende leer, zunächst wirst du's für Eingewöhnungsschwierigkeiten halten, aber dann wird es nicht einmal ein halbes Jahr dauern, und du wirst dich an alles, was bisher war, nur noch vage erinnern.«

»Du immer mit deinen dunkelgrauen Unkenrufen.«

»›Wenn die Abiturienten den Haupt- und Realschülern die Jobs wegnehmen, haben wir ein echtes Problem‹, sagt Christian Rach«.

»Wer ist Christian Rach noch mal?«

»Der Restauranttester.«

● ● ●

Einen Tag bevor der Callcenter-Bewerbungstest anstand, gewann ich dann aber im Lotto.

Mein mit Perlmutt verschaltes Vintage-Mobiltelefon aus den späten fünfziger Jahren brummte, ich erhielt eine SMS. Zu meiner Überraschung stammte sie von einer beinahe vergessen Kollegin aus *New Economy*-Tagen. Sie schrieb: »Hey Katja, lange her! 10 Jahre? Bin z. Z. in HH, komme Silv. viell. nach B. – Du aufm Markt? Lust auf schicken Job? In HH? Gruß!«

Sofort rief ich zurück, erreichte die Ex-Kollegin aber nicht, sie hatte ihre Mailbox eingeschaltet. Dass es sich um eine gute Nachricht handelte, war mir klar. Zunächst dachte ich an eine Anfrage für einen neuen Generationen-Text – *Generation Abgebrannt, Generation Frustbeule, Generation Dispo-Kredit*. Allerdings: »In HH?«. Und: »Aufm Markt«? Vor allem: »Schicker Job?« Das ließ, nun ja, eine unbestimmte Mittel- bis Langfristigkeit anklingen. Vielleicht eine mehrwöchige Urlaubsvertretung. Eine Schwangerschaftsvertretung gar? Wie lange dauerte eine Schwangerschaft noch mal? Neun Monate! Und dann musste das Kind ja auch noch gestillt werden! Ein Jahr kommt da ruck, zuck zusammen! Vielleicht auch ein eiliger Spezial-Einsatz bei einer überstürzt beschlossenen Sonder-Promotion-Produktion. Korrektoratsaushilfe. Prospekte eintüten und verschicken. Kopierdienste. Werbeagentur? Ich simste zurück: »Hi! Ja, auf dem Markt. Danke, dass du an mich gedacht hast! Alles ab 1 Mio./Woche geht in Ordnung. Bin gespannt. Kannst dich ja auch sonst mal wieder melden. Gruß, K.«

Dann fiel mir ein, dass es nur noch zehn Tage bis Weihnachten waren.

F ür den Rest des Tages ließ ich das Telefon nicht mehr aus den Augen, und tatsächlich: Gegen halb sieben klingelte es, eine Hamburger Nummer.

Doch war nicht die Ex-Kollegin dran. Sondern die Chefredakteurin eines großen, bunten Shopping-Luder-Magazins.

»Frau Kullmann!«, rief sie, »Wie schön! Hallo!«

»Hallo!«, rief ich zurück, »Schön? Ja! Hallo, Hamburg! Can you hear me? Meinen Sie mich?«

»Jajaja«, rief die Chefredakteurin. Wahnsinnig froh sei sie, dass sie mich gleich beim ersten Versuch erreicht habe. »Ich war mir gar nicht so sicher, wie kompliziert das werden würde, Sie sind ja bestimmt sehr oft unterwegs.«

»Äh. Ja! Das stimmt. So ist es manchmal. Aber zurzeit, hm, geht es gerade mal wieder ein bisschen. Guten Tag! Bienvenue! Womit ich sagen will: Herzlich Willkommen auf meinem Mobilfunkgerät!«

»Ich freue mich auch! Wir sind uns ja leider noch nie begegnet, aber ich habe nur Gutes von Ihnen gehört.«

»Tatsächlich? Das, nun ja, das freut mich. Wie soll ich's sagen, also: sehr!«

»Ich habe Ihr Buch in den letzten Tagen noch mal gelesen, das pinkfarbene.«

»Ach? Wirklich? Nun, es ist ein paar Jahre alt ...«

»Aber immer noch hochaktuell. Und deshalb rufe ich auch bei Ihnen an. Ich fände es nämlich wunderbar, wenn wir uns einmal kennenlernen, am besten sehr bald.«

»Aber ja! Ich meine: gern! Etwa in Hamburg? Oder wo?«

Ja, *natürlich* in Hamburg, sagte die Chefredakteurin.

Sie habe da nämlich eine Stelle zu besetzen.

Für eine starke Frau mit Charakter.

Im Text-Ressort.

Eine kleine Leitungsfunktion.

Vollzeit.

Und am besten ab sofort.

ERFOLGSMENSCH

»Willkommen in
der Drehtür zum Glück!«

Wie schnell nicht nur die Geschäftsgrundlagen sich ändern können, sondern auch die Dreh- und Textbücher. Etwa im Fall der guten, alten Bekannten Bridget Jones. Die einst fisselig frisierte Londoner Werbeagentur-Assistentin hat inzwischen *Hardcore*-Management studiert und ist jetzt im Auftrag der entfesselten Gewinnmaximierung unterwegs, als Abwicklerin und Rationalisierungs-Peitsche. Kaum jemand hätte ihr das je zugetraut.

Zur Erinnerung: Bridget Jones hatte ihre große Zeit zum Millenniumswechsel als einer dieser niedlichen Frauenfilm-Zombies mit Rest-*Girlie*-Appeal. Sie war die Heldin des Großstadt-Märchens *Bridget Jones – Schokolade zum Frühstück*, eine der berühmtesten Single-Frauen der postmodernen Leinwand, 1996 erfunden von der britischen Bestsellerautorin Helen Fielding, im Kino verkörpert von Renée Zellweger. Bridget Jones bediente ein bisschen das Büro-Telefon, flirtete unsicher und unglücklich mit ihrem Frauenchecker-Chef, kochte seltsame studentische Gerichte, quetschte sich fahrlässig zuversichtlich in viel zu knapp bemessene Stretchkleider, stolperte und zwinkerte meist zum falschen Zeitpunkt, hatte immer irgendwie Geld und ein paar Freunde und verliebte sich schließlich in einen Anwalt.

Ein Jahrzehnt später ist vieles anders. Bridget Jones wird noch immer gespielt von Renée Zellweger, ist nun allerdings wieder Single, hat sich stromlinienförmig verschlankt, nennt sich Lucy Hill, lebt in den USA und übt einen neuen Job in einer ganz anderen Branche aus. In der US-Komödie *New In Town* (Jonas Elmer, 2009) ist sie als Unternehmensberaterin unterwegs. Bridget/Renée/Lucy hat den Auftrag, in eine Kleinstadt namens New Ulm im Bundesstaat Minnesota zu fliegen, um eine Lebensmittelfabrik zu sanieren. *New In Town,* die Ortsbestimmung der Stunde. In New Ulm soll Bridget/Renée/Lucy der Provinzbelegschaft Beine machen, die Arbeitsabläufe umstrukturieren, Synergieeffekte erzielen, Einsparungen in die Bilanz einhäkeln, und sie weiß: Je mehr Leute sie gegebenenfalls entlassen muss, desto zufriedener wird ihr Chef sein, desto erfolgreicher wird sie gehandelt haben.

Erneut steht ihr Liebesleben unter keinem ganz einfachen Stern. Wie auch, als viel fliegende Leistungsträgerin mit Koffergarderobe? Vorerst scheint Bridget/Renée/Lucy in die fast schon sprichwörtliche Entweder-oder-Falle getappt zu sein: eiskalte Karriere statt großer Liebe. Doch dann trifft sie in Minnesota auf den ruppigen Gewerkschafter Ted, ihren tariflohngestählten Gegenspieler, einen bodenständigen Karohemdenträger, vom Phänotyp her das Gegenteil eines *White Collar*-Hais, eher ein gemütlicher Waldteich-Karpfen, der Typus Mann, von dem man automatisch annimmt, er trage das Herz am rechten Fleck. Ein *postmaterieller, authentischer* Liebhaber mit vertrauenerweckender Nachhaltigkeits- und Kompostierprognose. Wie es die Liebeskomödienlogik vorsieht, rumpeln die beiden erst aneinander – und schließlich in eine Romanze hinein.

B einahe gleichzeitig ist in einem anderen Film der perfekte Partner für Lucy/Bridget/Renée unterwegs, ein Mann, mit dem sie sich aus dem Stand wortlos verstehen würde und der in Sachen Lebensstilfragen kein Quäntchen Anpassung erforderte: George Clooney hetzt als *Outplacement*-Experte Ryan Bingham in *Up In The Air* durch die Gegend. Auch er ist etwas in die Jahre gekommen. Die Schläfen des früheren Arztes Douglas Ross aus der TV-Serie *Emergency Room* sind nun, im hoch gelobten Kinofilm von Jason Reitman, ergraut, der Gesichtsausdruck und die Körperhaltung erschütternd fad. Auch bei Douglas/George/Ryan liegt die Liebe brach, auch er ist als Ausputzer im Auftrag des Investorenkapitals auf Achse: Nur 72 Tage im Jahr hält er sich zu Hause auf, sonst eilt er von Krisenherd zu Krisenherd, um Angestellten die Kündigung zu unterbreiten. Ein Vielflieger aus Teufels Truppen, doch wähnt er sich als guter Mensch, als Frontkämpfer mit Manieren, und hält einen gewissen Ehrbegriff hoch: Wenn er den Menschen schon die Lebensgrundlage unter den Füßen wegziehen muss, so versucht er doch, es mit Anstand zu tun. Douglas/George/Ryan bemüht sich, der Katastrophe ein menschliches Antlitz zu verleihen – und übersieht, dass er sein eigenes Selbst längst veräußert hat. Seine Existenz ist pure Funktion, lediglich als ausführendes Organ schlingert er durch die Transit-Wartehallen seines Lebens. Bald wird ihm eine jüngere Kollegin, überagil und beängstigend gut ausgebildet, als Begleitung oder vielmehr als Bedrohung an die Seite gesetzt. Sie entwickelt schon Pläne, die auch Douglas'/Georges/Ryans Job eines Tages überflüssig machen könnten: einen rationalisierten Gesprächs-Leitfaden zur vereinfachten Mitarbeiter-Feuerung.

Bridget/Lucy/Renée und Douglas/George/Ryan: zwei vereinzelte Söldner im globalen Einsparungskrieg. Anders als noch in der fröhlichen Londoner Werbeagentur oder auf dem belebten Klinikflur der neunziger Jahre, befinden sich die Geschlechter nun auf professioneller Augenhöhe. Mann und Frau sind nicht nur jeweils auf sich gestellt, ohne festen Kollegenkreis, sie verfügen auch gleichermaßen über *Miles-and-more*-Medaillen und alle *Soft Skills*, die man für die Pseudo-Humanität des Business braucht. Was das Kinopublikum außerdem sieht: Keiner von beiden meint es böse.

Im realen Leben hierzulande sind die Lucys und Ryans in einer Unterabteilung des Bundesverbandes Deutscher Unternehmensberater (BDU) organisiert, im Fachverband *Outplacement*-Beratung, der seit einer Handvoll Jahre beachtliche Zuwächse verzeichnet. Das *Outplacement* ist die dunkle Zwillingsschwester des Coachings. An die 55 Millionen Euro erwirtschaftet die Branche jährlich, lediglich mit Gesprächen, allein mit warmen Worten zur Schadensbegrenzung. Anders als in den Kinogeschichten sprechen die echten Rationalisierungsexperten aber selten direkt mit den Betroffenen. Vielmehr beraten sie auf diskrete Art und Weise Führungskräfte, geben Empfehlungen, welche Mitarbeiter und wie man diese am besten kündigen könnte, welche Tricks und Kniffe sich zur seelischen Abpolsterung anbieten, welche verbalen Instrumente den akuten Schmerz eventuell lindern, welche Möglichkeiten die Arbeitsverträge bieten und wie man das Unternehmen gegen eine etwaige Klagewelle von nervtötenden *Betroffenen* schützen kann. Alles in allem sind die Berater im Dienst, um Amokläufe mit vielen Toten zu verhindern.

In der Beilage *Beruf und Chance* der *FAZ* beschreibt eine weibliche Führungskraft aus einem Zeitarbeitsunternehmen ihren Arbeitsalltag. Kündigungen spielen darin phasenweise eine größere Rolle als Einstellungen. Drei Typen von Gefeuerten gebe es: diejenigen, die sofort weinten; diejenigen, die zunächst einmal gefasst blieben und genau wissen wollten, wie der Prozess formal weitergehe; und schließlich diejenigen, die gar nichts sagten, sondern alles regungslos zur Kenntnis nähmen. »Ich versuche immer, im ersten Satz direkt zur Sache zu kommen«, sagt die Führungskraft, »bloß keine Bemerkung übers Wetter machen. Bloß nicht fragen, wie es dem anderen geht. Bloß keine Floskeln.« Wohl fühle sie sich dabei selbstverständlich nicht. Vorsichtig, verhalten lässt sie sich zu einem Blick in die Zukunft verleiten, wagt aber nicht, sich selbige in letzter Konsequenz auszumalen. Das lange, vierspaltige O-Ton-Protokoll endet in einem diffusen Albtraum: »Inzwischen haben wir auch so stark abgespeckt, dass alle, die noch da sind, wirklich Top-Leute sind. Und wenn da noch mal was passieren würde ... Das wäre nicht auszudenken.« Wie es wäre, eines Tages sich selbst kündigen zu müssen, ob man das dann vor dem Spiegel täte oder sich selbst eine E-Mail schriebe, das spart sie aus und endet mit den Worten: »Habe ich Angst davor? Ist das Angst? Es wäre der Super-GAU.«

● ● ●

Als Kind und Jugendliche, noch bis in die Volljährigkeit hinein, fand ich die Bezeichnungen »Arbeitgeber« und »Arbeitnehmer« sehr verwirrend, nachgerade falsch herum gedacht. Derjenige, der in die Fabrik oder ins Büro geht, *gibt* die Arbeit – und derjenige, der dafür bezahlt, *nimmt* sie: So erschien es mir viel logischer.

Merkwürdigerweise scheint die Debatte über Arbeit nun, ein Vierteljahrhundert später, ziemlich genau an jener kindlich-naiven Verwirrung wieder angekommen zu sein: Wer nimmt, wer gibt eigentlich, wenn es um Arbeit geht? Nehmen *wir* den Arbeitgebern etwas weg, wenn *wir* für sie tätig sind? Nehmen die Arbeitgeber *uns* etwas weg, wenn sie Jobs streichen? Fest steht: Jeder, der dieser Tage seine feste Arbeitsstelle freiwillig räumt und sich dem Personalmarkt als frei verfügbares Fleißigkeitsmodul zur Verfügung stellt, tut seiner Firma einen Gefallen. Je größer das Unternehmen, desto höher die Chance auf eine Belohnung fürs Aufhören, gemeinhin »Abfindung« genannt.

Wie »positiv« auch immer »die Signale aus der Wirtschaft« quartalsweise wieder einmal erscheinen mögen, sie ändern nichts an der Tatsache, dass die Ära der fest angestellten Aktenkofferträger und Fließbandkumpels unwiederbringlich ausläuft. Jedes zweite Unternehmen in Deutschland erwarte für die kommenden zwölf Monate eine »positive Geschäftsentwicklung« – ungeachtet dessen wolle aber jede dritte Firma die Mitarbeiterzahlen verringern, meldeten etwa die Experten der Unternehmensberatung *Kienbaum*, eines etablierten Top-Players im messerscharfen Management-Wesen, zu Beginn des Jahres 2010. Die Mitarbeiterzahlen zu verringern bedeutet nicht zwangsläufig, eine große Kündigungswelle loszutreten. Weitaus eleganter verläuft der Prozess der natürlichen Ausdünnung: Vakante Stellen werden nicht nachbesetzt, die bestehenden Aufgaben auf die verbliebenen Mitarbeiter umgeschichtet – oder, wenn es allzu eng wird, von in Stoßzeiten kurzzeitig und »flexibel« dazugeholten Aushilfskräften übernommen. Die neue Arbeitsformel laute »0,5 x 2 x 3«, sagt »Mr. Zukunft«, der oft zitierte Sozialwissenschaftler Horst W. Opaschowski. »Das heißt, die Hälfte der Mitarbeiter verdient doppelt so viel und muss dafür dreimal so viel leisten wie früher.«

N ennen wir die beiden »Hälften« im Folgenden *alte* und *neue* Arbeit. Die *alte* Arbeit sitzt in den Firmen, die *neue* Arbeit werkelt »flexibel« von außen mit. Waren Anfang der neunziger Jahre noch 60 Prozent der Erwerbstätigen auf die fest angestellte, abgesicherte Art im »Normalarbeitsverhältnis« beschäftigt, sind es heute nur noch rund 50 Prozent, Tendenz weiter sinkend. Komplementär dazu wächst die *neue Arbeit*, im Behördenjargon »atypische Beschäftigungsformen« genannt. In zahlreichen Großunternehmen beträgt der Anteil »atypischer« Aushilfskräfte – befristet oder frei beschäftigt, ausgeliehen oder als Praktikant benutzt – um die zwanzig Prozent, Tendenz steigend. Bei jeder zweiten Neueinstellung (53 Prozent) im Dienstleistungssektor handelt es sich heute um einen befristeten Job, der mal ein halbes, mal ein Jahr dauern kann; in den neunziger Jahren waren es nur 30 Prozent. Dutzende Konzerne haben zudem eigene Leiharbeitsfirmen gegründet, was die spontane Versetzung von Mitarbeitern in andere Abteilungen oder an andere Standorte vereinfacht, in der Regel kürzere Kündigungsfristen und deutlich weniger »Extras« für die Arbeitnehmer bedeutet, sehr oft auch weniger Lohn. VW pflegt das konzerneigene Leiharbeitsmodell ebenso wie die TUI und BASF, besonders weit verbreitet ist es im Klinik- und Krankenhauswesen. *Every place is a good place for Outplacement.* Es trifft den nur saisonal gebrauchten Obstpflücker und den spontan buchbaren Aussprache-Trainer für *Business English* ebenso wie den Maler und Lackierer »auf Montage«, und die Illustratorin, die für Eileinsätze gebucht wird, genau wie die zwischen den Metropolen vagabundierende Fundraising-Expertin. Es geht durch alle Belegschaftsschichten und Branchen. Vier von fünf »flexibel« beschäftigten Menschen verfügen über eine qualifizierte Ausbildung, fand das Duisburger Institut für Arbeit und Qualifikation heraus.

Als »Drehtüreffekt« bezeichnen Arbeitssoziologen den Wandel: Die Arbeit, die erledigt werden muss, bleibt weitgehend erhalten. Nur finden sich diejenigen, die einst drinnen waren, im Herzen der Unternehmen, nun plötzlich in wachsender Zahl draußen wieder – wenn nicht ganz vor der Tür, dann in der zugigen Eingangshalle, am Katzentisch der 1a ausgebildeten, tipptopmodernen Hilfsarbeiterkaste. In einer Zukunftsprognose der Bundesagentur für Arbeit heißt es, spätestens im Jahr 2030 werde »ein Großteil« der Erwerbstätigen »in unbeständigen Beschäftigungsformen« tätig und Teil einer »flexiblen Randbelegschaft« sein. Andere Arbeitsmarkt-Statistiker sprechen von der »fluktuierenden« oder, beinahe poetisch ausgedrückt, von der »atmenden« Belegschaft.

Alte und *neue* Arbeit müssen wohl oder übel miteinander zurechtkommen – die einen komfortabel versorgt, die anderen stets auf dem Sprung.

Von einem »Zwiebelprinzip« spricht vorsichtig, aber anschaulich Peter Plöger in seinem Buch *Arbeitssammler, Jobnomaden und Berufsartisten* (2010): Der Kern der Stammbelegschaft (Zwiebelschale eins) muss aus Sicht des Unternehmens möglichst klein gehalten werden. Unterstützt wird der Kern von pauschal entlohnten Fachkräften (Zwiebelschale zwei). »Am wenigsten fest sind die freien Mitarbeiter eingebunden«, schreibt Plöger, »sie werden für Einzelaufträge bezahlt (Zwiebelschale Nummer drei).«

Schärfer formuliert es der *Spiegel*: Eine »Zweiklassen-Gesellschaft« sei in den Unternehmen entstanden. Und tatsächlich ist es heute gang und gäbe, dass in ein und derselben Firma, in ein und derselben Abteilung, ja oft auf demselben Flur oder in derselben Werkshalle Kollegen zusammenarbeiten, die Seite an Seite vergleichbare Tätigkeiten verrichten – aber zu ganz unterschiedlichen Konditionen.

Oft lesen die Fälle sich so absurd wie aus einem George-Orwell-Roman. So berichtete ein Facharbeiter der Uniklinik Essen, der dort für die Reinigung der OP-Geräte zuständig ist, der *Süddeutschen Zeitung*: »Ich bin bei einer Leiharbeitstochter angestellt. Die Leute, mit denen ich arbeite, verdienen das Doppelte, obwohl ich die gleiche Arbeit mache. Ich bekomme nur 7,87 Euro pro Stunde. Rosenmontag haben die anderen frei, wir müssen aber Urlaub nehmen. In meiner Abteilung arbeiten 23 Leute, mehr als die Hälfte macht Leiharbeit. Wir sind diejenigen, die doof dastehen.« Gut 245 Mitarbeiter lässt die Klinik unter dem Dach der hauseigenen *Personal Service GmbH* arbeiten, statt sie regulär einzustellen.

Auch die Auszubildenden der Post müssen sich langsam, aber sicher an eine »Zweiklassengesellschaft« gewöhnen. In Nordrhein-Westfalen werden sie ab 2011 bei der Unternehmens-Tochter *First Mail* angestellt statt im Mutterkonzern – doch wird selbstverständlich auch an den alten Orten gelernt und gearbeitet. Während die alten Postzusteller auf einen Stundenlohn zwischen elf und 16 Euro kommen, fallen für die neuen Kollegen nur noch maximal 9,80 Euro ab.

Spektakulär ist auch das Beschäftigungsmodell, das die Druckerei der *Kieler Nachrichten* forcieren wollte. Der *Spiegel* hatte bekannt gemacht, dass die Mitarbeiter, die bei einem sogenannten Personaldienstleister beschäftigt waren, auf 6,14 Euro brutto die Stunde kamen – während der alte, hauseigene Lohn für dieselben Tätigkeiten mehr als doppelt so hoch, nämlich bei 12,50 Euro in der Stunde lag. Zudem erhielten die neuen Arbeiter kein Urlaubsgeld und, man glaubt es kaum, keine Lohnfortzahlung im Krankheitsfall.

Nicht einmal ein solcher Zweite-Klasse-Job ist eine sichere Bank. Weniger als die Hälfte solcher Arbeitsverhältnisse dauert länger als drei Monate an, und nur rund 15 Prozent sogenannter Leiharbeiter werden von ihrem Auftraggeber dauerhaft aufgenommen. Das, was zwischen zwei Zweite-Klasse-Jobs unweigerlich eintritt, nennen Sozialwissenschaftler *friktionelle Arbeitslosigkeit*. »Der Effekt ist leider, dass nicht die profitieren, die außerhalb des Arbeitsmarkts standen, sondern die, die drin waren, gedrückt wurden«, konstatiert das Institut für Arbeitsmarkt- und Berufsforschung (IAB).

● ● ●

Man soll sich nichts vormachen. Der Angestellte ist, historisch gesehen, eine ziemlich junge Figur. Gerade einmal 100 Jahre hat er mitspielen dürfen. Richard Florida nennt ihn jetzt *creative* oder *supercreative* – tatsächlich wird sein Part in der laufenden Season »Weltwirtschaft« aber auf eine Nebenrolle eingedampft, auf den mal mehr, mal weniger mechanisch agierenden Kostenkalkulator im Hintergrund. Der mittlere Angestellte eines Autoreifengroßhandels oder einer Versicherung wird heute nicht mehr *creativity* verspüren als früher, eher wird er sich drei, vier Tage mehr Urlaub im Jahr wünschen, weil es ihm ein bisschen viel wird. Nein, der Angestellte ist nicht mehr der *leading man*, nicht mehr die urbane, moderne Leitfigur, wie es ein *Mad Man* vom Schlage eines Don Draper war. Der attraktive zeitgenössische Don Draper hat längst eine eigene kleine Kommunikations-Agentur aufgemacht, einen Anderthalb-Mann-Betrieb, der im Materiallager einer früheren Turbinenfabrik untergebracht und sehr spartanisch mit Möbeln aus dem sozialistischen Bruderstaat eingerichtet ist. Die anderthalb Mann im Anderthalb-Mann-Betrieb *Draper Fine Arts & Communication* setzen sich zusammen aus Don Draper und einer unbezahlten Langzeitpraktikantin aus einem der baltischen Staaten.

Doch noch immer hängen die Herzen vieler an seinem Vorläufer: dem lachenden Aktenkoffer-Männchen vom Schlage eines Walter Giller oder Claus Biederstaedt, immer auf Zack, stets zur Stelle. Der Angestellte hat immerhin die Moderne erschlossen, als Fackelträger des Fortschritts. Er ist der Erste, der als Menschenmaterial im psychologischen Sinne gehandelt wurde, und er bereitete das Feld der Städte, wie wir sie heute lieben. Er erschloss das, was wir »urbanen Raum« nennen, er ist der Urbewohner der Altbauwohnungen mit den niedlichen Südwestbalkons, außerdem der erste Gast der Stadtteilcafés, der Uraufführungsbesucher der schönen dunkelblauen Lichtspielhäuser (die vielerorts wieder ein Liebhaber-Publikum gefunden haben) und der Erstpassagier des öffentlichen Personennahverkehrs. Er quengelte so lange, bis man ihm das Fernsehen gab, woraus schließlich, über ein paar Umwege, das Internet wurde, und er fand nicht nur Rudolf Schock, sondern auch die *Rolling Stones* gut, weshalb wir heute *Minimal Electro* hören können. Und auch wenn er in Wahrheit ja nie Don Draper war und sein einheimisches Abziehbild – dieser auf beschränkte Art zufrieden erscheinende Buchhalter-Typus mit dem leichten Überbiss – nicht eben attraktiv erscheint, so ist er immerhin doch ein Verwandter. Er ist der schrullige Onkel mit der Firmenfest-Wimpel-Sammlung und den Treue-Ansteckmadeln in Plastikgold. Außerdem schaffte er sich einst exakt die Cocktailsessel und Beistelltischlein an, die heute, als gesuchte Items des Retro-Chic, erneut die Wohnzimmer schmücken. Und seine Kollegin, la Angestellte, Frau Bürofräulein, trug einst nicht nur die originalen Bleistiftröcke, die heute zum x-ten Mal wieder zum Anziehen verfügbar sind. Sie unterhöhlte zudem eifrig, obschon mit lackierten Fingernägeln, das Heimchen-am-Herd-Idyll.

Der Angestellte gehört zur Familie. Dennoch gehen einige heute sehr hart mit ihm ins Gericht. Man kann sagen: Er hat ein gewaltiges Image-Problem. Georg Seesslen etwa machte sich im (alt-) linken Magazin *Konkret* scharfkantig über ihn her, unter der ketzerischen Überschrift *Karoshi für alle! Oder: Totarbeiten als neuer Extremsport der Mittelschicht.* Karoshi nennt man in Japan einen plötzlichen, überarbeitungsbedingten Tod, bildlich gesprochen: den Herzinfarkt am Konferenztisch. Das Angestelltendasein verwandele »Elend in Stolz«, sagt Seesslen. Von jeher habe der angestellte Mittelschichtler sich ausbeuten lassen und sich die Arbeit schöngeredet – und das nur aus einem Grund: »Der Aufstieg in die Bonus-Klasse, das ist der Traum!«

Erbarmungslos fällt auch das Urteil aus, das eine Bekannte, nennen wir sie Julia, fällt. Julia ist Mitte dreißig, im sinnbildhaften Berlin-Mitte-Alter, selbstverständlich eine Zugereiste und im Vergleich zu den meisten anderen recht erfolgreich. Als freie Journalistin, freie Uni-Dozentin und freie Trend-Spionin für Großkonzerne hat sie es im Feld der *neuen* Arbeit weit gebracht. Multijobbendes Freelancing auf hohem Niveau: So wäre ihre Erwerbstätigkeit wohl am besten beschrieben. Sie reist viel, vornehmlich aus beruflichen Gründen, sehr oft auch ins Ausland, und ist seit beeindruckenden »vier oder fünf Jahren« Single, obwohl sie sehr hübsch und eine überaus unterhaltsame und intelligente Gesprächspartnerin ist. Doch kümmert sie das Alleinstehen nicht besonders, sie fühlt sich mit flüchtigen Männerbekanntschaften vorerst ziemlich wohl. »Ich suche nicht.« Natürlich sei sie gespannt, wie der nächste Mann aussähe oder was er beruflich täte – der Mann, mit dem sie eines Tages wieder eine feste Bindung eingehen würde. Grundsätzlich könne sie sich da »vieles« vorstellen, sagt Julia, nur eines nicht: »Er kann tun und lassen, was er will – Hauptsache, er ist kein Angestellter.« Ein Angestellter nämlich, der sei »einfach kein richtiges Tier«. Auf die Frage, was genau sie mit ihrer Tier-Theorie sagen wolle, antwortet sie: »Meinetwegen kann er Kindergärtner sein, Häuser besetzen, eine Konditorei führen, alte Autos restaurieren, sich als Kriegsfotograf durchschlagen, Farbtherapie geben oder eine Muskel-Bude leiten, von mir aus kann er sogar Hartzer sein – alles, nur nicht so ein Äffchen, das Tag für Tag ins Büro trabt, um Befehle entgegenzunehmen. Bloß kein Ja-sagender Controllertyp! Mit so jemandem kann der Sex nur zum Einschlafen sein.«

Ein Freund aus Mannheim, verheiratet und Vater eines Sohnes im Grundschulalter, ließ sich einmal per E-Mail über die von ihm verhasste Gattung »Anzugträger« aus. Der Freund hatte sich Anfang der nuller Jahre mit einer kleinen Firma für Veranstaltungstechnik selbstständig gemacht und wurde oft für größere Messen gebucht. In einigen straff wütenden Zeilen schilderte er einen Showdown: Das Zusammentreffen mit einem potenziellen Kunden für seine Dienstleistung, mit einem fest angestellten Etatbewilliger aus einem mittelgroßen Konzern. Zwei unterschiedliche Arbeitskulturen mit ganz unterschiedlichen Glaubwürdigkeits-Codes prallen aufeinander, ein lupenreiner Clash zwischen *alter* und *neuer* Arbeit – und die Dramatik des Duells steckt in den Details: »Musste mich heute zwei Stunden lang von einem Beraterpressemenschen vollsülzen lassen, den M. eingeladen hatte. Gemeinsames Mittagessen auf sein Drängen. Er gehe gerne mal zu *McDonald's*, eine willkommene Abwechslung, weil er ja ansonsten so viel Fifi-Essen essen muss. Krawatte bis an die Gurgel gestrafft, nicht mal fett und trotzdem feist. Kompliment über meinen verschlissenen Pulli. Hätte ich doch was zu seinem Anzug sagen müssen? Aber viel fundamentaler: Isst man zu Mittag wirklich erst Carpaccio und dann Steak mit Sahne-

Pfeffer-Soße? Er hat die Gabel so komisch gespreizt gehalten und geredet und geredet. Nach einer Stunde hatte ich das dringende Bedürfnis, mit Stühlen zu werfen. Verlorene Zeit. Er kramte nach dem Portemonnaie und zog dabei Mentholzigaretten raus. Immerhin: Ich bezahlte.«

Und schließlich macht der Medienjournalist Hans Hoff auch für die Journalismus-Branche eine ganz neue Gattung von Führungskräften aus und belegt sie mit einer Salve wenig schmeichelhafter Attribute: »Kühle Sachverwalter« hätten in den Redaktionen heute das Sagen – »alerte Jungspunde« – »glatte Manager« – »kalte Exekutierer« – »leicht lenkbare Marionetten«. Der größte Feind des kriselnden Journalismus sei nicht das Internet, »sondern die mit Gier gepaarte Ratlosigkeit der Verlage, die aber auf jeden Fall an den satten Renditen von früher festhalten wollen und ihre Chefredakteure als willige Vollstrecker nutzen«.

O ft fühlt der Angestellte sich selbst nicht mehr wohl. Von furchterregenden »Sechs-Augen-Gesprächen« berichteten zum Beispiel mittlere und leitende Bankangestellte in einer Untersuchung zu ihrem Arbeitsalltag. »Sechs-Augen-Gespräch« bedeutet: Ein Angestellter muss vor zwei Chefs Rechenschaft über seine Wochenleistung ablegen. Rund 3800 Banker wurden befragt, und eine Teilnehmerin wurde in der *Süddeutschen Zeitung* mit den Worten zitiert: »Bei uns wird dreimal täglich die Zielerreichung controlled. Die Ziele sind genauso hoch wie vor der Finanzkrise, also auf ehrlichem Beratungswege nicht erreichbar.«

Einer Untersuchung des *Gallup*-Instituts zufolge sind knapp 15 Prozent der festen Kräfte so unglücklich mit ihrem Job, dass sie nur mehr Dienst nach Vorschrift leisten, die »innere Kündigung« längst vollzogen haben und die Stelle lediglich aussitzen, aus finanziellen Gründen. Durchschnittlich 38 Stunden betrage die vertraglich abgemachte und entlohnte Wochenarbeitszeit eines deutschen

Angestellten, berichtete derweil der Deutsche Gewerkschaftsbund (DGB). Tatsächlich würden im Schnitt aber 44 Stunden wöchentlich geleistet, ohne dass die Mehrarbeit entlohnt wird. Den Grad der Zuneigung zum eigenen Arbeitsplatz belegte rund ein Drittel der 8000 Befragten mit der Antwortmöglichkeit »unzufrieden«.

Mitarbeiter-Screening, *Profiling*, Bluttests und Supervision: die goldenen Ponys mit den Jobs aus Platin müssen sich die Dauer-Durchleuchtung ihrer Leistungskraft und Persönlichkeitsstruktur gefallen lassen, wenn sie es zu etwas bringen wollen. Manche finden das schick und wiehern: »Ja, ja, ja! Gebt mir eine Chance, mich zu *beweisen*! Und noch eine, und noch eine!« Andere empfinden die Psychologisierung ihres Broterwerbs als Unverschämtheit und Stress, sehen sich aber nicht in der Lage, sich zu entziehen. Rechnungen müssen bezahlt werden, die Miete, die Ausbildung der Kinder. *Selling yourself without selling your soul*: Das ist auch im Angestelltenwesen nicht gerade einfach. Und nicht jeder hat eben die Nerven, das Kapital oder die Freiheit, von heute auf morgen zu kündigen und eine sympathische ungeheizte Galerie für poststrukturalistische Kunst aus dem Ex-Ostblock aufzumachen. Abgesehen davon, dass es durchaus schon einige ungeheizte Galerien in der großen, weiten Milchstraße gibt, aber kaum noch genügend Besucher. Nie hat es jemand treffender auf den Punkt gebracht als der Berliner Wirtschaftssenator Harald Wolf (*Die Linke*): »Wir können nicht nur davon leben, dass wir uns gegenseitig filmen.«

Zwei Millionen Menschen, das entspricht gut fünf Prozent der Festangestellten, greifen mittlerweile mehr oder minder regelmäßig auf *Neuro Enhancement* zurück – auf Stimulanzien (vor allem Männer) und Stimmungsaufheller (überwiegend Frauen), wie eine große angelegte Krankenkassenstudie ergeben hat.

»*Ritalin* ist das Koks des gesetzestreuen Bürgers: Es macht ausgehfreudig und kommunikativ«, sagt Kathrin Passig aus dem digital-bohèmen ZIA-Netzwerk. Die Freiberuflerin nutzt das Medikament, das sie ursprünglich wegen ihrer Narkolepsie verschrieben bekam, gezielt zur Leistungssteigerung, wie sie freimütig in *Neon* erzählt: »Ich kann auch ohne *Ritalin* sehr gut arbeiten, aber nur, wenn die Arbeit komplett selbst gewählt ist – und das heißt meistens unbezahlt. Sobald ich eine bestimmte Sache machen muss, geht es eigentlich nur mit *Ritalin*. Dann aber ist es ein wahres Wundermittel: eine halbe Tablette einnehmen, eine halbe Stunde abwarten, schon arbeite ich ohne die geringste Überwindung so emsig wie ein ganzer Bienenstock.« Die Wochenzeitung *Jungle World* bezeichnet den Medikamente-Verzehr am Arbeitsplatz als »den zur chemischen Formel geronnenen Prozess postindustrieller Subjektivierung. (...) Selbst den Privilegiertesten werden die Privilegien zur Qual.«

D a stand es und funkelte metallisch blau in der Hamburger Wintersonne: ein riesiges Prisma aus Spiegelglas, ein scharfkantig dreieckiges Gebäude in der Mitte einer Straßengabelung. Wenn man zu Fuß von der nächstgelegenen U-Bahn-Station kam, lief man direkt auf die Spitze zu. Wäre ein Auto hineingerast, die Scheitelkante hätte das Fahrzeug halbiert.

Ich erschien pünktlich im Magazin-Verlag, acht Minuten vor der verabredeten Zeit, gekleidet in das weltweit anerkannte, nicht weiter erklärungsbedürftige Erfolgsmuster, Nadelstreifen, diesmal nicht in mein Jackett, sondern in meine Hose eingewebt. In der Eingangshalle des Verlags ein Empfangstresen, dahinter ein älterer Herr, ein silbergrauer Mann mit rosigem Gesicht. Das erstaunte mich. Etwas Junges, Schlankes, vor allem etwas Weibliches hatte ich erwartet, eine gewisse Casting-Ästhetik zur Begrüßung, ein optisches Bonbon für Stargast-Besuch, Top-Reporter und andere Gschaftlhuber. Dass die einen älteren Herren ohne Jacke und ohne Krawatte da sitzen hatten, erschien mir ungeahnt menschlich, ich dachte: »Hoppla, meine Skepsis gegenüber der neuzeitlichen Medienwirtschaft ist vielleicht gar nicht angebracht.« Was ich sagte, war: »Guten Tag, ich habe einen Termin.« Der ältere Herr rief oben an, um mich anzukündigen, erklärte mir den Weg und öffnete von seiner Theke aus per Knopfdruck die Glastür am Ende des Entrées. Als ich darauf zuging, kam ich an einer Stechuhr vorbei, tatsächlich an einer Stechuhr, einem ebenso schrill altmodischen Gerät in jener glitzernden, staubfreien Umgebung wie der ältere Herr. Die Uhr schob genau in dem Moment die Zeit eine Minute weiter, Tack, als ich das Innere des Dampfers betrat, exakt in der Sekunde, in der die Gegenwart zur Zukunft wurde. Oder war es umgekehrt?

Oben in der Redaktion ein breiter langer Flur, gesäumt von einem Puzzle aus Putz- und Glaswänden; zwölf, zwanzig, dreißig Türen aus hellem Holz, von denen die meisten offen standen; Zeitungs- und Zeitschriftenregale, die überquollen und augenscheinlich länger schon nicht mehr sortiert worden waren; Geräusche von aufgezogenen oder zugeschobenen Schreibtischschubladen, von Telefonen, Rechnern und Menschen. Neutral abgestanden roch es, Dienstluft eben, und obwohl ich die Etage noch nie zuvor betreten hatte, kannte ich mich sofort darin aus. Es war ein Ort, an dem Leute einen Beruf ausübten, und der Ort sah aus wie vergleichbare Orte schon 1993 oder 2004 ausgesehen hatten. Es gab nichts zu befürchten.

M ein erstes Vorstellungsgespräch seit ungefähr zehn Jahren begann. Kein Personaler war dabei, nur die Chefredakteurin und ihre Stellvertreterin. Sie waren ganz anders, als ich sie mir vorgestellt hatte. Sie trugen keine *Blahnik*-artigen Pumps und kaum Make-up, sie rochen nicht übertrieben nach Parfum und redeten in angenehmer Tonlage, warm und dunkel, gar nicht metallen oder schrill. Schlagfertig, gescheit, sehr gut auszuhalten waren diese Frauen. In den fünf Tagen, die seit dem Telefonat vergangen waren, hatte ich mich so gut vorbereitet, wie es mir möglich gewesen war. Das Problem: Ich hatte das Magazin nie gelesen. Nicht mit Ver- oder Missachtung war ich ihm bis dato begegnet, sondern mit vollkommener Nicht-Beachtung. Es stand für alles, wogegen ich seit Jahren angeschrieben hatte: Konsum-Beschiss, gefährlich aggressive *gute Laune* und ein oft bedenkliches Frauenbild. Schnell hatte ich mir jetzt noch in Berlin die aktuellste Ausgabe gekauft und einige vergleichbare Publikationen vom Kioskregal gepflückt, hatte mir all die Hefte ausführlich angesehen, hatte das Magazin studiert, von vorne bis hinten – bis es mir nicht mehr wie ein Gegner, sondern nur noch wie ein Produkt vorgekommen war. Ein Produkt, das in seinem Waren-Segment ganz gut funktionierte, aber verbesserungswürdig war. Über dem Grübeln und Betrachten hatte sich Entspannung eingestellt: Ich bräuchte gar nicht erst anfangen, mich mit dem Magazin »persönlich identifizieren« zu wollen. Darauf kam es jetzt nicht (mehr) an. Vielleicht könnte dieser Job die perfekte Kombination aus »entfremdeter Arbeit« und »gelerntem Handwerk« sein, hatte ich überlegt. Vielleicht war es einfach an der Zeit, *weicher* zu werden, ein paar Ideale doch endlich gegen den *Pragmatismus* tauschen. Womöglich war das viel *ehrlicher,* als so weiterzumachen wie bisher. Die Verlockung, endlich aus Berlin rauszukommen, war ungeheuer groß. Abgesehen davon ging es eben um ein festes Einkommen, das mir in meiner augenblicklichen Lage unfassbar hoch erschien. Zusammengefasst: Ich war nicht mehr jung und brauchte das Geld.

Ich weiß noch, dass ich redete, redete, redete. Es war nicht so, dass ich »neben mir stand«, aber mir fiel schon auf, dass ich die Chefinnen kaum zu Wort kommen ließ. Weder konnte noch wollte ich mich stoppen. Bei vollem Bewusstsein nahm ich wahr, dass ich sicher vieles falsch machte und das Gegenteil dessen durchzog, was ein *Karriereberater* einem wohl empfohlen hätte. Aber ich wusste auch: Es war ein gutes Programm, das ich dort auspackte, es war genau das, was die brauchten: meine *Creativity*. Am Ende meines Referats schwammen violette Punkte durch mein Blickfeld und ich verspürte einen mörderischen Durst.

Drei weitere Bewerberinnen gebe es auf die Stelle, sagte die Haupt-Chefin, als wir uns verabschiedeten, und sah sehr glücklich dabei aus. »Wir melden uns. Spätestens übermorgen.«

Unten verabschiedete der ältere Herr mich mit Namen, »Auf Wiedersehen, Frau Kullmann.«

Als ich wieder draußen war und zur U-Bahn lief, drehte ich mich nach etwa zweihundert Metern noch einmal um, zum Spiegelglasprisma und dessen scharfer Kante. Und ich wusste es, wie man manche Dinge manchmal einfach weiß: Schon sehr bald würde ich da drinnen sitzen. Den weiteren Fußweg zur U-Bahn betrachtete ich als meinen künftigen Heimweg, den Heimweg von meiner *Arbeit*. Erschöpft und unruhig setze ich mich in den nächsten Zug nach Berlin. Die durchaus vorhandene Freude, die Ungläubigkeit, die *Unwahrscheinlichkeit* des Ganzen: Von der ockergelben Amtsstube würde ich in ein blitzeblankes *Office* wechseln, von der Stadt mit der höchsten Hartz-IV-Quote in die Stadt mit der höchsten Millionärsdichte Deutschlands. Kaum hatten wir das frühere Zonenrandgebiet erreicht, klingelte das Mobiltelefon, die Landschaftsgärtnerin war dran, wie es gelaufen sei.

»Ich glaube, es war gut. Etwa eine Stunde lang habe ich geredet, und die haben sehr viel gelacht.«

»Oje.«

»Was meinst du mit ›Oje‹?«

»Naja. Hauptsache, du hast da jetzt Kontakt. Das ist ja schon mal viel Wert.«

Knapp eine Woche später hielt ich den Vertrag in meinen Händen: Vierzig Wochenstunden, dreißig Tage bezahlter Urlaub im Jahr, 13,5 Monatsgehälter, die volle Dosis Altersvorsorge und

Lohnfortzahlung im Krankheitsfall, außerdem einen Arbeitgeber-zuschuss zum öffentlichen Personennahverkehr.

Und alles ging sofort los. Vier Wochen später sollte ich anfan-gen. Wie angestochen raste ich von da an zwischen Berlin und Hamburg hin und her, besichtigte rund 35 Wohnungen, meldete an etwa 20 der Behausungen deutliches Interesse an (im Grunde an jeder Wohnung, die keine Garage war), zunächst vergeblich, organi-sierte derweil in Berlin schon einmal Kartons und Kisten, verabredete mich alle zwei Abende mit jemand anderem zu einem Abschiedstreffen, fuhr wieder nach Hamburg, und wieder, und entschied mich schließlich für eine Bruchbude *in begehrter Lage*. Es war eine Wohnung, die mir als Hartzerin viel besser gestanden hätte denn als kleine Führungskraft, aber wenigstens befand sie sich in dem Viertel, das mir das angenehmste in Hamburg zu sein schien, und die Zeit war knapp geworden – den Mietvertrag unterschrieb ich sechs Tage bevor der Job anfing. Für eine Renovierung war keine Zeit mehr, Geld sowieso (noch) keines vorhanden, und so nahm ich die Bude, wie sie war, mit Blumentapete und sicherlich asbestverseuchter Sperrholzküche. Im Falle einer Festanstellung übernimmt die Agentur Teile der Umzugskosten, besonders gern, wenn es in eine andere Stadt geht, dann sind sie einen in jedem Fall los. Die niedliche neue Wohnung kostete etwa ebenso viel wie mein Berliner Palast, war allerdings etwa ein Drittel kleiner. Sie entsprach dem üblichen Preisgefüge einer westdeutschen Großstadt. Aus Platzgründen musste ich mich nun doch von Hunderten Büchern und einigen Möbelstücken trennen. Für *Ebay* hatte ich keine Zeit, vieles verschenkte ich – tütenweise schleppte ich Sachen zum nächstgelegenen Rotkreuzshop – bei der dritten Ladung leistete ich mir ausnahmsweise ein Taxi –, den Rest überließ ich einem Trödel-händler für lau. Vier Wochen können irrsinnig schnell vergehen, wenn man etwas vorhat, einen *Plan* im Kopf, ein Ziel vor Augen.

Ich baute mein Leben ab, die bedauernswerte Ruine. Ich war zu langsam für »Berlin« gewesen. Nun trollte ich mich und zog zurück nach Deutschland.

»Erfolgsmensch«, nannten mich, unabhängig voneinander, zwei Berliner Freunde, der Erik vom Prenzlauer Berg und der F. mit dem Killergehirn. »Der absolut antizyklische Wahnsinn ist das«, rief der F., »dass so etwas heute noch passiert! Dass man einfach einen Anruf kriegt: ›Wollen Sie bei uns anfangen, *Roger*‹ – das gibt's doch gar nicht!« Er umarmte mich. Beinahe hätte ich ihm da doch noch verraten, was zuletzt mit mir los gewesen war. Eine abergläubische Anwandlung hielt mich davon ab. Noch war ich nicht auf der sicheren Seite. »Voll Achtziger ist das«, meinte dann der Erik. »Alles geht den Bach runter – aber *du* machst Karriere. Ist dir das klar?«

Als ich der Landschaftsgärtnerin sagte, dass ich tatsächlich verschwinden würde, weinte sie. Und mir fiel nichts ein, womit ich sie hätte trösten können. Sie wurde älter, wie wir alle, und blieb zurück, in der ewig jungen Stadt, in der es vorläufig nichts zu tun gab.

E in letztes Mal besuchte ich die Sachbearbeiterin in Schöneberg, um mich abzumelden, um mich beim Staat noch einmal zu bedanken, und vielleicht auch, um am Ende noch einmal ein bisschen Recht zu haben. Höchstpersönlich wollte ich darauf hinweisen, dass ich meine neue Tätigkeit aus eigener Kraft aufnahm, dass es von Agenturseite kein einziges Job-Angebot in zwölf Monaten gegeben hatte. Einschränkend und etwas versöhnlicher hätte ich dann noch angemerkt, dass dies nicht wie ein Vorwurf klingen sollte. Schließlich wüssten *wir alle*, dass es die Jobs gar nicht gab, die sie hätte vermitteln sollen. Doch als ich anhub mit dem Vorschlag, hiermit meine BG-Nummer, nur vorübergehend gebraucht, in tadellosem Zustand zurückzugeben, unterbrach sie mich, höflich, aber bestimmt, genau wie bei unserer ersten Begegnung. Die Nummer sei in diesem Sinne nicht zurückzugeben, bis auf Weiteres bleibe sie gespeichert. »Man weiß ja nie«, sagte die Frau.

Mein Blick flog über die Taschentuchbox, den Drucker, der die grauen Formulare ausgespuckt hatte, über das Schild mit den händeschüttelnden Händen, die mit einem großen roten Kreuz ausge-x-t waren. »Also dann ...« Sie nickte. »Ich wünsche Ihnen viel Erfolg.«

Noch einmal stellte ich mich auf die Wiese vor meiner alten Fabrik, an denselben Busch wie beim ersten Besuch, noch einmal steckte ich mir dort eine Zigarette an. Aber diesmal war der Himmel verhangen, ein ungemütlicher Wind blies übers Großstadtfeld, kaum jemand lungerte dort herum.

Ich versuchte, eine halbwegs faire Abrechnung aufzustellen: Kindergarten, Schule, Hochschule hatte ich in Anspruch genommen. Straßen, Züge, Busse, Bahnen. Arztbesuche. Das eine oder andere Museum. Theater, Polizei, Feuerwehr. Die Bundeswehr, die gab es ja auch noch. Ich überschlug, wie lange es dauern würde, bis ich das ganze Geld, die Leistungen zum Lebensunterhalt, die Mietkostenübernahme, die Krankenkassenbeiträge, zurückgezahlt hätte – im übertragenen Sinne »zurückgezahlt«, über die Steuern, die ich von Hamburg aus abführen würde. Ich kam auf vier Monate. Dann wären wir wieder quitt, der Staat und ich.

Es zog auf der Behördenwiese, und es sah so aus, als ob es gleich zu regnen begänne, die Zigarette schmeckte nicht, niemand fragte nach Feuer, keiner bat um eine Kippe oder erkundigte sich nach der Uhrzeit. Ich war ein Glückspilz. Ich war die *Mitte*. Ich musste weiter. Noch einmal ging es ganz von vorne los, rund 220 Kilometer westlich von hier. Etwas daran machte mich unendlich müde.

● ● ●

Die Zimmernummer meines Büros war 216, und meine erste Diensthandlung als kleine Führungskraft bestand dann darin, das Namensschild, das außen neben der Tür befestigt war, zu fotografieren. Schon im Voraus hatte man sich um mich gekümmert und das Schild unter einer kleinen Plexiglasscheibe angebracht, es maß etwa acht mal zwanzig Zentimeter. Das Foto mit der Nummer 216 und meinem Namen stellte ich in mein *Facebook*-Fotoalbum, damit alle es betrachten konnten. Wochenlang sah ich es mir mehrmals täglich an.

PROTO-YUPPIE
HINTER GLAS

»Eine muss den Job ja machen.«

E s gefiel mir. Montags bis freitags stand ich zwischen 7.30 und
8 Uhr auf und kam zwischen 19.30 und 20 Uhr nach Hause.
Öfters traf ich auf dem Heimweg noch jemanden auf ein Glas oder
einen Film. Schnell stellten sich auch für die Wochenenden Routi-
nen ein: Samstags reinigte ich meine Wohnung oder versuchte he-
rauszufinden, was nun schon wieder kaputt war, wusch Wäsche, erledigte Besorgungen, kümmerte mich um die Post, abends ging ich
aus, sonntags schlief ich etwas länger und tat auch sonst irgendwel-
che Dinge, ohne genau sagen zu können, was. Sonntags war Spazie-
rengehen dran, ein bisschen lesen, den Hafen fotografieren, *ausru-
hen*. Sieben ordentliche Tage. Auf die weitere sieben ordentliche
Tage folgten. Und noch mal sieben. Es war toll. Mein Leben fühlte
sich wieder so an wie in den späten Neunzigern.

Viele Klischees, die ich über Mitarbeiterinnen von Shopping-
Luder-Magazinen gehegt hatte, erwiesen sich als falsch. Eine Kollegin hielt sich zwei schrottreife *Opels*, die sie »Oldtimer« nannte, in
einer Vorstadtgarage und restaurierte sie liebevoll, Stück für Stück.
Eine andere war in der Blogosphäre als Aktivistin der demokratischen Internet-Gesellschaft unterwegs. Eine dritte betrieb, es klingt
wie erfunden, Frauen-Boxen als Hobby. Kaum eine der Kolleginnen

wäre je auf die Idee gekommen, sich das Magazin, das wir produzierten, freiwillig am Kiosk zu besorgen.

Auch meine Chefin überraschte mich jeden zweiten Tag aufs Neue, im positiven Sinne. Eine auffällig kluge Frau war sie, mit einer vielfältigen, spannenden Vergangenheit, im Kulturbereich wie im Journalismus, und mit großem politischem Interesse. Sie war ein Profi in ihrem Geschäft und mit einem angenehm schwarzen Humor gesegnet, in kurzer Zeit lernte ich ziemlich viel von ihr, und noch heute sind wir befreundet.

»Wie geht's dir in Hamburg, läuft es gut?«, fragte die Landschaftsgärtnerin am Telefon.

»Ja, es läuft hervorragend. Der Job gibt mir Halt. Ich sehe, dass ich funktioniere. Ich funktioniere sogar gut. Fast hatte ich vergessen, wie das ist. Einerseits bin ich eingesperrt, andererseits frei. Jede Woche habe ich hundert Ideen für das Magazin, ungefähr achtzig finden Gehör, siebzig kommen in die engere Diskussion und sechzig werden irgendwie umgesetzt. Kompromisse muss ich machen, jeden Tag etwa 54 Stück, aber es geht. Oft macht es sogar Spaß. Vor allem: Hier sind Menschen, viele! Sie klopfen an die Glaswand meines Büros, sie stellen mir Fragen, sie warten auf meine Entscheidungen, sie kauen mir manchmal die Ohren ab, sie sind den ganzen Tag um mich herum. In der Redaktions-Küche ist ein Laib Käse geklaut worden, das war vielleicht ein Ding, also: Da war dieser riesige golden glänzende Käse, du musst ihn dir wie ein überdimensionales *Nugget* vorstellen, wie eine fettige Sonne vom Umfang einer Langspielplatte, aber dann ...«

»Was?«

»Ja, so hör' doch zu! *So ist das hier bei uns.* Der Käse war ein Werbegeschenk, von einem Lebensmittelkonzern, eine Kollegin hatte ihn in Empfang genommen und in den Kühlschrank gelegt, damit alle sich ein paar Scheiben davon abschneiden können, aber dann hat irgendwer den Käse in der Mittagszeit entwendet, mit anderen Worten: geklaut. Das Riesending! Und nun wird gerätselt, wer das war. *Ich* kann es schon mal nicht gewesen sein, denn ich war zur fraglichen Zeit …«

»Verarschst du mich gerade?«

»Aber nein! Es sind auch schon Oliven, Salamiringe und Joghurts aus dem Kühlschrank verschwunden. Das hat Methode.«

»Aha.«

»Alle schließen ihre Taschen jetzt ein, wenn sie mal zu einer Besprechung oder länger aufs Klo müssen. Ansonsten läuft es prima. Der Drucker spinnt, eine spezielle Kollegin spinnt, schon zum zweiten Mal beantrage ich eine neue Computertastatur, weil an der vorhandenen mehrere Buchstaben klemmen, und trotzdem tippe ich schneller als mein Schatten. Rauchen ist verboten, aber ich mache öfters mal meine Tür zu und stelle mich ans Fenster. Ansonsten gibt es viele Konferenzen, jede Woche so ungefähr vier bis sieben Meetings. Außerdem streiche ich aus allen Texten, die auf meinen Tisch kommen, die Begriffspaare ›Brad Pitt‹ und ›Schuhe kaufen‹ heraus, ich darf das, ich bin Ressortleiterin, ich trage Verantwortung, und das sind Metaphern, die ich meinen Mitarbeiterinnen verboten habe. ›Kein Brad Pitt und kein Schuhe-Shopping mehr!‹, habe ich gesagt. Ansonsten komme ich sehr gut klar mit denen. Mittags besorge ich mir, wenn *wir* schönes Wetter haben, *hier bei uns in Hamburg*, ein Schnitzelbrötchen und bummele am Kanal entlang oder setze mich, wenn es regnet, beim Schnellasiaten hin, trinke eine Cola und esse irgendwas mit dünnen Nudeln für ungefähr sechs achtzig. Ich rede viel und schreibe viele E-Mails, sodass ich mich tagsüber sehr lebendig fühle, wohingegen ich abends oft nur noch liegen kann und nichts mehr weiß, aber das macht mir nichts. Demnächst werde ich dienstlich nach Norwegen reisen, und es macht mir großen Spaß, die Praktikantinnen kennenzulernen, oft überlege ich, wie die Welt aus den Augen dieser jungen Menschen wohl aussieht, und bei jeder Einzelnen entschuldige ich mich dafür, dass *wir*, dass also der Verlag leider nichts zahlen kann. Die Praktikantinnen finden meine Bemerkung sehr freundlich, glaube ich, und deshalb weise ich immer wieder darauf hin – jeder neuen erkläre ich es ganz genau. Die Chefin treibt mich an, aber ich halte stand, sie ist eine beeindruckende Frau, und auch sonst arbeiten ein paar sympathische Menschen hier, denkt man erst gar nicht. Und trotz Krise verzeichnen *wir*, also das Magazin, ein leichtes Anzeigen- und Auflagenplus, was eine kleine Sensation ist, denn alle anderen verlieren gerade, draußen, womit ich sagen will: *im Markt*. Alle vier Wochen bekomme ich mehr Geld überwiesen, als du mir glauben wirst, und das nur, weil ich *hier* bin, und nur damit ich wiederkomme. Der Gemeinschaftsküchenkaffee schmeckt – natürlich – fürchterlich, und am Ende kommt jeden Monat immer ein neues Heft heraus. Demnächst produzieren wir ein Jahreshoroskop, du bist Zwilling oder? Ich schreibe dir ein paar glückliche Zufälle hinein. Es ist gut, die Hamburger Männer sind schön, ich bin wieder *in der Welt*. Das ist ein leicht abgewandeltes Heidegger-Zitat, übrigens. Aber egal, wie geht es *dir*?«

»Wie immer.«

»Verstehe.«

»Ja.«

K ein Heimweh stellte sich ein, nachdem wir aufgelegt hatten. Zwar vermisste ich die Freundin und ein paar andere Menschen, nicht aber die Berliner Luft. In den Zeitungen las ich vom sich anbahnenden Streit über Hartz-IV-Erhöhungen und von der Mehrwertsteuersenkung für Hotels, von Bestechungsvorwürfen und unterschiedlich bewerteten Quartalsaussichten, von der Markteinführung des *iPad*, getöteten Bundeswehrsoldaten in Afghanistan, dem Schlager-Grand-Prix, dem Griechenland-Kollaps, der Öl-Katastrophe im Golf von Mexiko. Es war merkwürdig, wie all diese

Dinge nun an mir vorbeiflimmerten. Die *News* berührten mich weniger als in all den Jahren zuvor. Insgesamt wurde ich etwas unaufmerksamer. Ich hatte vergessen, wie *Sicherheit* sich anfühlt, wie wohlig träge sie einen machen kann, und nahm vier Kilo in zehn Wochen zu.

Wie ich es genoss.

Nicht »für ewig« wollte ich diesen Job machen, aber vielleicht so für drei Jahre, ungefähr. Dann mal sehen.

Ab und an zwickte ich in die kleine Schwarte, die sich unter meinem Nabel abzuzeichnen begann.

Zwei, drei neue *Business*-Hosen legte ich mir zu und saß jetzt an einem *Mac*.

Ich befand mich in einer viel beschäftigten Ruhephase.

Sie währte etwa drei Monate.

● ● ●

Nach drei Monaten machten die Funktionseliten aus den oberen Stockwerken sich in der Redaktion bemerkbar. Der Verlag war, wie fast alle Verlage zu jener Zeit, in wirtschaftlichen Schwierigkeiten. Eine Unternehmensberatung hatten sie soeben ins Haus geholt und dachten sich jetzt Anweisungen aus – die sie an die Chefin durchgaben – die es an die nächstuntergebene Ebene weiterleiten musste – also auch an mich.

Wie alle Angestellten mit Standardarbeitsvertrag habe auch ich eine Klausel unterschrieben, nach der ich sogenannte Betriebs-Interna nicht an Dritte weitergeben darf. Langwierige Rechtsstreitigkeiten zwischen mittelgroßen Konzernen und deren abtrünnigen Mitarbeitern sind bekanntermaßen keine Seltenheit, erst recht nicht in meiner Branche. Klar ist auch, wer dabei am sprichwörtlich längeren Hebel sitzt. Wie alle Unternehmen von einer gewissen Größe beschäftigt auch der Magazin-Verlag hauseigene Juristen. Ich hingegen nenne eine dubiouse Rechtschutzversicherung mit monatlichem Mindestbeitrag mein eigen. So folge ich – unwillig – dem Rat privat befreundeter Juristen und verzichte darauf, Details aus meinem Spiegelglas-Alltag zu berichten. Was sehr schade ist. Es sind nämlich recht ulkige Dinge passiert. Man hat mir jedoch dringend geraten, nur das wiederzugeben, was andere Medien über den Fall schon berichtet haben oder was der Verlag selbst der Öffentlichkeit mitgeteilt hat. Die anderthalb Jahre Leben, die ich dort verbracht habe, gehören der Firma.

G enau zu der Zeit, in der es begann, absurd zu werden, erschien ein Kurzgeschichtenband der amerikanischen Künstlerin Miranda July (*1974), in dem ich folgenden Satz las: »Ich hasste meinen Job, aber es gefiel mir, dass ich ihn machen konnte.« Bei *Facebook* klickte ich Miranda Julys Seite an und setzte ein Häkchen: »Katja Kullmann ist jetzt Fan von Miranda July.«

Als einige Wochen später das Stadium »absurd« langsam ins Stadium »unangenehm« überzugehen begann, brachten die *Goldenen Zitronen* eine neue Platte heraus. Ein Song heißt *Lied der Medienpartner*, und der von Ted Gaier verfasste Text geht so: »Einer muss den Job ja machen. Das glitzernde Zeug verkaufen. Nullcheckern vorauslaufen. Sprüche zusammenklauben und hinterher auf den Haufen draufhaun. Jemand muss den Laden am Laufen halten. Denn laufen tut er sowieso, auch wenn's schon besser lief. Ich mach' den ganzen Tag nur Sachen, die ich gar nicht machen will. Trübsal in der Krise? Das muss antizyklisch laufen. Hochgetunte Biederkeit als heißen Scheiß verkaufen. Eine und einer, die sich nicht zu schade sind.« Nie hätte ich erwartet, dass die *Goldenen Zitronen* sich eine derartige Mühe geben mit der Fan-Betreuung.

Meine Eltern waren jedenfalls sehr stolz auf meine neue Tätigkeit, und auch sonst schlug mir einige Bewunderung entgegen für meinen Status. Von außen sah es wirklich gut aus. Es stand mir.

Die Unternehmensberatung galt als eine der führenden des Landes. Kaum waren die externen Berater im Haus, wurde eines der Verlags-Magazine eingestellt. Wiederum ein paar Wochen darauf wurde überraschend eine große Betriebsversammlung einberufen, für alle 420 Beschäftigten. Viele Kolleginnen hatten Angst, dass es diesmal unser Blatt treffen würde. »Das kann nicht sein«, sagte ich, »wir haben die besten Zahlen im Haus.« Angespannt versammelte sich die Verlagsherde im größten Saal, den das Prisma aufwies. Dort teilte man uns mit: Ab sofort Kurzarbeit – zehn Prozent weniger Dienst und zehn Prozent weniger Verdienst – für alle – außer für die Geschäftsführung – zunächst für ein halbes Jahr. Alle waren erleichtert, dass nicht noch mehr Leute gehen mussten. Ich kürzte den freien Kolleg(inn)en weiter die Honorare und zeigte mich potenziellen *Werbepartnern* gegenüber *aufgeschlossen*, *positiv* und *begeistert*.

Eines Dienstags kam die Chefin in mein Büro, das sie zuletzt nur noch sehr selten besucht hatte. Schon seit einer Weile wirkte sie angespannt, kaum kriegte man sie noch zu Gesicht.

»Na?«, sagte ich.

Sie schloss die Tür und bat um eine Zigarette.

»Du rauchst?«

»Manchmal.« Und: »Komm', steck' dir doch auch eine an, wir rauchen zusammen.«

»Hier?«

»Weiß doch eh jeder, dass du hier qualmst, man riecht es über den ganzen Flur, da kommt's auf die zwei Kippen nicht mehr an.«

So stellten wir uns ans streng geheime Raucherfenster in Zimmer 216 und plauderten ein wenig. Es war schön, wieder einmal mit ihr zu reden. Sie sammelte alberne Überschriften aus Zeitungen und Magazinen, schnitt sie aus oder mailte sie mir, und ich mailte ihr dann irgendeinen Blödsinn zurück.

Die Chefin und ich, wir hätten gern vieles ganz anders gemacht, als das Controlling es wollte. Wir wussten, wir hatten Recht. Aber man glaubte uns nicht. Wir mussten damit leben, dass BWLer uns jetzt den Journalismus erklärten. Das geht anderen ja genauso: Kühlschrank-Ingenieure müssen Marketing-Panels berücksichtigen, Pflegekräfte müssen Vier-Minuten-pro-Patient-Plänen folgen, die im Rechnungswesen erstellt werden, Pralinenverpacker müssen potthässliche Plastikschleifchen auf Schoko-Kartons pappen, wenn die Werbeabteilung es so will.

Sie erschien mir ein bisschen wirr an jenem Dienstag, sie redete sehr viel, sehr leise, wechselte immer wieder das Thema, inhalierte viel zu hektisch, hustete heftig und gab mir auf meine Frage, ob so weit alles in Ordnung sei, keine richtige Antwort.

Drei Tage später war sie gefeuert.

● ● ●

Hamburg am Meer ist die schönste Stadt der Welt. Und der Stadtteil, in dem ich wohne, das schönste Viertel aller Viertel aller Städte der ganzen großen Erde, die angeblich rund ist, sagen sie im Internet, und als dunkelblaue Kugel im All schwebt, ohne herunterzufallen. Das Viertel liegt weit weg vom Spiegelglas-Prisma, fast kann man sagen: am anderen Ende der Stadt. Zu Fuß brauche ich von meiner Wohnung etwa zwanzig Minuten hinunter an die Elbe, an den Sandstrand, der wunderbar undekoriert direkt gegenüber riesiger Containerschiff-Anlagen liegt. Wie fast alles in Hamburg trägt der Strand einen albernen norddeutschen Namen: Övelgönne. Es gibt hier U-Bahn-Stationen, die heißen »Schlump« oder »Mümmelmannsberg«, Straßen, die »Schulterblatt«, »Rambatzweg«, »Brandstwiete« oder »Im Pulverteich« benannt sind, meine Lieblings-Ausgehorte heißen »Golden Pudel Club«, »Familien-Eck« und »Übel und Gefährlich«. Ältere Passanten klingen manchmal tatsächlich wie Alt-Altkanzler Helmut Schmidt, »ans-T-ändich«, und wenn der Wind günstig steht, höre ich das Tuten gewaltiger Frachtschiffe aus China, Nigeria oder Brasilien von unten, vom Hafen, bis auf meinen gut zwei Kilometer entfernten Balkon hinauf.

Der Stadtteil, in dem ich nun wohne, ist ein früheres Arbeiterviertel. Überall sieht man noch Reste kleinerer und mittlerer Industrieanlagen, sehr viel Backstein, und in den meisten der alten Werkshallen befinden sich heute *kreative* Unternehmen. In den *Zeise-Hallen*, einer ehemaligen Schiffsschraubenfabrik, ist ein angesehenes Programmkino untergebracht, auf einem anderen früheren Industriegelände befindet sich eine Spielstätte des *Thalia Theaters*. Aus einer Fabrik ist der Live-Musik-Club *Fabrik* geworden, aus einem Gaswerk das Hotel *Gastwerk*. In verschiedenen Lofts arbeiten Freiberufler in *Coworking-Spaces* zusammen, in einem sanierten Groß-Kontor ist der Sender *Klassikradio Hamburg* untergebracht, in einem anderen der Cartoon-Verlag *Carlsen Comics*. Immer wenn ich zu meinem Stammsupermarkt laufe, komme ich an einer Hauswand vorbei, an die jemand *Yuppies raus!* gesprüht hat, und fühle mich ertappt.

Der Stadtteil, in dem ich nun wohne, kann auf keinen Fall noch mehr Leute wie mich gebrauchen. Viel zu viele sind wir hier. Auch deshalb zahle ich eine Kaltmiete von elf Euro, für ein unsaniertes Domizil mit unbeheiztem Badezimmer. Immerhin: Es ist ein Altbau in superheißer Lage. Ich werde hier mächtig abgezockt. Dennoch möchte ich nirgendwo anders wohnen. Ich mag die portugiesischen Vanilletörtchen-Cafés, die Döner-Theken, das Eisenwarengeschäft für Notfall-Schrauben aller Art, das Geschäft mit gebrauchten Kleinmöbeln, Vasen und Nachttischlampen, den Second-Hand-Platten-Shop und die zwei kleinen Buchläden, und manchmal betrachte ich auch die Schaufensterauslagen der vielen klitzekleinen Boutiquen, sehe mir das niedliche Zeugs an, das dort ausliegt, Filz-Design und handgemachte Bonbons. Nicht viel weiter südöstlich grenzt eine kleine Fußgängerzone an meine direkte Nachbarschaft, mit *Zara,*

H&M, *Burger King*, *Media Markt*, einem *Telekom*-Laden, geschätzten zwanzig *Cut-and-Go*-Friseuren und sogar einer mittleren Shopping Mall namens *Mercado*, in deren Erdgeschoss sich unter künstlichem Licht ein künstlicher Straßenmarkt mit mutmaßlich nichtkünstlicher Bio-Ware befindet.

Der Stadtteil, in dem ich nun wohne, ist ein fiebriger Herd der Gentrifizierung oder Yuppiesierung, und ich selbst bin unweigerlich ein Teil dieses Prozesses. Ich bin hier in Hamburg dasselbe wie in Berlin die Porno-Hippie-Schwaben. Nur weil es Leute wie mich gibt, die die Mischung aus *authentischem* Arbeiterflair, internationaler Imbiss-Küche, kultureller Vielfalt, kurzen Wegen und dekorativen Hausfassaden mögen, steigen in Vierteln wie meinem ungebremst die Mieten. Ein Viertel wird *hip gewohnt*, sagen die einen, »Segregation der Wohngebiete« nennen es die Stadtsoziologen. Auf Dauer können sich nur die rund »20 Prozent der Besserverdiener« die Mieten in solch begehrten Arealen leisten, sagt etwa der Hamburger Journalist Christoph Twickel (*1967). In seinem klugen Buch *Gentrifidingsbums oder Eine Stadt für alle* (2010) hat er das Yuppisierungs-Phänomen untersucht »Der Bioladen, die Künstler, die Kleine-Läden-Betreiber sind einerseits Rädchen in der Aufwertungsmaschinerie und geraten andererseits in deren Verlauf auch bisweilen unter die Räder«, sagt Twickel. Gerade die *Kreativen* sähen sich »zunehmend eingebunden in neoliberale Stadtentwicklungspolitik«. Anders ausgedrückt: Du findest irgendwo eine »nette Ecke« – beziehst dort eine rumpelige Bude – erzählst deinen Freunden vom schönen Ausblick, dem Flair und den Falafel – worauf ein paar Freunde dir folgen – worauf einer der Freunde, der ungünstigerweise im Großraum Medien arbeitet, ein bisschen zu viel und zu verliebt von der hübschen Nachbarschaft schwärmt – und schon bald macht zwei Straßen weiter *Tommy Hilfiger* einen *Flagship Store* auf und da, wo es einst die Falafel gab, werden standardisierte *Veggie Burger* zum dreifachen Preis verkauft.

In München sind es das Gärtnerplatzviertel oder die Maxvorstadt, in Köln sind es die Stadtteile Nippes und Ehrenfeld, in Frankfurt am Main derzeit das Ostend und das Gutleutviertel, in Zürich die Kreise 4 und 5, in Wien das Areal um den Naschmarkt, in Berlin aktuell Neukölln und absehbar auch der Wedding. Es ist das Prinzip »Katz und Maus« oder »Hase und Igel«: Kaum haben ein paar junge Existenzgründer oder Künstler eine Gegend entdeckt, in der die Wohnungen und Räume für Ateliers und Büros bezahlbar sind, ziehen die Investoren hinterher, und der *Fake* zieht ein: »Aus Industriedenkmälern werden Hotels oder Shoppingarkaden mit musealisierter Fassade und alte Wohnhäuser werden durch unbezahlbare Townhouses ersetzt« (Twickel).

Wer heute ganz bewusst *nicht bürgerlich* leben mag – wer sich nicht in die Privatheit abschotten und sich hinter einer Buchsbaumhecke verschanzen will – wer sich, ganz im Gegenteil, der Vielfalt des Sozialen gern aussetzen mag, in einer *organisch-echten* Umgebung – der wird automatisch zum Täter. Der lockt Leute an, die zum Beispiel bei *Manufactum* das Zehnfache für ein Küchensieb bezahlen wie normale Menschen. Und dann weitet sich das *Manufactum*-Drama sehr schnell aus: Die Haus-Eigentümer in den plötzlich als »hip« geltenden Vierteln nehmen, nachdem sie die Häuser jahrelang *pittoresk* haben verrotten lassen, plötzlich wieder Geld in die Hand, sanieren den *Bestand*, schlagen die Kosten auf die Mieten auf, alles sieht frisch aus, die alten Bewohner ziehen weg, die Zahl der Neu-Interessenten wächst weiter an, die erste Tempo-30-Zone kommt, die Lärmschutzklagen gegen die eingesessenen Eckkneipen nehmen ihren Lauf, und binnen einer Handvoll Jahre ist niemand mehr zu sehen, der mit offenen Schnürsenkeln herumläuft, sichtbar alt ist, einen Polyester-Turban trägt oder grobe Lieder auf offener Straße singt.

Die gut und besser verdienende Mittelschicht macht es wie eh und je, sie grenzt sich ab – heute bevorzugt in einem Disneyland aus gebrauchter Romantik, geborgten Oberflächen und guter Verkehrs-anbindung. Jener Prozess befördert das Gegenteil von Urbanität. Kein offener, demokratischer Ort, kein Forum ist die gentrifizierte Stadt, sondern ein *Showroom*, in dem private Eigentümer jederzeit von ihrem Hausrecht Gebrauch machen können. Das *Sony* Center am Potsdamer Platz in Berlin ist ein bekanntes Beispiel: Obwohl es ein riesiges Gelände ist, das »städtisch« wirkt, gilt hier kein öffentli-ches Recht, sondern die Hausordnung der Investoren. Privat ange-heuerte Security-Leute können all diejenigen wegschicken, die nicht »ins Bild« passen, und sie müssen sich vor niemandem dafür recht-fertigen. Es gibt Banken, die kaufen Grünanlagen, und Automobil-konzerne, die riesige Plätze erwerben. Man kennt das Prinzip von Sportstadien, die jetzt O_2-Arena heißen.

Der Fluch der *Kreativität* macht vor den Lebensräumen nicht halt, und auch der Begriff der *Kreativen Stadt* stammt aus dem La-bor des Richard Florida. Der ideale Standort für die *Kreativwirt-schaft* ist demnach ein Ort, an dem drei große »Ts« auf möglichst dichtem Raum zusammenkommen: Technologie, Talent und Tole-ranz. Et voilà: Das ist der Prenzlauer Berg, das sind die Winkel rund um die Zürcher Langstraße, das ist mein Viertel in Hamburg: voll-gestopft mit McBooks (»T« wie »Technologie.), abenteuerlustigen Ex-Gymnasiasten (»T« wie »Talent«) und einer Menge hochdivers gestalteter Lebensentwürfe (»T« wie Toleranz).

Für die Kommunen lohnt es sich, in ihr Image als *Kreativ-Orte* zu investieren – *Standortpolitik* nennt man das. Von einem »Stechen der Städte«, schrieb beispielsweise *Focus*. So legte nicht nur Berlin einen *Venture Capital*-Fonds für *Kreativ*-Unternehmen auf, auch die große Hansestadt bemüht sich mit der Kampagne »Marke Ham-burg« um ein *kreativeres* Image, in Frankfurt am Main besteht ein Förderprogramm *Gründerhaus Kreativwirtschaft*, wobei zeitgleich eine ganze Reihe frei wirtschaftender Off-Kultur-Räume »von oben« dichtgemacht werden, und im Ruhrgebiet agiert Dieter Gorny, der

Viva-Gründer und Erfinder der *Popkomm*, inzwischen als Direktor des *European Centre for Creative Economies*, mit dem Ziel, den abgewickelten Malocher-Molochen der Region mit neuen *Kreativquartieren* einzuheizen. Die fortschreitende Loftisierung brachte der Region den EU-Titel *Kulturhauptstadt 2010* ein. Manchmal treibt die *Kreativitäts*-Wut der Stadtplaner und ihrer Marketing-Leute auch einfach nur hübsche Blüten:

Siegen pulsiert
Bielefeld macht Spaß
Köln ist ein Gefühl
München mag Dich
Wiesbaden passt zu mir
Freude. Joy. Joie. Bonn
Krefeld – Stadt wie Samt und Seide
Erfurt – Rendezvous in der Mitte Deutschlands
Mannheim – Leben. Im Quadrat

● ● ●

Ich will jetzt ganz im Hier und Heute leben. Wie man so sagt. *Echtleben* heißt das. Vielleicht. Ich denke, ich bin jetzt so weit. Es ist Samstag. Ich sitze auf der Bürgersteig-Terrasse meines Lieblings-Cafés, rings um mich ein paar andere neu-erwachsene Menschen, die schwatzen, mit Besteck klappern, in die Sonne blinzeln, vor mir der erste *Iced Macchiato* des neuen Jahres. Die geeiste ist die einzige Macchiato-Variante, die ich vertrage, und ich werde das peinliche Gefühl einfach eines Tages überwinden, das mir bei der Bestellung und dem Verzehr noch immer im Nacken sitzt. Es ist ein Kaffee mit viel zu viel Milch, sonst nichts.

Ein neues Jahr ist gerade angebrochen. Man riecht den Frühling schon richtig. Ich lasse den langen, dünnen Löffel durch den

Schaum kreisen. Es geht mir gut. Womöglich bin ich nach langer Zeit gerade dabei, mich in einen Mann zu verlieben. Weit über ein Jahr bin ich jetzt schon weg von Berlin. »Berlin« kommt mir vor wie ein Buch, das ich mal gelesen habe, irgendwann. Ich verstehe das alles nicht: Wie ich je dort sein konnte. Wie ich je dort scheitern konnte. Von fern erscheint mir »Berlin« jetzt beinahe doch wieder ganz einfach.

Viele neue Leute habe ich kennengelernt, viele alte Freunde vernachlässige ich nun zwangsläufig. Meine Schulden bei der Agentur habe ich inzwischen vierfach zurückgezahlt, gedanklich, mit den Steuern, die ich jeden Monat abführe, und vielleicht habe ich auch ein paar Hamburger Fußgängerampeln, Stadtmarketingprojekte oder achteinhalb Polizeiuniformen damit finanziert. Noch immer lebe ich bescheiden. Es ist gut, dass ich mir das angewöhnt habe, es kann nicht schaden. Ich spare, was ich kann. Eine Weile werde ich den Job noch machen, denke ich. Bis zur Summe X auf dem Sparkonto.

Der Milchkaffee ist fast leer, wie immer habe ich versucht, so viel wie möglich vom Kaffee und so wenig wie möglich von der Milch abzubekommen. Der schmutzige Rest sieht aus wie schimmelnder Badeschaum. Ich schiebe das Glas von mir weg. Eine Plastiktüte tänzelt über den nicht ganz blank geputzten Asphalt, sie bewegt sich wie eine expressionistische Tücher-Tänzerin aus den dreißiger Jahren. Im Moment lebe ich als meine eigene Feindin. Ich übe einen Job aus, der meinen berufsethischen Grundsätzen in Vielem widerspricht, ich drehe *funktional* an genau den Schrauben, die mich einst als Freie selbst in die Knie zwangen, und ich wohne meine Nachbarschaft in den sicheren Yuppiesierungs-Tod. Dennoch wünsche ich mir, dass es für eine Weile einfach mal so bleibt, wie es jetzt gerade ist. Bis *ich* wieder bestimme, wie es weitergeht.

Im Sommer werde ich vierzig und weiß jetzt schon, dass ich groß feiern werde. Ich bin nicht jung und nicht alt. Alles ist gerade ganz genau richtig. Ich stelle mir vor, dass ich eine kleine Bar miete, einen Mini-Club oder den Partykeller eines Restaurants, dass ich alle, wirklich alle einlade, die ich kenne und mag und je gekannt und gemocht habe, und das sind sicher weit über einhundert sehr verschiedene Exemplare der Spezies, von überall her. Die Wahrscheinlichkeit, dass sie alle kommen, ist sehr gering. Dreißig Prozent vage Zusagen wären wahrscheinlich schon ein guter Schnitt. Ich werde ihnen sagen, dass sie alle ihre Lieblingsmusik mitbringen dürfen – »wirklich ganz egal, was es ist« –, und dass jede(r) ans DJ-Pult darf, solange er oder sie mag. Ich glaube, das gefällt ihnen. Mir wird es gefallen.

DER BESTE MONTAG
MEINES LEBENS

»Glückwunsch, Du bist safe.«

H uch, es ist schon wieder Montag. Das geht immer rasend schnell. Ausnahmsweise bin ich heute fast die Erste im Büro. Ich bin eine halbe Stunde vor dem Wecker aufgewacht. Es liegt am Licht. Es knallt jetzt ja schon frühmorgens durch die Jalousie. Wenn die strumpflose Zeit beginnt, wird es wirklich gut.

Die Praktikantin ist schon da. Es ist eine besonders Fleißige, diesmal, bestimmt schon die Fünfzehnte in anderthalb Jahren, und da die jungen Frauen heute alle Lara, Laura, Lilly, Lisa oder Lena heißen, geschieht es jetzt häufiger, dass ich sie mit einem falschen Namen anspreche.

Ich schalte den Computer in Zimmer 216 ein und lasse ihn sich hochrödeln, hole mir derweil einen Kaffee aus der Küche, schnappe mir zwei, drei frische Tageszeitungen vom Redaktionsstapel, setze mich an meinen Schreibtisch und öffne das E-Mail-Postfach. 46 Nachrichten seit Freitagabend; die jüngste, die ganz oben steht, stammt von der *Geschäftsführung*, sie ist keine halbe Stunde alt.

Die Nachricht ist »an alle« gerichtet. Eine neue, außerplanmäßige Betriebsversammlung ist angekündigt, für 12 Uhr, also schon in drei Stunden. Normalerweise wird so etwas mit ein, zwei Tagen Vorlauf bekannt gegeben.

Die anderen trudeln ein. Jede liest die E-Mail. Jede geht einmal herum und fragt die anderen, ob die Näheres wissen. Aber es bleibt dabei: Niemand hat eine Ahnung, was der Anlass sein könnte.

»Vielleicht zahlen sie uns allen eine kleine Prämie, weil wir es so gut hinbekommen haben, mit der Kurzarbeit, trotz der ganzen Unruhe, ein halbes Jahr lang, als kleines Dankeschön oder so«, mutmaßt eine Kollegin. Es ist diejenige, die wir heimlich alle »Blondie« nennen. Sie ist lieb, aber ein bisschen langsam.

Sonst ist es sehr still auf dem Redaktionsflur, den ganzen Vormittag über. Ungesund leise. Aus irgendeinem Grund sage ich einen Außer-Haus-Termin für den Nachmittag ab, »aus redaktionsinternen Gründen und mit Bedauern«.

420 Leute versammeln sich, wie aufgefordert, um 12 Uhr wieder im großen Saal. Der Betriebsrat tritt auf. Die Geschäftsführung. Der Verleger, dem das Unternehmen gehört und der etwa fünfzehn Minuten entfernt vom Verlag in einer Alster-Villa wohnt, nicht. Das Stühlerücken im Saal legt sich, das Murmeln verstummt. Einer der Geschäftsführer räuspert sich, klopft ans Mikrofon, es fiept, ein Haustechniker (vielleicht war es derjenige, der das Schild an Zimmer 216 angebracht hat) dreht an ein paar Knöpfen, dann geht es los.

Eine halbe Stunde später wissen alle Bescheid. Es dauert fast zehn Minuten, bis der Saal sich geleert hat, bis alle 420 wieder durch die Tür draußen sind und sich über die Flure und Treppenhäuser auf die verschiedenen Flügel des Prismas verteilt haben. Oben, auf *unserem* Flur, stehen schon drei, vier Kolleginnen zusammen, ich stelle mich dazu, auch die anderen, die nachtröpfeln, schließen sich uns an. Wir stehen zu zehnt, zwölft, vierzehnt im Weg herum.

Einige haben es anfangs nicht verstanden und verstehen es auch jetzt noch nicht.

Andere haben es sofort verstanden, dachten aber erst, sie hätten sich verhört und sind sich jetzt nicht sicher.

Wieder andere haben alles ganz anders verstanden und glauben noch immer, dass sie Recht haben.

Manche sagen nichts.

Viele sagen, dass das doch nicht sein kann.

Worauf die meisten sagen: Doch.

Wir erklären es uns gegenseitig: Alle Redakteure sind verlagsweit gekündigt, auch alle Grafiker. Gütliche Regelungen werden gefunden. Allein die Chefredakteure und ihre Ressortleiter bleiben und bilden fortan ganz, ganz eng zusammenarbeitende *kreative Blattmacher-Teams*. Gemeinsam mit der Leistung freier Kräfte werden wir auch künftig hervorragende Medienprodukte schaffen. Die Initiative ist zwar ein weiterer harter Schritt, aber auch ein wichtiger Schritt, und zwar in die Zukunft.

»Das kann doch aber *wirklich* nicht sein«, ruft Blondie.

Eine Kollegin kommt auf die Idee, im Internet nachzusehen, um es der lieben Seele zu beweisen, und tatsächlich: Noch während die Betriebsversammlung lief, hat die PR-Abteilung des Verlags es an die anderen Medien herausgegeben. Wir können es alle ganz in Ruhe nachlesen. *Konzentration, Kreativität und Qualität* lautet die Überschrift der Pressemitteilung.

Irgendwann fasern wir auseinander, jede geht zu ihrem Schreibtisch.

»Glückwunsch, Kullmann, du bist *safe*«, sagt meine Lieblingsredakteurin, bevor sich unsere Wege trennen, bevor sie in das Zimmer 215 einbiegt und ich in das Zimmer 216.

Ich setze mich an den Schreibtisch, vor den Bildschirm.

Ungefähr siebeneinhalb Minuten lang starre ich auf die blauweiße *Google*-Maske. Man nennt es Meditation, nehme ich an. Der *Cursor* blinkt, aber es kommt mir kein Wort in den Sinn, das ich nun suchen müsste. Das Wort, das ich nun benötige, kenne ich schon.

Ich setze meine Finger auf die Tastatur und bitte die neue Chefredakteurin um einen Termin. Sie antwortet binnen einer Minute.

Zum zweiten Mal habe ich Glück an diesem Montag.

Mein Job ist sicher, und sie bewilligt mir spontan ein Zeitfenster, das sich um 17.15 Uhr für eine Viertelstunde öffnen wird.

● ● ●

Mit frisch geröteten Lippen sitze ich meiner Vorgesetzten gegenüber. Mein Rücken ist gerade, meine Schultern und Oberarme leicht angespannt, mein Kinn gereckt, hoch, aber nicht so hoch, dass es Wirbelschmerzen gibt. Ich beginne mit einem Räuspern.

Ich sage ihr, dass sie es nicht persönlich nehmen soll.

Dass es turbulente Zeiten sind, und dass wir uns alle auch ein bisschen bewegen müssen, ab und an.

»Anders geht es nicht«, sage ich.

Dass schwierige Situationen nicht nur *pragmatische*, sondern vor allem *kreative* Lösungen erfordern, heutzutage. »Das wissen Sie ja selbst.«

Dass sie ihren Weg schon machen wird, versichere ich ihr, dass ich da keinerlei Anlass zur Sorge sehe.

»Wir bedanken uns für die gute Zusammenarbeit«, sage ich.

Dann gehe ich zurück in mein Büro, packe meine Tasche und verlasse meinen Arbeitsplatz ausnahmsweise einmal etwas früher als sonst, es ist noch nicht einmal sechs.

Ein klarer Spätnachmittag in einem herzerweichenden Frühling ist es, im definitiv letzten der sogenannten nuller Jahre. Der Himmel trägt ein stumpfes *Bleu*. Seine Ränder laufen ins Orangene aus, die Sonne wird sich bald zurückziehen. Ein frisches Lüftchen weht, ich stehe vor einem glänzenden Spiegelglasgebäude und habe meinen Schal im zweiten Stock vergessen. Daher fröstele ich ein wenig. Einen anderen Grund für mein Zittern gibt es nicht. Und ich sehe ganz unzweifelhaft gut dabei aus, in meiner dunkelblauen Hüfthose aus mittelfestem Gabardine, darüber mein halblanger schwarzer Popeline-Mantel in A-Linie, unten meine Werktags-Pumps aus anthrazitfarben gegerbtem Schweinsleder. Es ist einer der bürotauglichsten Frauen-Looks, den meine Garderobe hergibt. Mein Nacken spannt vom vielen Herumsitzen der vergangenen Monate, aber das wird sich legen. Ich nehme meinen Taschenklappspiegel zur Hand, der einmal zwei Euro in einem Charlottenburger Chinashop gekostet hat, und sehe: Ich lächle. Ich tue, was ich schon immer am besten konnte, ich wahre Fassung und Form. Dann zünde ich mir eine Zigarette an.

DANK

Mein Dank geht an all die Gefährten, Bekannten, Kollegen und Passanten, die ich belauscht habe – und deren kluge, verwirrte, ängstliche, alberne, widerspenstige und zweifelnde Geister dieses Buch ausmachen. Keine der hier erzählten Personen, auch nicht das »Ich«, gibt es wirklich – und doch existieren sie alle. Meinen Freunden danke ich für ihre Freundschaft, dem T. für seine Geduld, dem C. für seine Unterstützung und meiner Familie für ihre Liebe. Umgekehrt will auch ich immer für Euch da sein, in guten wie in schlechten Tagen.

KK

MATERIALIEN

Adrian, Stefan: Traumfabrik (in: Home, 2008)

Albers, Markus: Morgen komm ich später rein. Für mehr Freiheit in der Festanstellung (2008, Frankfurt am Main)

Barthes, Roland: Mythen des Alltags (1957/1964, Frankfurt am Main)

Baudrillard, Jean: Im Schatten der schweigenden Mehrheiten. Oder: Das Ende des Sozialen (2010, Berlin)

Bazelon, Emily: Friends Without Money. How the recession is wrecking friendships across the land (bei: slate.com, Juni 2009)

Beck, Ulrich: Schöne neue Arbeitswelt (2007, Frankfurt am Main)

Beck, Ulrich, und Beck-Gernsheim, Elisabeth: Riskante Freiheiten: Individualisierung in modernen Gesellschaften (1994, Frankfurt am Main)

Behörde für Stadtentwicklung und Umwelt: Kreative Milieus und offene Räume in Hamburg (2010, Hamburg)

Behrend, K., Elflein, C.,Hartmann-Wolff, E., Moritz, H.-J., Randenborgh, K. van, Schwab, F., Wendt, A., Torn, T.: Wenn die Welt wankt (in: Focus 25/2010)

Bertelsmann-Stiftung: Nachholbedarf in Sachen soziale Gerechtigkeit (bei: bertelsmann-stiftung.de, Januar 2011)

Bloch, Ernst: Tübinger Einleitung in die Philosophie (1996, Frankfurt am Main)

Bös, Nadine: »Dahinten liegen die Taschentücher« (in: Frankfurter Allgemeine Zeitung 271/2009)

Britta: Das schöne Leben (2006, Flittchen Records)

Bolz, Nobert: Wer hat Angst vor der Freiheit? (in: Cicero, November 2009)

Botton, Alain de: Statusangst (2004, Frankfurt am Main)

Bourdieu, Pierre: Die feinen Unterschiede. Kritik der gesellschaftlichen Urteilskraft (1987, Frankfurt am Main); Ein soziologischer Selbstversuch (2002, Frankfurt am Main)

Brooks, David: Die Bobos. Der Lebensstil der neuen Elite (2002, München)

Bude, Heinz: Aufsteiger, Absteiger (in: Zeit Literatur, Oktober 2010)

Bunz, Mercedes: Meine Armut kotzt mich an (in: Zitty, 2006)

Burkhardt, Steffen: Mit uns zieht die neue Zeit (in: Cicero, November 2009)

Csikszentmihályi, Mihály: Flow. Das Geheimnis des Glücks (1990/2010, Stutt-
    gart)

Dettmer, Markus, Kretz, Sebastian, Müller, Martin, Repinski, Gordon, Tietz,
    Janko: Ära der Unsicherheit (in: Der Spiegel, 12/2010)

Deutschman: Alan: Change Or Die (bei: fastcompany.com, Mai 2005)

Diez, Georg: Das war die Gegenwart (in: Süddeutsche Zeitung 275/2009)

Diederichsen, Diedrich: Eigenblutdoping (2008, Köln)

Dolak, Gregor, und Meyer, Gudrun: Das Stechen der Städte (in FOCUS, 5/2010)

Emin, Tracey: Strangeland (2009, München)

Esslinger, Detlef: Anleitung zur Unanständigkeit (bei: sueedeutsche.de, Dezember
    2009)

Faller, Heike: Wie ich einmal versuchte, reich zu werden: Mein Jahr unter Speku-
    lanten (2009, München)

Fauser, Jörg: Der Strand der Städte. Gesammelte journalistische Arbeiten
    1959–1987 (2009, Berlin)

Fleischhauer, Jan: Unter Linken. Von einem, der aus Versehen konservativ wurde
    (2009, Reinbek bei Hamburg)

Fleißer, Marieluise: Eine Zierde für den Verein. Roman vom Rauchen, Sporteln,
    Lieben und Verkaufen (1931/1975, Frankfurt am Main)

Florida, Richard: The Rise of the Creative Class and how it's transforming work,
    leisure, community, & everyday life (2003, Jackson/TN)

Focus: Die wichtigsten Debatten-Anzettler 2010 (in: Focus 51/2010)

Freitag, Der (05/2010)

Fücks, Ralf: Für eine aufstiegsoffene Gesellschaft (bei: boell.de, September 2010)

Friebe, Holm, und Lobo, Sascha: Wir nennen es Arbeit. Die digitale Bohème.
    Oder: Intelligentes Leben jenseits der Festanstellung (2006, München)

Friedrichs, Julia: Gestatten: Elite. Auf den Spuren der Mächtige von morgen
    (2008/2009, Hamburg)

Gilmore, Jim, und Pine, Joseph: Authenticity. What consumers really want
    (2007, New York)

Goetz, Rainald: Dekonspiratione (2000, Frankfurt am Main)

Goffman, Erving: Wir alle spielen Theater: Die Selbstdarstellung im Alltag
    (1959/2003, München)

Goldenen Zitronen, Die: Die Entstehung der Nacht (2009, Buback Tonträger)

Grill, Markus: »Wutgetränkte Apathie« (in: Der Spiegel, 14/2010)

Gutmair, Ulrich: »Jeder soll sein Glück maximieren« (in: taz, Januar 2010)

Habermas, Jürgen: Die neue Unübersichtlichkeit: Kleine politische Schriften (1985, Frankfurt am Main)

Hannemann, Matthias: Jetzt sind wir quitte (in: brand eins 2/2010)

Hardt, Michael & Negri, Antonio: Common Wealth. Das Ende des Eigentums (2010, Frankfurt am Main)

Hensel, Jana: Jung und morsch (in: Zeit-Magazin, 33/2010)

Herrmann, Sebastian: Vollmacht für die Sünde (in: Süddeutsche Zeitung, März 2010)

Herrmann, Ulrike: Hurra, wir dürfen zahlen. Der Selbstbetrug der Mittelschicht (2010, Frankfurt am Main)

Hertel, Frank: Knochenarbeit. Ein Frontbericht aus der Wohlstandsgesellschaft (2010, München)

Hoerner, Katrin: Die Mitte – ein deutscher Fetisch (bei: focus.de, Juni 2009)

Hofert, Svenja: Das Karrieremacher-Buch. Erfolgreich in der Jobwelt der Zukunft (2009, Frankfurt am Main)

Hoff, Hans: Was früher der Haudegen, ist heute der Manager (in: journalist 2/2010)

Horváth, Ödön von: Der ewige Spießer (1930/2001, Frankfurt am Main)

Huehner-info.de, Villelongue/F

Jessen, Jens: Die traurigen Streber. (in: Die ZEIT, 36/2008)

July, Miranda: Zehn Wahrheiten (2009, Zürich)

Kals, Ursula: Macken machen sympathisch (bei: faz.net, Dezember 2009)

Kalhweit, Cathrin: Generation Stütze (in: SZ-Magazin, November 2010)

Kernis, Michael, und Goldman, Brian: A multicomponent conceptualization of authenticity: Research and theory. (in: Zanna, Mark (Hg.): Advances in Experimental Social Psychology, Vol. 38, 2006, San Diego/Ca)

Klingner, Susanne: Gebt uns mehr Freiheit! (in: Emotion, August 2009)

Koch, Christoph: »Ein wahres Wundermittel«: Kathrin Passig kommt mit Ritalin gut klar« (in: Neon, 2009)

Kohnen, Alexander: Wie ein Pizzaservice – nur mit Butler (in Die Welt, Januar 2009)

Kolb, Matthias: Billigarbeit. Einpackhelfer jobben ohne Lohn in Supermärkten (in: Neon, Februar 2010)

Kracauer, Siegfried: Die Angestellten (1929/1971, Frankfurt am Main)

Kroh, Martin: Wertewandel: Immer mehr Ost- und Westdeutsche ticken postmaterialistisch (in: DIW Wochenbericht, 34/2008, Berlin)

Kullmann, Katja: Generation Ally. Warum es heute so kompliziert ist, eine Frau zu sein (2002, Frankfurt am Main)

Kullmann, Vanessa: Keine große Sache. Coffee to go oder wie man den Traum vom eigenen Unternehmen entwickelt (2007, München)

Lau, Mariam: Die 70er sind das liebste Jahrzehnt der Deutschen (bei: welt.de, März 2010)

Lehming, Malte: Der ökologisch-industrielle Komplex. Den Grünen fehlt das soziale Gewissen (bei: Wall Street Journal Europe / tagesspiegel.de, November 2010)

Lehnartz, Sascha: Global Players. Warum wir nicht mehr erwachsen werden (2005, Frankfurt am Main)

Liebs, Holger: »Das Künstlerprekariat sitzt in der Falle« (bei: monopol-magazin.de, Juli 2010)

Losse, Bert: Neue Mitte (in: Wirtschaftswoche 15/2010)

Mahmoodi, Oranus: »Wir sind Mitauslöser« (in: taz, Januar 2011)

Mai, Jochen: Echt jetzt – Was es bedeutet, authentisch zu sein (bei: karrierebibel.de, Mai 2009)

Mair, Judith, und Becker, Silke: Fake for Real. Über die private und politische Taktik des So-tun-als-ob (2005, Frankfurt am Main)

Matussek, Matthias, und Brauck, Markus: Phantastischer Gedächtnisverlust (bei: spiegel.de, November 2008)

McArdle, Megan: Nominal Versus Real Friendship (bei: theatlantic.com, Juni 2009)

Meyer, Marius: Interview mit Maximilian Hecker (bei: alternativmusik.de, März 2010)

Morisse, Jörn, und Engler, Rasmus: Wovon lebst du eigentlich? Vom Überleben in prekären Zeiten (2007, München)

Mrusek, Konrad: Arm, aber sexy im Blaumann. Berlin will die Industrie (in: Frankfurter Allgemeine Sonntagszeitung 34/2010)

Opaschowski, Horst W.: Wohlstand neu denken. Wie die nächste Generation leben wird (2009, Gütersloh)

Oehmke, Philipp, Rohr, Matthieu von, Schulz, Sandra: Die Krisenprofis (in: Der Spiegel, 25/2009)

Peitz, Dirk: Ein Hotel namens Heimat (in: Vanity Fair, 2008)

Plöger, Peter: Arbeitssammler, Jobnomaden und Berufsartisten. Viel gelernt und nichts gewonnen? Das Paradox der neuen Arbeitswelt (2010, München)

Poschardt, Ulf: Deutschland, glücklich Aufsteigerland (in: Die WELT, Juni 2010)

Probst, Maximilian: »Land? Das ist ein Mythos« (bei: taz.de, Juli 2009)

Quadfasel, Lars: No Dope, no Hope (in: Jungle World, 52/53/2009)

Reichert, Kolja: Maximilian Hecker: Das Ironie-Problem (in: Tagesspiegel, März 2009)

Rickens, Christian: Die neuen Spießer. Von der fatalen Sehnsucht nach einer überholten Gesellschaft (2007, Berlin)

Rühle, Alex: Gratiswut (in: Süddeutsche Zeitung, 299/2009)

Ruzas, Stefan: »Für Weisheit gibt es kein App« (in: Focus 5/2010)

Schneider, Jürgen: »Denunziere dich selbst!« (in: Junge Welt, Juli 2010)

Schrep, Bruno: Ole und die Brandstifter (in: der Spiegel, 19/2010)

Schmied, Kerstin: »Glück ist wichtiger als Image« (in: freundin 9/2010)

Schuetze, Richard: Der Schlüssel zum Fortschritt heißt Rückbesinnung. Warum die »bürgerliche Gesellschaft« für die Fragen der Zukunft am besten gewappnet ist (bei: theeuropean.de, November 2009)

Schultz, Stefan: Bröckelnde Mittelschicht. Soziologen fürchten Erosion der Gesellschaft (bei: Spiegelonline.de, 2010)

Seeßlen, Georg: Karoshi für alle! Oder: Totarbeiten als neuer Extremsport der Mittelschicht (in: Konkret 1/2010)

Seidl, Claudius: Schöne junge Welt. Warum wir nicht mehr älter werden. (2005, München)

Siegert, Svenja: Wort ist Wort (in: journalist 3/2010)

Stawski, Dominik: Für eine Handvoll Geld (in: Süddeutsche Zeitung 47/2010)

Steinberger, Petra: Jetzt mal Ruhe hier! (in: Süddeutsche Zeitung 174/2010)

Stork, Volker: Die »Zweite Moderne«: ein Markenartikel? (2001, Konstanz)

Twickel, Christoph: Gentrifidingsbums. Oder: Eine Stadt für alle. (2010, Hamburg)

Unsichtbares Komitee: Der kommende Aufstand (2010, Hamburg)

Uslar, Moritz von: Deutschboden. Eine teilnehmende Beobachtung (2010, Köln)

Vinken, Barbara: Leute, wollt ihr ewig frühstücken? (in: Monopol, 10/2010)

Warrington, Ruby: The slow party trend (in: The Sunday Times, Oktober 2009)

Weickmann, Dorion: Die gepamperten Egos (in: Süddeutsche Zeitung, Juni 2007)

Weiser, Ulrike: Diedrich Diederichsen: Authentizität, Baby! (in: Die Presse, Juni 2010)

Westfälisch-Lippischer Landwirtschaftsverband e.V. – bauernhof.net

Wilms, Jan: Abgestaubte Legenden (in Prinz 5/2010)

Wüllenweber, Walter: »Wir wollen mehr zahlen!« (in: Stern 26/2010)